KB083792

서진 흥망사 강의

서진 흥망사 강의

사마에서 사마까지

쑨리췬 지음 · 이규일 옮김

그러나

목차

머리말

사마씨 집안은 서진과 동진 두 왕조를 건립했다. 사마의, 사마사, 사마소, 사마염, 사마예 등 사마씨 집안의 대표 인물들은 모두 매우 친숙할 것이다.

서진은 265년 건립되어 280년 오나라를 멸망시키고 중국을 통일하여 동한 이후 100여 년간의 분열 국면을 끝냈다(위진남북조 시기 유일한 전국 통일이다). 그러나 10년 후인 291년 팔왕의 난이 발생했고 곧이어 영가의 난과 오호(五胡)의 침입, 민중 봉기가 이어지면서 전국은 대혼란에 빠졌다. 서진은 51년간 존재한 단명 왕조였는데, 서진이 멸망하자 사마예가 건강(建康, 지금의 남경南京)에 동진 정권을 세웠다. 동진은 317년부터 420년까지 103년 동안 유지되었다.

진나라의 역사는 사마의가 정변을 일으켜 조위(曹魏)를 장악한 후부터 사마염이 진나라를 세워 위나라를 대체하기까지, 그 후 다시 사마예가 안정적인 동진 정권을 세울 때까지 사마씨에서 시작하여 사마씨로 끝났다. 이 가문의 흥망성쇠는 격렬한 권력 투쟁으로 가득하고 당시의 사회 변동을 깊이 반영하고 있다. 이 시기의 수많은 인물과 이야기는 매우 흥미진진할 뿐 아니라 깊이 되새겨볼 만하다.

제 1 강 사마의 세상에 나오다

━

　사마씨 가문에서 가장 알려진 인물은 사마의이다. 경극 「공성계(空城計)」를 본 사람들은 병사들을 이끌고 제갈량의 서성(西城)을 공격한 인물이 사마의라는 것을 알 것이다. 그러나 그 이야기는 역사적으로 일어나지 않았던 사건이다. 나관중의 「삼국지연의」에서 가공된 일화이다.

　그 공연에서는 사마의의 군대가 서성을 공격하러 성 아래에 도달했을 때 제갈량이 성문 위에서 여유 있게 거문고를 연주하고 있었다. 성문은 활짝 열린 채로 몇 명의 늙은 병사들만 한가하게 서 있을 뿐, 성을 방어하는 병력이 보이지 않았다. 사마의는 매복이 있을까 의심하다가 급하게 군사를 철수했다.

　이것은 제갈량이 기획한 공성계였다. 이 이야기는 의도적으로 제갈량을 신격화하고 사마의를 폄하하면서 그를 저능한 인물로 묘사했다. 그러나 역사 속 사마의는 절대로 이렇게 쉽게 속일 수 있는 사람이 아니다.

사마의는 사마씨 가문의 이정표 같은 인물이다. 사마의가 등장하면서 사마씨 가문은 역사라는 무대에 나타나 조위(曹魏)* 정권을 장악했다.

사마씨 가문은 유구한 역사를 가진 가문이다.

고대 중국에서 가문의 기원을 따질 때 상고 시대까지 올라가는 경우가 종종 있는데 사마씨 가문도 꽤 긴 역사를 갖고 있다. 『진서(晉書)·선제기 (宣帝紀)』를 보면 이런 말이 있다.

> 그의 선조는 제왕 고양(高陽)씨의 자손 중려(重黎)에서 나왔는 데 하관(夏官) 축융(祝融)을 지냈고 당(唐), 우(虞), 하(夏), 상(商) 을 거치며 대대로 그 직분을 이었다. 주나라에 와서 병부를 사마 라고 했다.

여기서 제왕 고양씨는 신화 속 인물이며 화하(華夏) 민족의 다섯 제왕 중 하나인 전욱(顓頊)을 말한다. 중려는 그의 후예이다. 하관 축융은 관직 명인데, 전설에 따르면 황제가 춘관, 하관, 추관, 동관 등을 설치했다고 한 다. 사마는 서주 시기 최고 직급의 군사 사령관으로 휘하에 소사마, 군사마 등이 있다. 사마씨는 관직명을 성으로 삼은 것이다.

이렇게 보자면 사마씨 가문의 역사가 매우 유구한 것 같지만 사실 정확 하지는 않다. 대표 인물인 사마의의 등장 이전에는 세 사람 정도가 언급할 만하다. 첫 번째는 진한 교체기의 사마앙(司馬卬)이다. 그는 원래 조나라의 장수였는데 후에 항우를 따라 진나라의 수도 관중에 입성하여 진나라를

---

* 조씨 가문의 위나라.(모든 각주는 옮긴이 주이다.)

멸망시켰고 은왕(殷王)에 책봉되어 조가(朝歌, 지금의 하남성 기현淇縣의 동
북쪽)에 도읍을 두었다. 후에 사마앙이 항우를 배반하고 유방에게 투항하
자 한나라는 그 영지를 하내군(河內郡)에 편입시켰다. 후에 사마씨는 대대
로 이곳(지금의 하남성 온현溫縣)에 거주했다.

두 번째는 사마균(司馬鈞)이다. 그는 동한의 관리가 되어 강족(羌族)과
의 전쟁에 두 번 참가했다. 115년, 사마균은 정서장군(征西將軍)에 임명되
어 8,000명의 병력을 거느리고 강족과 싸웠는데 초반엔 승리하다가 후에
다른 부대와의 연합에 실패하면서 포위되어 3,000여 명의 병력을 잃고 돌
아왔다. 결국 조정의 문책으로 하옥되어 자살로 생을 마감했다. 진나라에
서는 사마균을 정서부군이라 칭하며 종묘 제사의 으뜸에 둔다.

세 번째는 사마균의 손자 사마방(司馬防, 149~219)이다. 그의 부친은 사
마준(司馬儁)으로 영천태수를 지냈다. 사마방은 어릴 때 주군에서 벼슬을
했고 낙양령, 경조윤●을 지냈다. 사마방에게는 여덟 명의 아들이 있었는데
사마랑(司馬朗, 자는 백달伯達), 사마의(司馬懿, 자는 중달仲達), 사마부(司馬
孚, 자는 숙달叔達), 사마규(司馬馗, 자는 계달季達), 사마순(司馬恂, 자는 현
달顯達), 사마진(司馬進, 자는 혜달惠達), 사마통(司馬通, 자는 아달雅達), 사
마민(司馬敏, 자는 유달幼達)이다. 모두 자에 '달(達)'자가 있고 저마다 유명
세가 있었기 때문에 이들을 '팔달(八達)'이라고도 칭한다.

'팔달'과 같은 류의 호칭에는 강렬한 시대적 특징이 담겨 있다. 동한 말년
사인(士人)들은 정치에 관심이 많아 자주 모여 국정을 논하면서 고대의 성
현이나 고상한 명칭으로 자신들을 표방하곤 했다. 예를 들면 '팔원(八元)',

● 낙양령과 경조윤은 모두 도성의 치안을 담당하는 관리.

'팔개(八凱)' 같은 명칭이다. 또 정치 부패와 환관의 권력 농단이 심해지자 조정 관료들과 낙양의 태학생들이 연합하여 이에 반대했는데 사람들은 사회적 영향력이 강하고 절개가 고상한 이들을 추종하면서 여러 가지 아호를 붙여주었다. 예를 들면 '삼군(三君)', '팔준(八俊)', '팔고(八顧)', '팔급(八及)', '팔주(八廚)' 등이다. 또 어떤 가문에서 많은 인재가 배출되었다면 사람들은 멋진 이름으로 그들을 포괄했다. 영천 순숙(荀淑)의 여덟 아들은 '팔룡(八龍)'으로 불렸고 양양 마량(馬良)의 오형제는 '오상(五常)'이라 불렸다. 사마씨 가문의 '팔달'도 이런 성격의 호칭이었다.

사마의가 등장할 때까지 이들의 가문은 다음과 같은 몇 가지 특징을 갖고 있었다.

첫째, 대대로 벼슬을 했다. 사마균에서 사마의까지 3대가 2,000석 이상의 고관을 지냈고 세도 가문으로 널리 알려졌으니 사족 계층에 속한다고 할 수 있다.

둘째, 사마씨 가문은 일정한 수준의 문화적 전통이 있었다. 사마방은 『한서』를 좋아하여 『명신열전』의 수십만 자를 암송했다. 사마의는 "박학하고 견문이 넓으며 유교를 신봉"했으며 그들의 가풍은 예교(禮教)˙의 영향을 많이 받았다. 사마방은 대단히 엄격하게 자녀를 교육했는데 가정이 마치 조정과 같았다고 한다.

> 자식들이 관례를 마쳐 성인이 되었어도 들어오라고 명하지 않으면 감히 들어오지 못했고, 앉으라 명하지 않으면 감히 앉지 못했으

˙ 유가 사상을 기초로 예법과 도덕을 중시하는 사회적 규범.

며, 지목하여 물어보지 않으면 감히 말하지 못했으니 부자지간이

매우 엄숙했다.

『삼국지』 15권 「사마랑(司馬朗)전」 배송지(裴松之) 주

사마표(司馬彪)의 『서전(序傳)』 인용●)

그러나 이후 사마씨 가문의 정치적 위상에 변화가 생기면서 이들의 행동은 유가의 기준에서 점점 멀어지게 되었다.

셋째, 사마의의 부형은 조조와의 관계가 밀접했다. 부친 사마방은 희평 3년(174) 상서우승을 지낼 때 20세의 조조를 낙양 북부위로 추천했었다. 조조는 사마방의 추천에 감격하여 계속 고마운 마음을 품고 있다가 42년 후인 건안 21년(216) 5월 위왕이 된 이후 특별히 사마방을 업성(鄴城)으로 초청하여 안부를 묻기도 했다. 사마의의 맏형 사마랑은 건안 원년(196)부터 조조의 측근이 되어 연주자사를 지냈고 건안 시기 조조 집단의 중요한 인물로 조조와 밀접한 관계였다.

二

사마의(179~251)는 자가 중달이며 사마방의 차남이다. 어려서부터 총명하여 인근에 널리 이름이 알려졌다. 남양태수 양준(楊俊)은 평소 인물을 잘 알아보기로 정평이 났는데 젊은 시절의 사마의를 보고 범상치 않다고 말한 적이 있다. 상서 최염(崔琰)은 사마의의 맏형 사마랑과 절친한 사

● 진수의 『삼국지』에 배송지가 주를 달면서 『한진춘추』를 인용했다는 의미이다. 이하 동일.

이였는데 그에게 "그대의 동생은 총명하고 사리에 밝으며 강단과 영특함을 갖추었으니 그대가 미칠 바가 아닙니다."라고 했다.(『진서·선제기』) 사마의의 조건과 집안 배경으로 볼 때 그가 조조 정권에 합류하는 것은 매우 자연스러운 일이다. 그러나 사마의는 정치에 나서는 것을 달가워하지 않았다. 왜일까?

이런 일이 있었다. 건안 6년(201) 22세의 사마의는 군에서 상계연(上計掾, 연말에 지역의 각종 사무를 조정에 보고하는 하급 관리)에 추천되었다. 조조가 사마의의 명성을 듣고 그에게 일을 맡기려고 한 것이다. 사마의는 벼슬을 하고 싶지 않아 조조에게 사람을 보내 자신이 풍비(風痹, 수족이 마비되는 병)에 걸려 정상적인 식사와 기거도 할 수 없다며 사양했다. 조조는 의심이 들어 야밤에 첩자를 보내 정탐하게 했는데 사마의는 이를 알고 병에 걸린 것처럼 종일 누워 있었다. 한참을 관찰해도 전혀 수상한 기미가 없자 첩자는 칼로 사마의를 찔러보았다. 그러나 사마의는 여전히 꼼짝하지 않고 누워 있었다. 이에 첩자는 돌아가 조조에게 보고했고 조조는 사마의가 꾀병을 부린다고 생각했지만 어쩌지 못했다.

또 이런 일도 있었다. 사마의가 풍비로 거동을 못하는 척할 때였다. 어느 날 하인에게 마당에 책을 내놓고 햇볕에 말리라고 시켰는데 갑자기 소나기가 내렸다. 미처 책을 거두라고 시킬 틈도 없이 비가 거세지자 사마의는 급히 방에서 뛰어나가 책을 옮겨버렸다. 동작이 너무나 민첩했고 병색이라고는 전혀 없었다. 그런데 하필이면 하녀 하나가 이 광경을 보았다. 그는 이 일이 조조에게 알려져 낭패를 볼까 봐 아내 장춘화(張春華)를 시켜 이 하녀를 죽여버렸다. 이런 일들로 보면 사마의는 조조의 의심을 피하기 위해 살얼음판을 걷듯 극도로 조심했다는 것을 알 수 있다.

사마의는 왜 병을 가장하여 조조의 부름을 거절했을까? 여기엔 두 가지 원인이 있다.

첫째, 유가의 전통적 도덕관념의 영향이다. 사마씨 가문은 대대로 한나라 황실에서 고관을 지낸 한나라 편이다. 그런데 지금 한 헌제는 조조에게 통제를 받고 있고 조조의 야심은 누구나 알고 있다. 그는 한나라의 충신이 아니라 "천자를 끼고 제후를 호령"하며 헌제를 손바닥 위에서 조종하는, "이름만 한나라 재상일 뿐 실상은 한나라의 역적"이었다. 그래서 사마의는 "절개를 굽히고 조조에게 굴종하고 싶지 않았다." 이런 태도는 형 사마랑과 전혀 다른 것이었다.

둘째, 사마의는 조조를 무시했다. 사마씨 가문은 명문 세족으로 사회적 명망이 있었던 반면 조조는 '형여지인(刑餘之人)'이라 불렸던 환관의 후손이었다.● 그 당시의 말로 하자면 "사람들이 어울려 동료가 되길 수치스러워"했기 때문에 사마의는 마음속으로 조조를 무시했던 것이다.

사마의는 조조 수하에서는 관직을 맡으려 하지 않았지만 마음 깊은 곳에서는 여전히 정치에 관심을 갖고 정치의 세계로 나가길 원했다. 『진서·선제기』에서는 사마의가 한나라 말기 동란(動亂) 때 "항상 강개하며 천하를 근심하는 마음이 있었다"고 기록했다. 그러나 현실은 마음과 같지 않았으니 어떻게 해야 했을까?

유가의 전통에 따르면 천하에 도가 있으면 나아가 출사하고 도가 없으면 물러나 은거해야 한다. 사마의는 20세 무렵 유명한 은사 호소(胡昭)와

● 형벌을 받아 성불구가 된 사람을 의미하는 말. 조조의 부친 조숭(曹嵩)은 동한의 유명한 환관 조등(曹騰)의 양자였다.

절친한 사이였다. 호소는 여러 번 조조에게 초빙을 받았지만 모두 완곡한 말로 거절하고 죽을 때까지 벼슬을 하지 않았다. 사마의도 은거하려는 생각이 있었다. 언젠가 주생(周生)이라는 자가 사마의를 살해하려고 했었는데 호소가 그걸 알았다. 호소가 친구에게 어려움이 있는데 방관할 수 없어 멀리까지 주생을 찾아가 간곡하게 말렸다. 심지어 눈물을 흘리며 주생에게 호소하기도 했다. 사서에는 "주생이 그 의리에 감동하여 그만두었다."라고 한다. 주생이 감동하여 사마의를 죽이려는 생각을 접은 것이다. 사마의는 호소에게 크게 감격하여 노년에도 그를 잊지 않았다.

중국의 고대 은사들이 조정의 초빙에 불응했던 원인은 많았다. 어떤 이는 정치에 참여하지 않고 자신을 보전하려고 했고, 어떤 이는 몸값을 높여 더 좋은 대우를 받으려고 했다. 물론 자신을 알아주는 현명한 군주를 기다리다가 적당한 시기가 되었을 때 세상에 나가려는 사람도 있었다. 사마의가 조조를 거절한 것은 틀림없이 자신이 인정할 만한 정치가의 등장을 기다린 것이다.

다시 조조의 상황을 보면, 그는 196년 한 헌제를 장악한 후 끊임없이 세력을 넓혔다. 자신의 영향력을 넓히고 정권의 사회적 기초와 통제력을 강화하기 위해 당시 영향력 있는 세족 명사와 지방 호족 들을 남김없이 자신의 편으로 데려왔다. 사마의처럼 이름난 인물이라면 당연히 가만둘 수 없었다.

조조가 사마의를 정계로 불러들인 일을 사적 관계의 시각으로 보면, 사마의의 아버지인 사마방이 지난날 자신을 낙양북부위로 추천한 일에 대한 보답이기도 했다. 그러나 뜻밖에도 사마의는 거절했다.

208년 무렵, 조조는 승상의 신분으로 다시 사마의를 불러 그에게 승상부 문학연(文學掾, 문서와 교육을 보좌하는 관리)에 임명하기로 했다. 조조는 이렇게 생각했을 것이다. "너 사마의가 그리 대단한 사람인가? 내가 부른 것 자체가 너를 대우해준 것이다. 거절하여 나에게 벌 받을 생각은 말라." 그리고 사마의가 거절하지 못하게 하려고 "이번에 만약 또 주저한다면 체포하라!"라고 명령했다. 만약 또 거절한다면 감옥에 가두려는 것이었다.

사마의는 명을 전달하는 관리의 태도가 강경한 것을 보고 해를 입을까 두려워 응할 수밖에 없었다. 이렇게 29세의 사마의는 은거 생활을 마치고 세상에 나와 정치 무대에 올랐다.

三

사마의는 조조의 측근으로 와서 조조와 어떤 관계로 지냈을까? 이건 그리 쉬운 일이 아니었다.

조조는 의심과 경계심이 매우 강했다. 그와 화목하고 평온하게 무사히 지내는 것은 대단히 어려운 일이었다. 삐끗해서 목숨을 잃은 사람들이 한둘이 아니었다.

조조 주변의 모사와 신하 들은 대부분 조조의 정적도 아니었고 조조를 반대하지도 않았다. 그러나 경솔하게 말하거나 혹은 개성이 너무 강해서 조조의 미움을 사 죽임을 당했다. 날조된 죄명으로 죽임을 당한 사람도 있었다.

건안칠자의 한 사람인 공융(孔融)은 너무 솔직한 말로 정치를 비판하여 조조를 화나게 했다. 결국 208년 "조정을 비방"한다는 죄명으로 죽임을 당했다. 세족 출신의 양수(楊修)는 문재(文才)가 출중하여 조조 앞에서 자주 똑똑한 티를 냈다. 그는 총애를 잃은 조조의 차남 조식과 밀접한 사이였는데 어느 날 술에 취해 함께 마차를 타고 사마문(황궁의 외문)을 나가 금령을 위반했다. 결국 양수도 조조에게 목숨을 잃었다. 최측근 모사였던 순욱(荀彧)은 한나라를 전복하려는 조조의 행동에 불만을 품었다가 그와 충돌하여 핍박을 받고 자살했다. 허유(許攸)는 조조의 고향 친구로 아주 가까운 사이였으나 말이 거침없고 예의 격식에 얽매이지 않았다. 기분이 좋으면 면전에서 "태조의 어린 시절 이름을 불렀다"고 한다. 결국 조조는 반감이 생겨 "속으로 허유를 싫어했고" 그를 죽였다. 누규(婁圭)는 조씨 부자와 교외로 나들이 갔다가 조씨 가족들이 활짝 웃는 것을 보고 별 생각없이 "이 집안 식구들이 요즘 날마다 즐거운 모양이군."이라고 했다. 누군가가 이 말을 고발하자 조조는 "복비(腹誹, 말은 안 했지만 속으로 비방하는 것으로 한 무제 때 정해진 죄명이다)의 뜻이 있다"라고 여겨 죽였다. 또 다른 핵심 모사 최염(崔琰)의 피살은 더 안타깝다. 아무 이유도 없었고 최염이 양훈(楊勛)이라는 사람에게 편지를 쓰면서 어떤 말을 했는데 전혀 악의 없는 말이었다. 하지만 조조는 뜬금없이 의심하면서 최염이 자신에게 호의를 갖지 않았다고 여겨 그를 죽였다.

조조의 이런 행동을 『삼국지』의 저자 진수(陳壽)는 다음과 같이 평론했다.

> 태조는 남을 꺼리는 성품이었기 때문에 용납할 수 없는 사람들이 있었다. 노나라의 공융, 남양의 허유와 누규는 옛정을 믿고 공손하지 않기 때문에 죽임을 당했다. 최염은 세상 사람들이 가장 애통하게 생각하여 지금까지 원망한다.

'꺼리는 성품(性忌)'이라는 말은 조조가 성격상 매우 세세하게 따지고 마음이 좁아 남을 받아들이지 않는 것을 말한다. '꺼리다(忌)'는 미워하고 질투하고 의심하는 것이니 이런 사람과 함께 있는 것은 어려운 일이다.

조조의 주위에서 무수한 사람들이 미움을 받아 피살되었지만, 사마의는 208년부터 220년 조조가 죽을 때까지 12년 동안 무사하게 조조의 측근으로 자리를 지켰다. 그는 어떤 방법으로 예민하고 의심 많은 조조의 신임을 얻었을까? 사마의는 매사에 조심하고 조심했다. 나아가고 물러남에 근거가 있었고 말과 행동이 선을 넘지 않도록 항상 주의했으며 늘 자신을 보호하면서 조조의 신임을 얻었다. 구체적으로 말하자면 사마의는 다음과 같은 세 가지 방면에 뛰어났다.

첫째, 성실하게 일했고 자신의 직무에 책임을 다했다. 『진서·선제기』에 따르면 사마의는 "직무에 근면하여 밤늦도록 침식을 잊을 정도였다. 목축하는 일까지 모두 살폈기에 위 무제가 안심할 수 있었다." 사마의가 평소에 얼마나 부지런하게 직무를 수행했는지 밤낮이 따로 없었고 심지어 꼴을 베고 말을 먹이는 세세한 일까지 직접 찾아가 확인할 정도였기 때문에 조조가 차츰 마음을 놓았다는 것이다.

둘째, 자신을 낮추고 상대에게 맞추어 호감을 샀다. 조조는 만년에 권력이 강대해져 한나라를 대신해 황제의 자리에 오를 수 있는 기회를 만들었다. 그러나 조조는 황제가 되지 않았다. 이는 조조가 전체적인 국면을 보고 있으며 정치가의 자세를 갖추고 있음을 보여준다. 만약 황제가 되었다면 조조는 천하 모든 이들의 표적이 되었을 것이다. "보라. 조조는 과연 한나라를 찬탈한 역적이다!"라고 말이다. 사실 조조라고 왜 황제가 되고 싶지 않았겠는가? 그는 다만 자신의 욕망을 이성으로 억눌렀을 뿐이다. 이것이 그의 뛰어난 점이다. 사마의는 조조의 심리적 모순을 알고 의도적으로 그의 기분에 맞추어 호감을 얻었다.

말하자면 이런 것이다. 어느 해, 손권은 조조에게 편지를 보내 천명을 받아들여 한나라를 대신해 황제가 되라고 건의했다. 조조는 손권의 진심을 간파하고 말했다. "이놈이 나를 화롯불 위에 올려놓으려 하는군!"(『진서· 선제기』) 이 말은 손권이 자신을 태워 죽이려 한다는 말이었다. 조조가 손권을 욕한 것은 천하를 지켜 정국을 안정시키려는 마음에서 출발했지만, 속으로는 황제가 되고 싶은 욕망을 애써 억누르는 행동이었다(조조는 "만약 천명이 나에게 있다면 나는 주 문왕*이 되겠다."라고 말했었다). 당시 조조의 주위에 있었던 사마의도 손권의 편지를 보았다. 그는 즉각 "한나라의 운은 거의 다했습니다. 천하를 열로 나눈다면 폐하는 아홉을 갖고 계시면서도 한나라를 섬기고 계십니다. 손권이 스스로 신하라 칭하는 것은 하늘의 뜻이옵니다. 우, 하, 은, 주가 천하를 사양하지 않았던 것은 하늘을 두려워하고 천명을 알았기 때문입니다."라고 말했다. 이 말의 의미는 지금 천하가 대부분 당신에게 귀속되었으니 천명에 순응하여 황제가 되라는 것이었다. 우, 하, 은, 주 등 선왕들은 모두 이렇게 했다고. 이 말은 적극적으로 상대의 기분에 맞춘 것이고 조조를 기쁘게 했다. 비록 조조는 제위에 오르지 않았지만 사마의는 조조의 호감을 얻었다. 217년 조비가 태자가 되자 사마의는 태자중서자(太子中庶子, 태자를 가까이에서 모시는 신하)에 임명되어 태자와의 관계가 한층 더 밀접해졌다.

• 주 문왕은 주나라의 기틀을 마련한 인물이다. 문왕의 아들 무왕이 상나라를 무너뜨리고 주나라를 세웠다.

셋째, 계책을 올려 재능을 드러냈다. 조조는 부하의 실제 능력을 매우 중시하여 재능만 있으면 등용했다. 임용의 기준은 오로지 능력이었다. 그러나 만약 잔꾀를 부리며 자신에게 불경한 행동을 한다면 그건 용납하지 않았다. 이런 행동 때문에 조조에게 죽임을 당한 사람이 적지 않았다. 사마의는 조조의 이런 성격을 잘 알고 있었기 때문에 자신의 능력을 보여주면서도 지나치게 뽐내거나 나서지 않았다. 조조와 충돌을 일으키는 일은 더욱 하지 않았다. 상대가 고개를 끄덕이면 거기까지였고 원망하거나 화내지도 않았다. 이 기간에 사마의의 능력이 점차 세상에 알려졌다.

사마의의 능력은 크게 세 방면으로 표현된다.

첫 번째 능력, 득롱망촉(得隴望蜀)*의 전략적 안목.

건안 20년(215), 사마의는 조조가 장로(張魯)를 정벌할 때 수행했다. 장로는 원래 익주목 유언(劉焉)의 수하에 있다가 한중 땅을 지키기 위해 파견되었다. 한중은 지금의 섬서성 남부 지역인데 사천으로 진입하려면 반드시 거쳐야 하는 길이라 전략적으로 중요한 위치였다. 장로는 한중에 온 후 자신의 세력에 대한 자신감이 넘쳐 독립을 선포하고 할거 정권을 세웠다. 조조는 장로 정권의 존재에 위협을 느껴 한중을 정벌하기로 했다. 조조의 대군이 한중에 접근하자 장로는 이길 수 없다고 판단하고 항복했다. 장로가 조조에게 투항하자, 사마의가 조조에게 이렇게 건의했다. "지금 유비는 막 촉을 점령했기 때문에 아직 인심이 그에게 기울어지지 않았습니다. 만

• '득롱망촉'은 농 지역을 차지하니 촉 지역을 노린다는 말로 만족할 줄 모르는 탐욕을 가리키는 성어이다. 원래는 광무제가 후한을 창립할 때 농 지역을 차지한 후 촉 지역을 공격한 전고에서 나왔지만, 여기서는 조조가 한중을 정벌하자 사마의가 촉을 공격해야 한다고 건의한 일을 말한다.

약 우리가 이 상승세를 몰아 진군한다면 유비의 세력은 틀림없이 와해될 것입니다. 지금의 기세라면 큰 성과를 얻을 수 있으니 기회를 놓치면 안 됩니다." 사마의는 조조가 상승세를 타고 진격하여 일거에 익주를 차지하길 바랐다. 당시 유비는 아직 익주를 안정적으로 장악하지 못한 상황이었기 때문에 조조는 쉽게 유비를 흔들어놓을 수 있었다. 그러나 조조는 마치 계속 남하하여 익주를 공격할 용기가 없는 것 같았다. 조조는 "사람은 만족이 없어 괴롭다. 농을 얻고 다시 촉을 얻으려 하는가!"라고 말했다. 사람은 만족할 줄 몰라 괴로운 법이니 우리가 농을 얻고도 기어코 촉을 노려야 하겠는가? 사마의는 눈치가 빠른 사람이라 계속 주장하지 않았다. 조조는 한중을 점령한 후 계속 남하하여 촉을 공격하지는 않았지만 유비를 큰 두려움에 빠뜨렸다. 유비의 부하 황권(黃權)은 유비에게 이렇게 말했다. "한중을 잃는 것은 촉의 사지를 잘라내는 것과 같으니 대단히 위험합니다." 유비는 한중의 중요한 전략적 위치를 알았기 때문에 한중을 조조의 손아귀에서 다시 탈취하기로 했다. 219년, 조조의 장수 하후연(夏侯淵)이 정군산에서 전사하며 군량 보급에 어려움을 겪자 조조는 계속 한중을 지킬 의미가 없다고 판단하여 한중을 포기했다.

'득롱망촉'이라는 성어는 탐욕이 너무 커서 만족할 줄 모르는 것을 말한다. 그러나 사마의의 이 건의는 만족을 모르는 탐욕이었을까? 나는 그렇지 않다고 생각한다. 그의 책략은 근거가 있다. 한중을 얻은 후 승세를 몰아 진격했다면 최선의 공격으로 최선의 방어 효과를 만들게 되니, 유비를 완전히 소멸시키지는 못하더라도 그에게 큰 타격을 입혀 한중을 지킬 수 있었다. 이런 점에서 사마의는 대단히 전략적인 안목을 갖고 있었다. 조조는 사마의의 건의를 받아들이지 않아 한중을 얻었다가 다시 놓쳤으며 한 명의 장수를 잃었다.

두 번째 능력, 군둔(軍屯)을 실시한 경제적 사고 능력.

군량은 군대의 중요한 물질적 기초이다. 동한 말기 사회의 동란으로 농민들이 뿔뿔이 흩어지자 토지는 황폐해지고 군대에는 식량이 부족했다. 조조는 군량 문제를 해결하기 위해 196년 둔전을 실시했다. 유랑하는 농민들을 모아 군대를 관리하는 방식으로 생산을 조직화한 것이다. 둔전은 그해에 바로 높은 효과를 거두었는데 이를 '민둔(民屯)'이라 한다. 건안 말기 전쟁이 줄어들자 사마의는 다시 조조에게 군대에 둔전을 실시하자고 건의했다. 사마의는 지금 20만 명이나 되는 인원이 농사를 짓지 않고 있다는 것은 나라를 위해서도 옳지 않으며, 이들이 아직 병역 복무 중에 있지만 "농사도 지으며 주둔"하는 것이 옳다고 했다. 농사도 지으며 주둔하는 것은 '군둔'이라 한다. 조조는 이 건의를 받아들여 병사들이 전쟁을 하지 않을 때는 농사를 지어 생산에 종사하라고 명령했다. "농사에 힘써 양식이 쌓이니 국가 재정이 풍족"해졌고 정부의 부담이 경감되었다. 군둔을 실행하자고 건의한 것은 조씨 정권을 위한 사마의의 큰 공헌이었다.

세 번째 능력, 갈등을 이용하는 군사적 능력.

건안 24년(219) 형주를 지키던 관우가 군대를 이끌고 번성(樊城, 지금의 호북성 양번襄樊)에서 위나라 장수 조인(曹仁)을 공격했다. 관우가 한수의 물을 끌어와 번성에 터뜨리자 번성에 주둔하던 우금(于禁)의 일곱 부대가 몰살했다. 이를 역사에서는 '수엄칠군(水淹七軍)'이라 한다. 이때 관우의 명성과 기세가 솟구쳐 중원을 뒤흔들었다. 조조는 번성의 함락으로 허창이 위험해질까 봐 하북으로 천도하여 관우의 예봉을 피하려고 했다. 사마의는 당시 조조의 군사마였는데 냉철하게 형세를 분석한 후 조조에게 건의했다. "우금의 병사가 수공에 몰살당한 것은 방어의 실패가 아니기에 국가 대계에 큰 손실이 없습니다. 그런데도 천도를 한다면, 적에게 약세를 보여 주는 것이며 회수(淮水)와 면수(沔水)* 유역의 백성들은 크게 불안해집니 다. 손권과 유비는 겉으로는 친한 것 같지만 속으로는 소원한 사이라 손권 은 관우의 득세를 바라지 않습니다. 손권에게 사신을 보내 설득하여 배후 를 공격하게 하면 번성의 포위는 저절로 풀어질 것입니다."(『진서·선제기』) 사마의의 생각은 이런 것이었다. 첫째, 우금이 비록 수공을 받아 패했지만 전체적인 형국은 아직 실패가 아니다. 만약 천도를 한다면 "적에게 약세를 보여줄" 뿐 아니라 백성들의 불안과 정권의 위기를 조성할 수 있다. 그러므 로 천도는 하지 말아야 한다. 둘째, 손권과 유비는 화목한 것 같지만 실상 은 그렇지 않다. "겉으로는 친한 것 같지만 속으로는 소원한 사이라 손권은 관우의 득세를 바라지 않"으니 비밀리에 손권과 연합하여 후방에서 관우 를 견제하게 하고 앞뒤로 협공하면 번성의 포위를 뚫을 수 있다는 것이다.

조조는 사마의의 건의를 받아들였다. 손권에게 사자를 보내 유비의 형 주 점령이 얼마나 위험한 상황인지 설명했다. 유비의 다음 수순은 동오를 공격하는 것이니 일찌감치 전략을 세워 선제공격을 하는 게 낫다고 설득 하며 오나라와 연합하여 촉을 공격하고 싶다고 밝혔다. 위나라와 오나라 는 비밀리에 관우를 연합 공격하기로 계획을 세웠다. 손권은 여몽(呂蒙)을 보내 강릉을 기습하여 형주를 탈취하기로 했다. 조조는 장수 서황(徐晃) 을 보내 번성을 공격했다. 위나라와 오나라 군사가 남북으로 협공하자 관 우는 형주를 잃고 맥성으로 패주했다가 결국 패하여 죽임을 당했다. 이 승

• '회수'는 오에 근접하고 '면수'는 촉에 근접한 강이다.

리는 사마의가 갈등을 이용하여 적을 격파하는 군사 능력이 뛰어나다는 것을 보여준다.

四

사마의는 언제나 차분하게 능력을 감추고 때를 기다리며 조조의 측근에서 훌륭하게 12년을 보냈다. 자신을 보전했을 뿐 아니라 범상치 않은 재능을 펼치기도 했다. 그러나 그와 조조의 관계는 매우 미묘했다. 그 이유는 무엇일까?

우선 사마의와 조조는 모두 리더형 능력자이며 남의 밑에 있을 사람이 아니었다. 조조는 "난세의 간웅(奸雄)이며 치세의 능신(能臣)"이다. 진수는 그를 "비상한 사람이니 세상을 뛰어넘는 인걸"이라고 했다.(『삼국지·위서·무제기』) 사마의도 보통 사람이 아닌 것은 마찬가지였다. 그가 아직 세상에 나오기 전에도 그에 대한 사회적 평가는 매우 높았다. 사마의의 형 사마랑과 절친한 친구였던 상서 최염은 사마랑에게 당신네 집안의 둘째는 대단히 뛰어난 사람이라며 "총명하고 사리에 밝으며 강단과 영특함을 갖추었으니 그대가 미칠 바가 아닙니다"라고 했다.(『진서·선제기』) 사마의가 총명하여 사리에 밝고 통찰력이 뛰어나며 일 처리에 과감함과 지혜가 있어 보통 사람이 아니니 다른 형제들이 따라갈 수 없다는 말이다. 남양태수 양준도 사마의에게 "비상한 그릇(非常之器)"이라고 했다. 일반인이 아니라는 것이다.

보통 한 산에 두 마리의 호랑이는 있을 수 없다고 말한다. 조조와 사마의는 모두 탁월한 능력의 소유자들이지만 지금 같은 진영에 함께 있다. 조조의 입장에서는 사마의를 데리고 있으면 자기 권력의 영향력을 넓힐 수 있는 동시에, 또 그를 직접 통제할 수 있다는 점에서 유리하다. 그런데 사마의의 입장에서는 해를 입지 않기 위해 어쩔 수 없는 상황이다. 지금 두 사람은 한편에 서 있으면서 서로의 입장을 굳이 말하지 않아도 훤히 알고 있다. 그러나 조조는 너무나 생각이 많은 사람이다. 그는 예민하고 의심과 증오심이 강한 사람이라, 사마의의 뛰어난 능력을 보면서 많은 생각을 했을 것이다. 이런 자가 나의 정권에서 어떤 일을 벌이게 될까? 나의 자손들이 이 자를 통제할 수 있을까? 조조는 생각에 빠져 중얼거리다가 이런 꿈도 꾸었다. 세 마리의 말이 하나의 구유에서 사료를 먹고 있는 꿈이었다. 이를 '삼마동식일조(三馬同食一槽)'라고 한다. 말(馬)은 사마(司馬)씨인데 세 마리 말이니 사마의와 그의 두 아들 사마사(司馬師), 사마소(司馬昭)이고 구유(槽)는 조(曹)씨이다. 이 꿈이 암시하는 바는 조씨가 장차 사마씨에게 먹힌다는 것이니 조조가 가장 두려워하는 일이었다. 그래서 조조는 태자 조비에게 이렇게 말했다. "사마의는 남의 신하가 될 사람이 아니다. 반드시 너의 집안일에 끼어들 것이다." 사마의는 기꺼이 남의 신하 노릇을 할 인물이 아니라서 장래에 틀림없이 조씨 집안의 대사를 좌우할 것이라는 말이다.

　나는 이 꿈의 진실성을 의심한다. 아마도 후인들이 지어냈을 것이다. 왜냐하면 위나라 정권이 세 명의 사마를 거치면서 사마염(司馬炎, 사마소의 아들)에게 멸망되고 진나라로 이어진 것은 사실이지만 설마 이 정도로 정확한 예지몽이 가능할까? 사마씨와 조위 정권의 관계에서 볼 때, 사마씨는 확실히 사마의부터 시작해 차근차근 힘을 키워 점차 강대한 세력이 되었지만 조조의 시대에는 아직 그런 분위기가 없었다. 사마의가 처음 조조 앞에 나타났을 때 겉모습부터 내면적 기질까지 확연히 남달라 조조를 깜짝 놀라게 했다. 이것은 어떻게 된 일일까?

원래 사마의는 낭고(狼顧)의 상이 있다고 했다. 늑대가 돌아보듯 상반신은 움직이지 않고 고개만 180도 돌리는 것이다. 정상인은 이런 동작이 불가능하다. 이는 매우 난폭한 상을 가리키는 것이다. 한번은 조조가 시험해보고 싶어서 사마의를 불러 앞으로 걸으면서 뒤를 돌아보게 했다. 과연 사마의는 얼굴을 뒤로 돌리는데도 몸은 움직이지 않았다. 이를 보고 조조는 마음이 불편해졌다. 나는 이 이야기의 진실성도 의심한다. 정상인이 머리를 돌리면서 몸을 움직이지 않는 동작이 어떻게 가능할까? 그러나 역사서는 사마의가 "속으로는 미워하면서도 겉으로는 관대했다. 의심이 많고 권모술수와 임기응변이 뛰어났다"고 확실히 기록했다. 사마의는 "비상한 그릇(非常之器)"이고 특별한 사람이었다. 조조는 아마도 처음 보았을 때부터 사마의가 보통 사람과 다르다는 것을 알았을 것이다. 그는 강력한 상대를 만났다고 느끼며, 자신의 사후에도 사마의가 지금처럼 자신의 자리에 만족하고 있을 것인지 생각했을 것이다. 그래서 어떤 불길한 징조를 예감하지 않았을까?

예민하고 의심이 많은 조조와 상대하면서 사마의는 매사에 근신하고 조심했다. 나아가고 물러남에 근거가 있었고 도를 넘지 않도록 세심하게 주의했다. 그러면서도 사마의는 조조의 신임을 얻었고 조비가 자신에게 절할 정도로 탄복하게 만들었다. 220년 조비는 한나라를 대신해 황제의 자리에 올랐고 조위(曹魏) 정권을 세웠다. 이제 사마의는 뒷일을 걱정하지 않아도 됐다. 조비의 신임을 기반으로 능력을 발휘하여 조위 왕조를 위해 특출한 공헌을 세우고, 사마씨 가문의 도약을 위해서도 넓은 길을 닦았다.

제 2 강

넘치는 지혜와 풍부한 계략

—

　사마의는 조조의 압박으로 208년 조조 정권에 가담한 이후 조조의 사망(220) 전까지 12년 동안 철저하게 자신을 낮췄다. 정무를 처리할 때도 나서지 않았으며 타인을 대할 때나 일을 대할 때나 자신을 내세우지 않았다. 결국 조조의 태도는 의심에서 신뢰로 바뀌었고 심지어 사마의를 태자 중서자(太子中庶子)로 임명하여 조비를 보좌하게 했다. 사마의는 태자 조비와 매우 밀접한 관계가 되었다.

　조조가 죽은 후 조비가 한나라를 대신해 황제가 되었다. 바로 위 문제(文帝)이다. 그 후 사마의는 두각을 나타내기 시작했다. 문제가 생기면 다양한 방법으로 처리했고 "매번 대사를 논의할 때마다 놀라운 책략을 내" 조정의 큰일을 결정하는 인물이 되었다. 조비가 군사를 이끌고 출정하면 사마의는 후방을 지키며 전방에 군수 물자를 보급했다. 조비는 사마의를 존경하고 신뢰했다. 조비와의 밀접한 관계를 바탕으로 사마의의 세력은 끊임없이 커졌고 영향력도 크게 확장되었다.

조비의 시대에 사마의는 승상부 장사(長史)에 임명되어 승상부의 일상적 사무를 돌보았다. 조비가 황제에 오른 후에는 상서(尚書), 어사중승(御史中丞) 등의 직을 맡았고 또 시중(侍中, 황제를 측근에서 모시는 직), 상서우복야(尚書右僕射, 상서성의 부장관)를 역임했다. 상서성의 장관은 상서령인데 당시 상서령을 맡은 이는 노신 진군(陳群)이었다. 황초 6년(225) 사마의는 녹상서사(錄尚書事)를 맡아 상서성의 일을 겸무했는데 실제로는 조정의 정무를 총괄했다.

황초 7년(226) 5월 조비가 죽고 그의 아들 조예(曹叡)가 즉위했다. 그가 위 명제(明帝)이다. 조비는 임종하면서 사마의와 중군대장군 조진, 진군대장군 진군, 정동대장군 조휴를 보정대신(輔政大臣)에 임명했다.

조예의 시대에 사마의는 군사 장관을 맡기 시작하여 나중에 도독중외제군사, 태위에 임명되어 전국의 군사를 주관했다. 조위 정권의 정치, 군사를 모두 사마의가 통제하게 된 것이다.

사마의는 어떻게 계속 직위가 올라갈 수 있었을까? 가장 중요한 것은 그가 임기 동안 직무를 수행하면서 탁월한 공적과 뛰어난 계책으로 조위 정권을 위해 중요한 일을 많이 했고, 이 과정에서 보여준 능력으로 자신의 명망과 영향력을 향상시켰기 때문이다. 예를 들어 군둔(軍屯) 정책을 건의한 일은 조위 정권의 안정에 확실히 큰 역할을 했다. 그러나 조조는 군둔의 건의를 받아들이고 2년 만에 세상을 떠났다. 대규모로 군둔을 추진한 것은 위나라 건국 이후이다. 위나라의 군둔 기지는 주로 오, 촉과 대립하는 지역에 설치되었다. 그중 규모가 큰 곳은 두 군데였는데 하나는 촉과 인접한 지역으로 장안(長安), 괴리(槐里, 지금 섬서성 홍평興平), 진창(陳倉), 상규(上

邦, 지금 감숙성 천수天水 서남쪽) 등으로 민둔과 군둔을 모두 실시했다. 그 중 상규의 군둔이 가장 유명했다. 이 군둔 기지는 태화 4년(230) 사마의가 표를 올려 설립된 것이다. 『진서·식화지(食貨志)』에 따르면 "선제가 표를 올려 기주(冀州) 농민 오천 명을 옮겨 상규를 개간하고 경조, 천수, 남안의 염지를 살려 군부의 재정을 보충하자고 건의했다." 구체적인 업무를 진행한 사람은 당시 탁지상서이자 사마의의 셋째 동생인 사마부(司馬孚)였다. 『진서·안평헌왕부전(安平獻王孚傳)』에는 다음과 같은 기록이 있다.

> 관중에 도적 떼가 들끓어 곡식과 의복이 부족하여 기주의 농정 오천을 상규로 보내 가을겨울에는 전술을 훈련하고 봄여름에는 농사를 지었다. 이로부터 관중은 군 재정이 넉넉해져 도적 떼를 방비할 수 있었다.

이 자료에 따르면 상규의 군둔은 사마의, 사마부 형제의 공동 기획으로 만들어진 것이다.

청룡 3년(235) 관동 일대에 기근이 들자 사마의는 관중에 있던 곡식 500만 곡을 낙양으로 공수하여 구제에 충당했다. 관중에 대량의 양식을 비축했었던 것이다.

위나라 군둔의 또 한 곳은 동오와 인접한 지역인데 주로 회하(淮河) 남북 지역이다. 정시 2년(241) 사마의는 오나라와의 전투를 지휘하면서 상서랑 등애(鄧艾) 등과 회남, 회북에 군둔을 기획했다. 이듬해에 사마의는 "물자를 운반할 수로를 넓히거나 뚫고, 황하의 물을 변수(汴水)로 끌어와 동남쪽 저수지에 물을 대니 비로소 회북에서 대규모 농사를 짓게 되었다."(『진서·선제기』) 정시 4년에 사마의는 또 이 지역에서 "둔전을 크게 일으키고 회양(淮陽)과 백척(百尺) 두 수로를 확충했다. 또 영수(潁水) 남북에 저수지를 수리하여 만여 경에 이르렀다. 이로부터 회북에서는 곡식 창고가 무수히 세워지고 수춘에서 낙양까지 농관(農官)과 둔병(屯兵)이 끝없이 이어졌다."(『진서·선제기』) 『진서·식화지』에는 사마의와 등애가 건설한 회남, 회북의 둔전에 대한 기록이 있다.

회북 2만 명, 회남 3만 명이 돌아가며 쉬고, 농사를 지으며 적을 막았다. 수풍(水豊)은 서쪽보다 항상 세 배를 수확하여 잡비를 제외하고 연말에 500만 곡을 군자금으로 충당했다. 6~7년간 회북에 3,000만여 곡을 축적했으니 이는 10만 명이 5년 동안 먹을 수 있는 식량이었다. (……) 수춘(壽春)에서 경사까지 농관(農官)과 병전(兵田)이 많아 늘 개와 닭의 울음소리가 들렸고 밭두둑이 끝없이 이어졌다. 매년 동남쪽에 일이 생기면 대군이 출정하여 배를 타고 남하하여 강회(江淮)에 이르렀는데 비축된 물자가 많아 수해에도 피해가 없었다.

사마의와 등애가 실시한 대규모 둔전 개발은 북방 경제의 회복과 발전을 촉진했고 특히 조위 정권의 재정을 증대하여 동오와의 전쟁을 위한 튼튼한 밑바탕이 되었다.

二

사마의가 맹달(孟達)의 반란을 평정한 일은 그의 과감성과 뛰어난 계략을 보여주는 사례이다.

맹달(?~228)은 원래 익주 유장(劉璋)의 부하였는데 유비가 촉으로 들어간 후 유비에게 투항하고 의도태수가 되어 상용성(上庸城, 지금 호북성 죽산현竹山縣 서남쪽)에 주둔했다. 관우가 맥성으로 패주하면서 맹달에게 구원을 요청했을 때 맹달은 관우가 죽을 때까지 지원병을 보내지 않았다. 결과적으로 관우의 죽음에 일조한 것이다. 이 일로 유비는 관우의 죽음을 애통해하며 맹달을 미워했다. 그러자 맹달은 조위에 투항했다. 위 문제 조비는 맹달을 우대했지만 사마의는 그가 언행이 일치하지 않는 기회주의자라 여기고 신임하지 않았다. 그러나 조비는 사마의의 의견을 듣지 않고 맹달을 신성(新城, 지금의 호북성 방현房縣)태수로 임명했다. 조비가 죽고 조예가 즉위하자 맹달은 대우가 달라졌다고 생각하고 다시 위를 배반하고 촉에 투항했다. 이때 제갈량은 위를 정벌하려고 서쪽 노선(감숙)으로 출병했는데, 맹달에게는 동쪽 노선으로 위의 도성인 낙양을 공격하게 했다. 위나라 병력을 분산시키려는 의도였다. 제갈량도 맹달이 수시로 변심한다는 것을 알았기 때문에 빨리 거사하게 하려고 맹달의 출병 소식을 고의로 누설하여 맹달이 발을 빼지 못하게 했다.

맹달이 반란을 일으켰다는 소식이 완성(宛城, 지금의 하남성 남양南陽)을 지키던 사마의에게 전해졌다. 사마의는 그 소식을 듣자마자 맹달을 묶어놓으려고 그에게 편지를 썼다.

장군께서 지난날 유비를 버리고 우리나라에 몸을 맡기셨기에 우리는 장군에게 변방을 지키게 하고 촉을 도모하는 일을 위임했으니 그 마음은 태양처럼 명백하다고 할 수 있습니다. 촉나라 사람들은 어리석은 이나 지혜로운 이나 장군에게 이를 갈지 않는 자가 없고 제갈량은 우리를 깨뜨리고 싶지만 방법이 없어 고심할 뿐입니다. 곽모(郭模)의 말은 사소한 일이 아닌데 제갈량은 어찌 그것을 가벼이 누설되도록 했겠습니까?* 그 이치는 쉽게 알 수 있습니다.

당신이 거사한다는 근거 없는 소식은 틀림없이 제갈량이 지어낸 유언비어이고, 당신을 제거하려고 이간계를 쓰는 것이니 믿지 않겠다는 말이다. 맹달은 위나라를 배반하기로 이미 결정했기 때문에 사마의의 편지를 받자 다시 제갈량에게 편지를 썼다. "사마의가 나의 투항 소식을 알고 나를 공격한다고 하더라도 그가 조정의 허가를 받고 출병하려면 왕복 최소 한 달은 걸릴 것이니 그때 나는 이미 모든 준비를 마치고 거사에 성공할 것입니다." 제갈량은 마음에 걸리는 것이 있어 편지를 받은 후 곧장 회신하여 그에게 서두르는 것이 좋다고 말했다.

사마의는 상황이 긴급해지자 군사를 이끌고 맹달을 정벌하기로 결정했다. 장수들은 맹달이 촉과 위에 동시에 연락을 취했으니 더 상황을 지켜본 후에 행동하자고 권했다. 사마의는 이렇게 말했다. "맹달은 신의가 없는 자다. 지금 그가 주저하고 있으니 상황이 정해지지 않았을 때 빨리 결판내야

• 『진서』에 따르면 맹달은 위흥태수 신의(申儀)와 사이가 나빴는데 제갈량이 맹달의 부하 곽모를 신의에게 투항시켜 맹달의 거사를 누설하게 했다.

한다."(『진서·선제기』) 지금 맹달이 망설이고 있으니 늦추지 말고 선제적으로 과감하게 출병하여 제압해야 한다는 것이다.

위나라에서는 중요한 군사 행동을 거행하려면 조정의 승인이 필요했다. 먼저 조정에 보고하고 황제의 조서를 받아야 출병할 수 있었다. 그러나 완성에서 조정이 있는 낙양까지는 왕복 1,200여 리이기 때문에 빠른 말을 타더라도 열흘이 넘게 걸린다. 그사이에 만약 손권과 유비의 병력이 연합하기라도 한다면 정벌은 어려워진다. 어떻게 할 것인가? 사마의는 중대한 상황이라 지체할 수 없다고 생각했다. 국가의 이익이 위중하니 일단 먼저 행동하기로 했다. 그는 조정에 상황을 보고하는 동시에 대군을 이끌고 곧바로 출발했다.

완성에서 신성까지는 약 1,200리 길이었다. 그는 허를 찌르는 급습으로 쉽게 맹달을 제압하기 위해 군사를 여덟 부대로 나누고 밤낮으로 행군하여 8일 만에 도착했다.

생각지도 못한 시기에 사마의가 군대를 이끌고 신성에 나타나자 맹달의 병사들은 혼란에 빠졌다. 맹달은 원래 사마의가 조정의 재가를 얻고 출병하는 데에 최소한 한 달은 걸릴 것으로 보고 그 한 달 동안 성벽을 강화하려고 했다. 신성 내부에는 양식이 충분하여 맹달의 군대가 1년은 버틸 수 있었다. 게다가 사마의의 군사들은 먼 길을 오느라 병사들이 피곤하고 군량도 넉넉하지 않았다. 병력의 수는 비록 맹달보다 네 배쯤 많았지만 군량은 한 달을 채우지 못할 정도였다. 맹달은 성벽 강화 공사를 끝낸 후 성문을 나가지 않고 버티다가 사마의가 군량이 떨어져 퇴각하면 그때 습격할 생각이었다. 그러나 사마의가 8일 만에 신성에 나타나자 맹달은 크게 당황했다. 아직 끝나지 않은 성벽 공사는 오히려 약점이 되었다.

사마의는 잠시 쉬었다가 다시 군대를 지휘하여 성을 공격했다. 16일을 연이어 공격하자 맹달은 막아내지 못했다. 부장들은 대세가 이미 기울어졌다고 보고 성문을 활짝 열고 투항했다. 사마의는 병력을 이끌고 성으로 들어가 맹달을 참수했다. 조위 정권을 위협한 맹달의 반란은 이렇게 평정됐다. 사마의는 맹달의 난을 평정하면서 용기와 지략, 과감하고 신속한 용병술을 발휘하여 대승을 거두었다. 탁월한 군사가로서의 자질을 보여준 사건이었다.

三

제갈량은 세상이 다 아는 정치가이자 군사가이며 전심전력으로 유선(劉禪)을 보좌한 명재상이다. 사마의와 비교하자면 누구의 능력이 더 뛰어날까?

사마의와 제갈량은 모두 삼국 시대의 일류 군사가이다. 나이도 비슷해서 사마의가 179년생으로 제갈량보다 두 살 많다. 그들의 대결은 지혜와 모략의 대결이라 할 수 있다.

제갈량은 만년에 촉의 모든 역량을 기울여 북벌을 감행하여 "중원을 수복하고 한실을 부흥시킨다"는 숙원을 실천했다. 228년 이후 제갈량은 모두 여섯 차례 중원을 정벌했다. 이른바 '육출기산(六出祁山)'이다. 촉군의 북벌에 맞서 싸운 전투 중 처음 네 차례는 대장군 조진이 지휘했고 사마의가 지휘한 전투는 마지막 두 차례이다. 사마의는 이 두 번의 전투에서 제갈량과 실력을 겨뤘다.*

태화 5년(231) 봄, 제갈량은 8만 병력을 거느리고 제5차 북벌을 거행했다. 이때 조진은 병사했기 때문에 조정에서는 사마의를 도독옹량이주제군사에 임명하여 조진 대신 서부 전선에서 촉과 싸우도록 했다. 당시 위의 황제는 명제 조예였다. 조예는 문제 조비의 아들로 226년 즉위했다. 조예는 사마의에게 "서쪽에 일이 났으니 그대가 아니면 맡길 수 없습니다."라고 했다. 그는 사마의를 대단히 신임했다.

사마의는 전선에 도착한 후 형세를 냉철하게 분석했다. 제갈량은 과연 지휘 능력이 뛰어났기 때문에 군대의 사기가 높고 전투력이 강했다. 그러나 촉군은 장거리 행군과 긴 전선의 문제로 이전 북벌에서도 군량 공급이 어려워 항상 속전속결을 해야 했다. 반대로 위군은 지연 전술을 펼치다가 촉군이 지치고 군량도 떨어지면 싸우지 않고 이겼다. 전술적으로 촉군을 전진하지 못하게만 막으면 승리할 수 있다. 이후의 전쟁 국면을 거시적으로 봤을 때 사마의의 작전 방침은 매우 정확했다.

촉군이 위나라를 정벌하는 것은 확실히 어려웠다. 한중에서 진령(秦嶺)을 넘어 수백 리를 행군해야 했고 길이 멀어 군량 공급도 어려웠다. 제갈량이 이전 작전에서 승리하지 못했던 주요 원인이었다. 군량이 부족하면 군대가 밥 먹는 일도 큰 문제가 된다. 그래서 이전의 북벌은 항상 1개월을 넘지 못했다.

그러나 제갈량은 이번 북벌을 철저히 준비했다.

첫째, 그는 기묘한 계책으로 '목우유마(木牛流馬)'라는 운송 도구를 제

- '기산'은 촉군이 북벌을 할 때 지나는 곳이라 나관중의 「삼국지연의」에서 '육출기산'이라는 표현을 썼다. 여섯 번 기산을 넘어 위를 정벌했다는 말이다. 그러나 정사 『삼국지』 등의 기록으로 볼 때 제갈량의 북벌은 다섯 번이라는 것이 학계의 대체적인 의견이다. 저자가 「삼국지연의」의 내용을 기반으로 강연한 내용이 원고에 반영된 것으로 보인다.

작했다.

『삼국지·촉서·제갈량전』에서는 "제갈량은 교묘한 생각을 잘했다. (……)
목우유마는 모두 그의 머리에서 나왔다."라고 했다. 촉군은 출병하면서 목
우를 먼저 쓰고 나중에 유마를 사용했는데 모두 제갈량이 발명한 것이다.
목우와 유마는 도대체 어떤 모양이고 어떤 특징을 갖고 있었을까? 옛날부
터 수많은 사람들이 연구해왔지만 아직도 완벽히 알 수는 없다.

　많은 학자들은 이렇게 생각한다. 목우는 바퀴가 하나인 수레로 일각사
족(一脚四足)이 있다. 일각이라는 것은 바퀴가 하나라는 뜻이고 사족이라
는 것은 수레의 옆 부분에 앞뒤로 네 개의 지지대를 만들어 정차할 때 넘어
지지 않게 했다는 뜻이다. 그리고 유마는 개량된 목우인데 전후 좌우에 네
개의 바퀴를 달았다. 간단히 말해서 목우는 바퀴가 하나인 수레, 유마는
바퀴가 네 개인 수레이다. 또 목우와 유마가 모두 사륜 수레라고 보는 견해
도 있다. 둘의 구분은 목우는 많은 식량을 적재할 수 있어 운반할 때 속도
가 느리고 유마는 속도가
빠르다는 차이가 있다. 또
유마는 수레 위에 분리가
가능한 상자가 있어 평소
에는 편하게 실었다가 오
르막길에서 수레가 안 올
라가면 상자를 내려 어깨

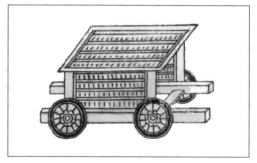

송대 『무경총요(武經總要)』에서 묘사된 목우거

에 메고 오른 후 나중에 다시 수레에 장착할 수 있다고 한다. 어쨌든 목우
와 유마가 기발한 상상력으로 식량과 목초의 운송에 큰 편의를 제공했던
것은 분명하다.

목우는 적재량이 많은 수레였던 것 같다. 『삼국지』에는 목우가 "1년 치 식량을 싣는다"고 했다. 그러면 대략 500~600근 정도이다. "싣는 양이 많으면 이동을 적게 한다"고 하는데 무게가 무겁다 보니 속도가 느려 하루에 겨우 20리를 이동했다. 그래서 "크게 써야 한다. 작게 쓰면 안 된다"고 했다. 대규모의 양을 쓰는 것이 좋지, 적은 양을 쓰기에는 불편하다는 말이다. 유마는 다소 가벼워 한 번에 280근 정도를 실을 수 있다. 여기서 말하는 양식은 쌀과 같은 정제된 곡물을 가리킨다. 북벌 전선에서는 거친 곡물을 가공할 수 없었다.

최근 보도에 어떤 장인들이 옛 자료에 근거해서 목우와 유마를 만들었다고 하는데 용기가 가상하다. 나는 제갈량의 진정한 목우, 유마는 이제 다시 만들지 못할 것이라고 생각한다. 그 원인은 우선 제작 비용이 높고 시간과 품이 너무 많이 든다는 점이다. 전쟁이라는 특수 상황에서나 필요했던 것이지, 일반 서민들의 생활에서는 사용할 만하지 않다. 그리고 "제갈량은 교묘한 생각을 잘했다."라고 하지만 그는 대단히 신중했던 사람이다. 목우와 유마는 군수품으로 만들었던 것이라 원래 기밀이 필요했다. 그래서 『삼국지·촉서·제갈량전』의 「목우유마제작법」도 알아보기 어렵다. 목우는 외형만 있고 제원(諸元)*이 없고 유마는 제원만 있고 구조와 원리가 없다. 아마도 제갈량이 생산에 성공한 후 기밀을 유지하기 위해 설계 방안을 훼손해버렸기 때문일 것이다. 그래서 나는 후인들이 진정한 목우, 유마를 재현할 수 없다고 생각한다.

둘째, 출병 시기를 신중하게 선택했다.

• 기계류의 치수나 무게 따위의 성능과 특성을 나타낸 수적(數的) 지표.

이번 출병에 제갈량은 봄과 여름 사이의 간절기를 선택했다. 이때는 날씨가 따뜻해지기 시작해서 그리 덥지도 않고 장마도 없어 야영에 적합했다. 제갈량은 새로운 운송 도구를 사용하긴 했지만 그래도 방심하지 않았다. 특별히 이때를 출병 시기로 잡은 것은 기산에 도착하면 막 익은 보리를 베어 군량으로 쓸 수 있기 때문이었다.

사마의는 제갈량의 출병 의도를 파악하고 그에 맞추어 조치를 취했다. 그는 병력을 이끌고 장안에 도착한 후 즉각 비요(費曜)에게 상규를 방어하게 하고 장합(張郃)에게 기산에서 촉군을 막으라고 명했다. 그리고 자신은 주력 부대를 이끌고 계속 서쪽으로 진군했다. 제갈량은 사마의가 출병했다는 소식을 듣고 즉각 군대를 이끌고 상규 동쪽에서 위군과 만나 결전을 하려 했다. 그러나 사마의는 촉군을 붙잡아두기만 할 뿐 성급하게 대응하지 않았다. 동산을 점거한 후 험한 지형을 이용해 지키기만 하고 절대 출전하지 말라고 명했다. 제갈량의 진영도 군량이 충분했기 때문에 역시 성급하게 싸우려 하지 않았다. 또 보리가 익자 병사들이 베어 와 군량으로 충당했다. 양측은 한동안 대치하다가 제갈량이 퇴각하는 척하며 위군을 유인했다. 사마의의 추격이 가까워지자 촉군은 갑자기 돌아서서 위군을 공격했다. 사마의는 또 황급히 산에 올라 진을 치고 지키기만 할 뿐 싸우지 않았다. 방어만 하는 사마의의 작전을 부장들은 이해할 수 없었다. 그들은 나가 싸우자고 몇 번이나 건의했지만 사마의는 응답하지 않았다. 위군의 장수들은 사마의가 제갈량을 두려워한다고 생각하며 "공은 촉이 범과 같다고 두려워하니 천하의 비웃음은 어찌하겠소?"라고 조소했다. 사마의 당신은 촉나라 군사를 호랑이처럼 무서워하면서 세상의 비웃음은 두렵지 않느냐는 말이었다.

장수들의 거듭된 요청으로 사마의는 군의 사기를 고려하여 출격하기로 했다. 사마의는 장합에게 배후에서 습격하라고 명하고 자신은 주력 부대를 이끌고 정면에서 촉군을 공격했다. 촉의 북벌군은 정면 승부를 원했기 때문에 위군이 싸움을 걸어오기를 간절히 기다리는 상황이었다. 촉군이 맹렬히 반격하자 결국 위군의 공격은 실패로 돌아갔다. 위군은 황급히 후퇴하여 자신들의 진영으로 돌아가 굳게 방어하며 나오지 않았다. 제갈량이 몇 차례 싸움을 걸었지만 사마의는 대응하지 않았다. 양측이 대치하고 있던 도중, 촉군이 또 한 번 갑자기 철수했다. 사마의는 제갈량이 견디지 못해서 어쩔 수 없이 물러난 것이라고 생각하고 장합에게 추격을 명했다. 장합은 조조 시대의 노장으로 용병술이 뛰어나 사서에도 "진영을 짜는 데에 뛰어났으며 전세와 지형에 밝아 계략대로 되지 않는 일이 없었다"고 평가한 인물이다. 장합은 추격하려고 하지 않으면서 "군법에 성을 포위할 때는 반드시 출로를 열어주고, 돌아가는 군사는 쫓지 않습니다."라고 말했다. 그러나 사마의가 추격하라고 강하게 재촉하자 장합은 어쩔 수 없이 명령에 복종했다. 촉군은 위군이 쫓아오는 것을 보고 병사들을 매복시켜 위군을 계략에 빠뜨렸다. 촉군이 활과 쇠뇌를 어지럽게 발사하여 결국 장합이 화살에 맞아 죽었다.

　촉군은 패전하지도 않았는데 왜 갑자기 퇴각했을까? 알고 보니 군량과 목초 수송을 책임지고 있던 이엄(李嚴)이 보급에 차질이 생기자 황제 유선이 철수를 명했다고 거짓 성지(聖旨)를 전해 자신의 과실을 은폐하려 했던 것이다. 성도로 돌아온 후 제갈량은 사실을 조사하여 이엄을 면직하고 폐서인했다.

　이번 사마의와 제갈량의 승부에서 위군은 득도 있고 손실도 있었다. 손실은 두 차례 출격에 모두 패하면서 장수를 한 명 잃었다는 것이다. 사실 예로부터 항상 승리만 하는 장군은 없다. 사마의가 작전에 실패한 것은 적을 가볍게 본 결과였고, 촉군의 전투력이 그만큼 강한 것도 사실이었다. 하지만 또 사마의는 먼 길을 행군해 온 적을 맞아 방어에 치중하는 책략으로 촉군의 동진을 효과적으로 저지했다. 그래서 전략적으로 볼 때 사마의는 승리자이기도 했다. 이번 전투에서 사마의는 방어 전략으로 제갈량을 막아야 한다는 교훈을 얻었다.

그동안 북벌에 나섰을 때마다 항상 군량 부족으로 퇴각했기 때문에, 앞으로 군량을 대량 비축하려면 적어도 3년 이내에는 출병하지 않을 것이라고 사마의는 생각했다. 이에 위 명제에게 표를 올려 농민들을 기주에서 상규로 이주시키고 수리 시설 정비와 둔전 실시로 방어 능력을 강화해야 한다고 건의했다.

위, 오와 비교하면 촉은 소국이다. 인구는 100만이 안 되는데 제갈량이 북벌을 위해 징집하는 병사는 10만이었다. 해마다 북벌이 계속되다 보니 인적·물적 손실도 크고 백성들의 부담도 컸다. 그래서 제갈량은 당분간 출정하지 않고 생산량 증대에 전념하기로 했다. 촉은 수공업이 매우 발달했는데 특히 비단은 품질이 우수하고 수준이 높아 찾는 사람이 많았다. 제갈량은 "적과 싸울 수 있는 밑천은 오로지 비단뿐"이라고도 말했다.

과연 3년간의 준비를 거쳐 청룡 2년(234) 제갈량은 10만 대군을 이끌고 야곡(斜谷)을 지나 대규모 북벌 전쟁을 발동했다. 당시 한중에서 진령을 넘으려면 세 개의 협곡이 있었는데 동쪽에 있는 자오곡(子午谷)은 가장 험난하고 거리가 600여 리에 달했다. 길은 험하지만 입구가 장안성의 남쪽에 있어 허를 찔러 장안에 접근할 수 있다. 중간에 있는 협곡은 당락곡(儻

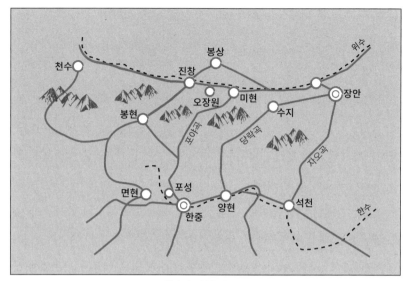

제갈량의 북벌 경로

駱谷)인데 관중의 무공(武功)까지 직접 통하기 때문에 장안을 위협할 수

있다. 서쪽의 협곡은 포야곡(褒斜谷)인데 남단은 포곡, 북단은 야곡이라고

한다. 470여 리에 달하며 야곡은 서쪽에 치우쳐 있어 협곡을 나오면 미현

(郿縣)과 가깝다. 제갈량은 야곡을 통과하기로 결정했다. 위나라의 세력이

약한 곳이기 때문이었다.

4월 제갈량은 병력을 이끌고 미현(지금의 섬서성 미현郿縣 북쪽)에 도착

하여 위수의 남쪽에 진을 쳤다. 사마의는 제갈량이 야곡을 통과한다는 정

보를 입수하고 일찌감치 와 있었다. 처음에는 위수 북쪽에 주둔했다가 제

갈량이 위수 남쪽에 있는 것을 보고 곧 위수를 건너 물을 등지고 진영을

세웠다. 휘하의 장수들이 위수 북쪽에서 제갈량과 물을 사이에 두고 대치

하자고 했으나 사마의는 "백성들의 촌락은 모두 위수 남쪽에 있으니 여기

가 싸워야 할 곳이다."라고 했다.(『진서·선제기』) 또 장수들에게 이런 말도 했다. "만약에 제갈량이 (당락곡을 통과하여) 무공으로 나와 산을 끼고 동진하면 참으로 두려워할 만한 일이다. 그러나 만약 서쪽으로 오장원(五丈原, 지금 무공의 서쪽)으로 간다면 제군이 무사할 것이다." 제갈량이 산세를 따라 동쪽으로 이동하며 작전을 펼친다면 상당히 위협적이지만, 만약 서쪽으로 이동하여 오장원을 점거한다면 위군도 선회할 여유가 있어 그들과 대치할 수 있다는 것이다. 과연 사마의가 예측한 대로 신중한 제갈량은 무공 서쪽의 오장원을 점거했다. 이에 양측은 위수 남측에서 대치 국면을 형성했다.

사마의는 "견고히 지키며 촉군의 예봉을 무디게 한다"는 작전 방침을 고수하며 출전하지 않았다. 처음엔 제갈량도 인내심을 갖고 병사들에게 위수 인근의 농민들과 함께 둔전을 개간하게 했다. 양측의 대치가 100여 일 지나자 제갈량은 조급해지기 시작했다. 전방의 형국은 불투명한데 후방의 유선은 조정을 잘 이끌고 있는지? 조정은 무탈한지? 여기서 지체하다가 의외의 상황이 생기진 않을지? 생각할수록 마음이 조급해져 제갈량은 속히 위군과 결전을 벌이고 싶어졌다. 그래서 몇 번 병사들을 보내 싸움을 걸었지만 사마의는 여전히 꼼짝도 하지 않았다. 사마의의 책략은 촉군의 군량이 바닥나 사기가 떨어지면 그때 출동하여 반격하는 것이었다. 제갈량은 특별한 계책도 없어 초조해졌다. 그러다 방법이 하나 생각났다. 사마의에게 "부녀자들의 두건과 머리 장식"을 보내 모욕을 주는 것이었다. 제갈량의 의도는 분명했다. 너, 사마의! 싸우러 나오지도 못하다니, 아녀자만도 못하구나! 제갈량의 조치는 꽤 자극적이었다. 남성 중심의 고대 사회에서 아녀자에 비교되는 것은 대단한 치욕이다. 이 정도 치욕이면 옛날 한신이 부랑배의 가랑이를 지나간 치욕보다 더했으면 더했지 덜하지는 않다. 예법을 중시하는 옛사람들에게 참기 어려운 수치스러운 행위였다. 이때 사마의는 어떻게 했을까? 제갈량의 조롱처럼 계속 자라처럼 목을 움츠리고 있을 것인가, 아니면 노새인지 말인지 따질 필요 없이 진검 승부로 한바탕 붙어 버릴 것인가? 사마의는 전략에 대한 주관이 뚜렷했다. 아이가 등롱을 만들며 삼촌을 찾듯* 예전과 다름없이 서둘거나 고민하지 않았고 전혀 대응하지 않았다.

　나는 「삼국지연의」에서 이 장면을 묘사한 내용이 당시의 상황에 비교적 가까울 것이라고 생각한다. 사마의는 여성의 물건을 보고 "마음속으로는 크게 분노했지만 거짓으로 웃으며 '공명이 나를 아녀자로 보는구나.'라고 말하며 사자를 잘 모시라고 명했다"고 되어 있다. '크게 분노했다'는 것은 사마의의 진실한 감정이다. 남자가 조롱을 받고 어떻게 화가 나지 않겠는가? '거짓으로 웃었다'는 것은 웃는 척하며 꾸민 것이고 사자가 자신의 분노를 알지 못하게 감춘 것이다. 제갈량이 나를 흥분하게 만들었으니 계략에 빠지면 안 된다고 말이다. 그리고 선물을 받았다. 내가 받았으니 네 말이 맞다. 내가 한번 여자가 되면 어떠냐. 사자가 수고했으니 잘 대접해라! 사마의는 제갈량의 계략을 꿰뚫어 보았기 때문에 이렇게 배포 큰 행동으로 제갈량과 맞섰다. "좋아, 너 제갈량 나에게 이런 수를 썼어? 그래, 알겠다." 사마의가 이 일을 처리한 방식을 보면 그가 심리전에서 전혀 밀리지 않았음을 알 수 있다. 오히려 제갈량이 싸움에 초조해져 어떻게 하지 못하는 답답한 심리를 노출한 셈이다.

---

* 예전과 똑같이 한다는 의미의 관용어.

그러나 사마의는 사병들의 사기와 부장들의 싸우자는 요구를 달래기 위해 술책을 부렸다. 일부러 격분한 척하면서 조정에 표를 올려 출전하겠다고 요청한 것이다. 위 명제는 방어에 치중하기로 사마의와 합의했기 때문에 이 요청을 거절했다. 그러나 또 사마의가 분노를 이기지 못하여 병력을 이끌고 출전할까 봐 걱정했다. 이는 전체 국면에 영향을 주는 일이기 때문이다. 그래서 원로대신 신비(辛毗)를 파견하여 대장군 군사의 신분으로 부절●을 갖고 가 사마의의 행동을 억제하게 했다. 신비는 직언·직간으로 조정 내외에서 명망이 높은 노신이었다. 사마의는 이번 조치의 의미를 십분 이해했다. 매번 촉군이 습격하여 싸움을 걸면 사마의는 격분하여 나가 싸우려 했고 신비는 부절을 들고 제지했다. 신비는 조정을 대표했기 때문에 장수들도 감히 뜻을 어길 수 없었고 사마의도 출전을 포기했다. 지금 다시 보면, 신비가 이렇게 행동한 목적은 군심을 안정시켜 기존의 작전 방침을 견지하는 동시에 사마의가 두려워 출전하지 않는 것이 아니라 조정에서 막고 있다는 것을 장병들에게 보여주는 것이었다.

신비가 위군 진영에 와 사마의를 억제하고 있다는 소식이 촉군에게 전해지자 촉군 장수 강유(姜維)가 제갈량에게 말했다. "신비가 부절을 갖고 진영에 오니 적들이 나오지 않습니다." 제갈량은 위군의 수법을 꿰뚫어 보고 이렇게 말했다. "사마의는 본래 싸우려는 생각이 없었다. 굳이 출전을 청한 것은 부하들에게 전의를 보여주려는 것이다. 장수는 전쟁터에서 군왕의 명을 듣지 않을 수 있다. 만약 우리를 제압할 수 있다면 어찌 천 리 길을 가서 출전을 요청하겠는가?"(『삼국지·촉서·제갈량전』 배송지 주 『한진춘추』 인용)

● 고대 제왕이 장수에게 병권을 부여한다는 증명.

제갈량은 사리에 밝은 사람이다. 사마의의 모략을 보며 마음속으로 말했을 것이다. '사마중달. 너 정말 사악한 늙은이. 나에게 이런 수법을 쓰다니!'

사마의의 철통같은 진영을 마주하고 제갈량은 아무것도 할 수 없었다.

전방에서는 전투 국면이 안 풀리고 후방의 일은 더욱 골치 아팠다. 생각할수록 마음이 불안하여 견디기 어려웠다.

제갈량이 예전에 사마의의 군중(軍中)에 사절을 보냈을 때, 사마의는 촉군의 군사적인 상황은 알아보지 않고 제갈량의 수면이나 식사, 일 처리 등만 물었다. 그때 사자가 이렇게 대답했다.

승상께서는 새벽에 일어나 늦은 밤에 주무시며 매우 수고하십니다. 각종 업무도 직접 처리하시는데 사병들의 곤장 20대 이상의 처벌은 직접 결정하십니다. 하루 식사량도 서너 되* 정도뿐입니다.

사마의는 이 말을 듣자마자 제갈량이 스스로를 혹사하고 있다는 것을 알고 부장들에게 말했다. "제갈량은 식사량이 적고 업무는 많으니 어떻게 오래 살 수 있겠는가?"

지나치게 과로하고 근심이 많던 제갈량은 결국 병으로 쓰러졌다. 상황이 날로 심해져 그해 8월 군중에서 사망했다. 향년 54세였다. 일대 명재상이자 걸출한 정치가, 군사가였던 제갈량은 북벌에 전력을 쏟아부었지만 실력과 모략의 한계로 결국 사마의에게 안타깝게 패했다. 그러나 정치 투쟁

• 린간촨(林甘泉)의 『중국경제통사-진한경제사』에 따르면 당시의 1되(升)는 지금의 0.27근에 해당한다. 그러므로 여기서 서너 되는 0.5리터가량이다.

은 상대가 죽어야 내가 사는 것이다. 제갈량은 유선을 위해 충성했고 사마의는 조위 정권을 위해 충성했다. 두 사람은 필사적으로 맞서 싸웠다. 어떻게 그러지 않을 수 있었겠는가. 사실 사마의는 제갈량을 매우 존경했다. 전쟁이 끝난 후 사마의는 제갈량의 군영에 와서 제갈량의 유물을 보고 진심으로 감탄했다. "제갈량은 진정 천하의 기재였다!" 이는 영웅을 아쉬워하는 감탄이었다.

제갈량이 죽은 후 부하 양의(楊儀), 강유는 제갈량이 임종하면서 남긴 지시에 따라 비밀리에 촉군을 이끌고 퇴각했다. 사마의는 제갈량의 진영에 당도하여 상황을 살펴보았다. 신비는 제갈량의 사망 여부는 아직 알 수 없고 매복의 위험도 있으니 추격하지 말자고 했다. 그런데 사마의는 촉군이 버린 물건들을 자세히 관찰하며 말했다. "군대에서 중히 여기는 것은 기밀 문서와 병마의 양곡인데 지금 모두 버렸다. 사람이 오장육부를 버리고 어찌 살 수 있겠는가? 급히 추격하는 것이 마땅하다."(『진서·선제기』) 군대에서 가장 중시하는 것은 군사 문건과 군마의 목초이니 사람의 오장육부와 같다. 지금 모두 버리고 갔으니 생존을 포기한 것이다. 쫓아야 한다! 그리고 병력을 이끌고 빠르게 추격했다. 강유가 군사를 돌려 맞서 싸우자 사마의는 예전 계략에 빠졌던 일이 떠올라 응전하지 못하고 급히 철수했다. 사마의는 제갈량의 사망이 확실하다는 보고를 받았으나 계속 망설이며 추격하지 못했다. 이 일은 백성들 사이에 널리 퍼져 "죽은 제갈량이 산 사마 중달을 놀라 도망치게 했다."라는 말이 생겼다. 사마의는 이 말을 듣고 웃으며 "살아 있는 자는 예측할 수 있지만 죽은 자는 어찌 예측할 수 있겠는가?"라고 했다.

사마의와 제갈량은 두 차례 대결했다. 만약 231년의 대결이 무승부라면

234년의 대결은 분명하게 사마의의 우위였다.

사마의의 성공 비법은 이렇게 말할 수 있다.

첫째, 용병술이 적중했다. 정예병으로 제갈량의 주력 부대를 견고하게 막아내고 핵심적인 관문을 지켜 촉군이 동진하지 못하게 했다.

둘째, 전술이 적중했다. 제갈량과의 대결에서 방어 중심의 공략법을 성공적으로 운용하여 신중하고 모험을 피하는 제갈량의 용병술을 제압했다. 사마의의 지연작전은 제갈량을 지치게 만들고 정력을 소진시켰으며 결국 제갈량은 심신의 피로를 견디지 못하고 곤경에 빠졌다.

셋째, 교묘한 수단으로 사기를 유지했다. 전쟁에서 승리하려면 병사들의 왕성한 사기가 가장 근본적인 조건이다. 사마의는 이를 잘 알고 있었기 때문에 오장원에서 제갈량과 대치할 때 제갈량이 부녀자의 물건을 보내며 조롱해도 침착하고 대범한 모습을 보여주어 그를 화나게 했다. 그러나 동시에 분노하며 출전을 요구하는 모습으로 부대의 격앙된 사기도 유지했다. 조정에서 파견된 신비가 사마의를 제지하며 장병들의 분위기를 조절했고 사마의도 적극 호응하며 각자의 역할을 충실히 수행했다. 병사들은 그 의도를 알지 못하고 "겁내지 않고 용감하게 싸우려는" 사마의를 더욱 존경했다.

이와 반대로 제갈량은 용병 과정에서 세 가지 약점을 노출했다.

첫째, 과감한 기습을 피했다. 앞서 말한 바와 같이 한중에서 진령을 넘는 길은 세 갈래가 있는데 동쪽의 자오곡이 가장 험했다. 그러나 협곡의 출구가 장안성의 남쪽에 있기 때문에 협곡을 나서면 위군의 허를 찔러 장안에 접근할 수 있었다. 촉군 장수 위연(魏延)은 자오곡으로 출정하자고 건의하며 만 명의 병력만 주면 열흘 이내에 기습적으로 장안성을 공격하고 주력 부대와 호응해 승전할 수 있다고 했다. 제갈량은 이 제안을 단호하게 자르고 가장 무난한 방안인 포야곡으로 공략 루트를 확정했다. 사실 기습 공격은 자주 사용하는 작전이다. 비록 위험성도 있지만 시기만 잘 잡으면 승전의 기회가 생긴다. 하지만 제갈량은 지나치게 신중하고 모험을 피했기 때문에 그의 북벌은 실질적인 진전이 없었다.

둘째, 용장을 쓰지 못했다. 여기서 말하는 용장은 위연을 가리킨다. 위연은 전투 능력도 뛰어나고 기발한 계책에도 능했지만 제갈량은 그를 신임하지 않았다. 마지막 북벌에서 위연의 직위는 제갈량 다음인 부통수(副統帥)였다. 하지만 제갈량은 위연을 신임하지 않았기 때문에 임종 직전에 연마지막 작전 회의에서도 위연을 배제하고 참가시키지 않았다. 지위가 위연보다 낮았던 양의, 비위(費褘)가 군대를 통솔했고 위연에게는 결정 사항만 통보했다. 부대가 대규모로 성도로 돌아갈 때도 위연은 후방 엄호를 맡았다. 제갈량은 왜 위연을 좋아하지 않았을까? 제갈량은 규범과 법도에 맞게 행동하는 장수를 즐겨 썼다. 그런데 위연은 남다른 생각을 자주 주장하고 자신을 내세우며 겸손하지 않았기 때문에 제갈량은 경계심을 갖고 그를 대했다.

위연을 단속하기 위해 제갈량은 또 이런 명령도 내렸다. "만약 위연이 명을 따르지 않으면 군사들은 각자 출발하라." 자신이 죽은 후 퇴각하라는 명령에 위연이 불응한다면, 그를 상관하지 말고 부대별로 각자 철수하라는 명령이다. 제갈량은 확실히 위연이 소란을 일으킬 것이라 생각하고 그를 따로 신경쓴 것이다. 과연 비위가 회의의 결정 사항을 위연에게 통보했을 때 위연은 분노하며 말했다. "승상이 비록 돌아가셨으나 나는 아직 건재하오. 당신들은 승상의 영구를 호송하여 성도로 돌아가 안장하시오. 나는 직접 대군을 이끌고 적군을 소멸하겠소. 어찌 한 사람이 죽었다고 국가의 대사를 그만두겠소? 나 위연이 누구인 줄 알고 양의의 후방을 엄호하라고 하는 거요?"

지금의 관점으로 볼 때, 위연의 말은 틀리지 않았다. 북벌은 제갈량이 세운 전략적 결정이고 조정의 지지를 얻은 촉의 국가적 대사이다. 제갈량이 죽은 후에도 북벌은 멈추지 않았고 강유는 아홉 번 중원을 정벌했다. 위연의 군사적 능력은 강유보다 뛰어난데 왜 그에게 북벌을 지휘하게 하지 않았을까?

이번 출병에서 촉의 준비는 충분했지만 전선에 도착해서는 위군과 교전하지 못했다. 만약 제갈량이 위연을 중용하여 의심하지 않고 중임을 맡겼다면 국면은 또 달라졌을 것이다. 위연은 마치 지난날의 한신(韓信)처럼 능력은 출중했지만 자기주장이 지나쳐 자신을 보호하지 못했다. 그는 아군이 퇴각한다는 명령을 듣자 화를 가누지 못하고 병사들을 이끌고 지름길로 한중으로 달려가며 주력 부대가 회군할 때 반드시 지나야 하는 잔도를 불태워버렸다. 그의 생각은 아마도 이러했을 것이다. 성도로 돌아가지 말고 나와 같이 전선으로 가자. 내가 지휘하겠다! 이런 행동은 명백히 국법을 어긴 것이다. 결국 양의가 조정에 상주하여 위연은 모반의 죄명으로 죽임을 당했다. 제갈량은 용장을 쓰지 않고 근거 없이 위연을 의심하고 미워하여 결국 그가 정도를 벗어나 화를 입게 만들었다.

제갈량은 첫 번째 북벌에서는 마속을 잘못 등용했고 마지막 북벌에서는 위연을 등용하지 않았다. 모두 용인술의 오류로 전쟁의 실패를 가져왔다.

셋째, 모든 일을 직접 처리하여 과로를 유발했다. 군을 이끄는 통솔권자로서 제갈량은 전체 국면을 보고 일의 큰 가닥을 잡아야 했다. 그런데 그는 업무를 부하에게 믿고 맡기지 못하고 대소사를 모두 자신이 처리했다.

이는 물론 그의 높은 책임감을 반영한 행동이지만 장수들의 적극성을 이끌어내지 못하는 결과를 가져왔다. 한 사람에게 의존도가 높다 보니 비록 그가 초인적인 능력의 소유자라고 해도 얼마나 효율적일 수 있었겠는가? 제갈량은 세상을 떠날 때 겨우 54세로 이른 나이에 아깝게 떠났다. 사마의보다 두 살 어렸는데 사마의는 73세까지 살았다.

제갈량 용병술의 약점을 사마의는 너무나 잘 알았다.

오장원에서 양측이 대치할 때 사마의의 동생 사마부가 편지를 보내 군사 상황을 물은 적이 있다. 사마의는 이렇게 회신했다.

제갈량은 뜻은 크나 기회를 보지 못하고 꾀는 많으나 결단력이 없다. 용병에 능하지만 권모가 없다. 비록 병졸 10만을 이끌더라도 내 책략에 빠질 테니 반드시 그를 격파할 것이다.

제갈량은 포부는 원대하지만 기회를 잡을 줄 모르고 모략은 많지만 결단과 과감성이 부족하기 때문에 10만 대군을 통솔한다고 해도 자신의 계책에 빠질 테니 반드시 물리칠 수 있다는 것이다. 진수는 『삼국지』에서 제갈량을 이렇게 평가했다. "군대를 다스리는 일에 뛰어나지만 기묘한 계책은 부족하다. 백성을 다스리는 능력이 장수로서의 계략보다 우수하다." 이는 객관적인 평가이다.

사마의와 제갈량의 대결은 사마의의 풍부한 지혜와 모략을 보여준다. 객관적으로 말하자면 사마의의 모략이 제갈량보다 위에 있다.

四

사마의는 제갈량의 북벌을 막아내고 조정에서의 신망이 수직으로 상승하여, 청룡 3년(235) 태위(太尉, 최고 군사 장관)로 승진했다. 이때 어려운 임무가 눈앞에 펼쳐져 있었으니 바로 요동(遼東)을 평정하는 일이었다.

요동은 군(郡)의 명칭으로 전국 시대에 설립되었는데 군의 치소(治所)*는 양평(襄平, 지금의 요령성) 요양(遼陽)에 있었고 영토는 지금의 요령성 대릉하(大陵河) 동쪽이었다. 동한 말년 군벌들이 혼전을 벌일 때 공손탁(公孫度)이 요동태수를 맡고 있었다. 공손탁은 조위 정권에 배반과 투항을 반복하면서 반독립 상태로 있었다. 204년 공손탁이 죽고 아들 공손강(公孫康)이 뒤를 이었는데 얼마 지나지 않아 공손강도 죽었다. 아들이 너무 어렸기 때문에 동생 공손공(公孫恭)이 후임으로 요동태수가 되었다. 228년 공손공의 조카(공손강의 아들) 공손연(公孫淵)이 권력을 빼앗자 위 명제는 그를 포섭하려고 양렬장군으로 임명했다. 공손연은 양다리를 걸쳐 손권과도 연합하고 있었는데 손권은 그를 연왕(燕王)으로 세웠다. 237년 공손연은 위나라에서 벗어나 독립을 선언했다.

조위는 요동의 독립을 용인할 수 없었다. 경초 2년(238) 정월에 위 명제는 사마의를 불러 토벌을 명하며 이렇게 말했다. "이는 그대를 수고롭게 할 만한 일은 아니지만 반드시 이겨야 하는 일이라 번거롭게 되었소. 그대가 헤아리기에 그들은 어떤 계책을 행할 것 같소?" 본래 이번 일로 사마의를 수고롭게 하고 싶지 않았지만 반드시 요동을 평정해야 하기 때문에 어쩔 수

---

* 어떤 지역의 행정 사무를 맡아보는 기관이 있는 곳.

없이 일을 맡긴다는 말이다. 그리고 사마의에게 어떤 좋은 방법이 있는지 물었다. 이때의 사마의는 이미 수많은 전쟁을 지휘한 적이 있어서 경험이 풍부했고 요동 정벌에 자신감이 넘쳤다. 그는 다음과 같이 말했다. 공손연에겐 상책, 중책, 하책의 세 가지 계책이 있는데 상책은 성을 버리고 달아나는 것, 중책은 요하(遼河)에 의지하여 저항하는 것, 하책은 도성인 양평에서 지키는 것이다. 그러나 공손연은 지혜가 부족하기 때문에 우리 군사가 원거리 출정이라 오래 버티지 못할 것으로 생각하고 틀림없이 중책, 하책을 쓸 것이라고 했다. 위 명제가 "이번 출정에 시간이 얼마나 걸릴 것 같소?"라고 묻자 사마의는 이렇게 대답했다. "가는 데 100일, 오는 데 100일, 공격에 100일, 휴식에 60일로 1년이면 족합니다."(『진서·선제기』)

충분한 준비를 거쳐 사마의는 군사를 거느리고 낙양에서 출발하여 요동으로 진군했다. 전쟁은 과연 그가 예측한 대로 전개되었다. 사마의가 병력을 이끌고 요동에 이르자 공손연은 병사 수만 명을 보내 요하 동편에 늘어세우고 저항했다. 사마의는 성동격서의 전법으로 소규모 부대를 주력으로 위장시켜 연군(燕軍)을 공격하는 체하며 그들의 주력 부대를 유인하고 견제했다. 동시에 직접 대군을 이끌고 비밀리에 요하를 건너 양평을 향했다. 연군은 위군의 주력 부대가 직접 양평으로 향하는 것을 보고 급히 둔영을 버리고 돌아가 우군을 지원했다. 사마의는 연군이 둔영을 버리는 틈을 타 병사들에게 공격을 명하며 장수들에게 말했다. "둔영을 공격하지 않았던 것은 지금 이 순간이 오기를 바랐기 때문이다. 놓치지 말라."(『진서·선제기』) 위군은 진격하여 세 번 싸워 모두 이기고 승기를 몰아 양평을 포위했다. 당시 마침 장마철이라 요하의 물이 크게 불어 양평성 일대가 물에 잠겼다. 수위가 수 척이나 되다 보니 위군 둔영의 군막도 전부 물에 잠겨 군사들의 사기가 어수선해지고 활동이 어려워졌다. 그러나 사마의는 병력을 이동하지 않았다. 어떤 장수들은 둔영을 옮기고 싶어 했으나 사마의는 둔영을 굳게 지키도록 하명하고 감히 둔영을 옮기자고 말하는 자는 참수하겠다고 했다.

이때 위군은 공손연의 군대가 성을 나와 나무를 하고 말에게 풀도 먹이는 것을 발견했다. 장수들이 출격을 요청했으나 사마의는 받아들이지 않았다. 한 부하가 사마의에게 물었다. "예전 맹달을 칠 때는 우리 군사들이 밤낮을 가리지 않고 8일에 1,200리 길을 달려가 12일 만에 맹달을 참살했는데 지금은 왜 그때와 반대로 느긋하게 지체하고 있습니까?" 사마의는 이렇게 대답했다. "그때는 맹달이 병력은 적은데 군량은 많아 오래 버틸 수 있었고, 우리 군은 병력은 많은데 군량이 적어 속전속결해야 했다. 그래서 피해를 고려하지 않고 맹렬하게 상용(上庸)을 공격한 것이다. 그러나 지금 적들은 군량이 거의 바닥나 오직 병력의 많음과 날씨만을 믿고 우리와 대치하고 있다. 그러므로 시간을 끌기만 하면 적들은 화살도 양식도 떨어져 틀림없이 싸우지 않고도 무너질 것이다. 결전은 아직 시작되지 않았는데 만약 그들의 우마를 탈취하고 나무 하는 것을 막는다면 이는 그들을 풀어주는 것과 마찬가지이다." 사마의는 특별히 부하들에게 말했다.

> 무릇 전쟁은 속임술이니 일의 변화를 잘 따라야 한다. 적들은 병력의 많음과 장마를 믿고 있기 때문에 비록 주리고 힘들지만 손을 묶고 항복하려 하지 않는다. 우리가 아무 일도 안 한다는 것을 보여서 그들을 안심시켜야 한다. 작은 이익을 취하려고 그들을 놀라게 하는 것은 묘책이 아니다."(『진서·선제기』)

사마의는 적군의 계략을 역이용하여 의도적으로 약세를 노출하여 요동군을 방심하게 만들었다.

1개월 후 마침내 비가 그치고 물이 빠졌다. 위군은 완벽하게 양평을 포위하며 토성을 세우고 통로를 팠다. 누거(樓車), 갈고리 사다리 등 성을 공격하는 도구를 제작하여 밤낮으로 강하게 공격하자 성내에는 양식이 떨어져 아사자가 속출했다. 공손연은 막을 수도, 도망갈 수도 없는 상황이 되어 할 수 없이 전령을 보내 화친을 요구했다. 사마의는 승리를 확신하고 공손연의 화친 요구를 단호하게 거절했다. 그는 "군사의 대요(大要)는 다섯 가지가 있다. 싸울 수 있으면 마땅히 싸우는 것, 싸울 수 없으면 마땅히 지키는 것, 지킬 수 없으면 마땅히 달아나는 것. 나머지 두 가지는 항복과 죽음뿐이다. 네가 면박(面縛)*을 하지 않은 것은 죽음을 각오한 것이구나."라며 공손연에게 면박 투항을 요구하고 다른 것은 허락하지 않았다. 화친 요구가 수포로 돌아가자 연군 병사들의 사기가 완전히 와해됐다. 공손연은 대책이 없자 포위를 뚫고 성을 나가려다 피살되었다. 요동의 반란은 이렇게 평정되었다.

이번 정벌에서 사마의의 활약을 보면, 사마의의 계략과 전술 운용 능력이 한층 능숙하고 노련해졌다는 것을 알 수 있다. 그는 적의 상황을 정확히 파악한 후 필요에 따라 적극 공격하기도 했고, 서둘러야 할 때는 서두르고 늦춰야 할 때는 늦추며 유연하게 전장을 장악했다.

처음 공손연이 위의 공격을 알고 손권에게 구원을 요청했을 때 손권도 지원병을 출병시키며 공손연에게 편지를 썼다. "사마의는 용병에 뛰어나 막

---

* 두 손을 뒤로 결박하고, 사람들에게 보이도록 얼굴을 드는 항복의 표시.

을 수 없으니 아우가 심히 걱정됩니다."(『삼국지·위서·공손탁전』 배송지 주
『한진춘추』 인용) 손권도 사마의의 탁월함을 깊이 인식했던 것으로 보인다.

당 태종 이세민도 사마의를 매우 높이 평가하여 "웅장한 계책이 있어 안
으로 단호했으며 놀라운 지혜를 발휘하여 밖으로 결단을 했으니, (……)
군사를 귀신처럼 움직이며 모략을 펼치는 데에는 비견할 이가 없었다"고
말했다.

요동을 평정한 후 사마의는 관중으로 가려고 했다. 백옥(白屋, 지금의 하
북성 북부)에 이르자 위 명제의 조령이 당도했는데 이후 사흘 동안 다섯 번
의 조서를 받았다. 바삐 궁으로 들어오라는 명이었다. 사마의는 크게 놀
라 조정에 급한 변고가 생긴 것이 아닌지 걱정했다. 천자의 명은 어길 수
없는 법. 사마의는 추봉거(追鋒車)*를 타고 밤낮을 가리지 않고 달려 급히
낙양에 도착했다.

• 두 마리 말이 끄는 수레로 속도가 매우 빠르다.

제 3 강 폭풍 전야

경초 3년(239) 정월, 사마의는 서둘러 낙양으로 돌아오라는 갑작스러운 조령을 받고 천자를 알현했다. 사마의는 감히 지체하지 못하고 주야로 달려 낙양에 와 입궐한 후, 위 명제 조예의 침실이 있는 가복전(嘉福殿)으로 들어갔다. 명제는 이미 숨이 고르지 않고 생명이 위중한 상태였다. 사마의를 보자 명제는 잠시 눈빛이 달라지는 것 같더니 정신을 차리고 쉬엄쉬엄 말했다. "내가 겨우 숨을 참고 있었던 것은 바로 그대를 기다렸기 때문이오. 내 후사를 그대에게 부탁하오."

위 명제 조예는 무슨 후사를 사마의에게 부탁하는 것일까? 그는 가느다란 목소리로 말했다. "그대와 조상(曹爽)이 함께 조방(曹芳)을 보좌해준다면 나는 죽어도 여한이 없겠소." 말을 마치자 그는 조방을 앞으로 오게 하고 손으로 가리키며 사마의에게 말했다. "바로 이 아이라오. 그대는 잘 보고 똑똑히 기억하오." 그러고는 조방에게 사마의의 목을 꼭 안게 했다. 그날 조예는 세상을 떠나고 조방이 즉위했다.

조예는 아들이 없었다. 조방은 그의 양자였다. 겨우 여덟 살이라 친정할 수 없어 조정의 대사는 모두 조상과 사마의가 장관하게 되었다. 조상은 어떤 사람인가? 조상은 자가 소백(昭伯)으로 조진(曹眞)의 아들이며 조위의 종실이다. 부친 조진은 조조의 양자로 전투에 능해 수차례 전공을 세웠으며, 조예 시기에 위나라의 최고 군사 장관을 맡아 제갈량의 북벌을 막아내고 231년 병사했다. 조진의 아들 중 조상이 맏이였다. 범의 자식은 범이 된다는 말이 있다. 하지만 다 그런 것은 아니다. 부친 조진은 전투에 능했지만 조상은 그렇지 않아 "재능이 평범한 수준"이었다. 조상은 위 명제와 어린 시절 궁중에서 함께 자라 아주 친했다. 『삼국지·위서·조상전』에는 조예가 "심히 그를 가깝게 여기고 아꼈다"고 되어 있다. 이런 사이였기 때문에 명제가 즉위한 후 조상의 지위는 계속 높아졌고 "총애가 각별했다." 명제는 임종하기 전에 조상을 대장군, 도독중외제군사, 녹상서사에 명했고 조방을 보좌하는 고명대신(顧命大臣)*으로 삼았다.

조상과 비교했을 때 사마의는 이런 특수한 관계가 없었다. 그의 명성과 지위는 오직 자신의 능력으로 얻은 것이었다. 만약 조예와의 관계를 논한다면 사마의가 조상만 못하지만, 능력과 공로를 논한다면 사마의가 조상을 크게 능가한다.

위 명제 조예가 조상과 사마의에게 공동으로 조방을 보좌하게 한 목적은 두 가지이다. 첫째, 조상은 조위의 종실이기 때문에 그가 보정대신이 되면 조씨 가문의 천하는 계속 유지될 수 있다. 둘째, 사마의는 능력과 지략

• 임금의 유언으로 나라의 뒷일을 부탁받은 대신.

이 뛰어나 조정을 위해 탁월한 계책을 세울 수 있다. 두 사람이 긴밀한 협력으로 서로 보완하여 상승효과를 낸다면 조위 정권은 오랫동안 순조롭게 운영될 것이다. 그러나 조예의 발상은 너무나 순진했다. 조상과 사마의는 긴밀하게 협력하며 조방을 보좌하지 못했다. 그들은 각자의 계산이 있었다. 밝음과 어두움은 어우러지지 않았고 갈등은 계속 심화되었다. 두 사람의 관계가 좋지 않았던 것은 누구에게 책임이 있을까? 나는 대체로 조상에게 있다고 생각한다. 그는 사마의와의 관계에서 계속 문제를 일으켰다. 조상의 권력과 영향력은 오랫동안 사마의보다 강했다. 사마의는 한 걸음씩 뒤로 물러나다가 결국 최후의 순간에 반격하여 조상을 넘어뜨렸다. 조씨와 사마씨의 싸움은 239년부터 249년까지 장장 10년간 계속되었다.

사마의와 조상의 투쟁은 네 단계를 거쳐 진행되었다.

二

첫 번째 단계. 보정 초기의 평온과 안정.

보정이 시작된 초기, 조상과 사마의는 서로 우호적인 분위기를 유지했다. 연령은 사마의가 조상보다 많았고 지위는 조상이 사마의보다 약간 높았다. 조상은 대장군, 도독중외제군사, 녹상서사를 맡고 있었는데 이는 한 나라 때부터 삼국 시대까지 대단한 실권을 갖는 직위로 조정의 정무 대사를 모두 관장했다. 사마의는 태위로 이 정도의 권력은 아니었다. 보정 역할에서도 조상이 우선이었다. 그러나 사마의는 위 문제 이래의 원로대신이었고 혁혁한 공로를 세운 '조정의 신망'이었기 때문에 조상의 경력이나 공적은 사마의보다 한참 낮았다.

막 보정이 시작되었을 때는 조상도 관계를 악화시키고 싶지 않았다. 그는 의식적으로 사마의를 도독중외제군사, 녹상서사 등에 임명했다. 두 사람은 각각 3,000명의 병력을 이끌고 있었고 교대로 궁중에서 당직을 했다. 그래서 어린 황제 조방의 재위 초기는 어느 정도 안정적으로 흘러갔다.

『삼국지·위서·조상전』에는 "처음에 조상은 선왕(사마의)의 높은 덕망과 나이를 우대하여 항상 부친처럼 모시고 감히 전횡하지 못했다."라고 되어 있다. 사마의도 조상에게 우호적인 태도로 적극 호응했다. 배송지의 주에서는 "선왕은 조상을 위나라의 허파로 여기며 항상 그를 앞세웠다. 조상은 선왕의 명망이 높음을 알고 자신을 낮추었다. 당시 사람들이 칭찬했다."라고 적었다. 이런 기록은 두 사람에게 당시 사람들의 칭송을 받던 짧은 협력의 시기가 있었음을 설명한다. 만약 두 사람의 우호적인 관계가 계속 유지되어 서로 협력했다면, 그리고 두 사람이 충돌하지 않았다면, 이때 이미 환갑이 넘었던 사마의가 그래도 사달을 일으켜 권력을 탈취했을까? 이것은 오래 생각해볼 만한 문제이다.

그러나 나무는 고요하고자 하나 바람이 그치지 않는다고 했다. 조씨와 사마씨의 협력 국면은 이후 급격한 변화를 겪는다.

두 번째 단계. 조상의 선제 공격과 사마의의 퇴각.

앞서 말한 바와 같이 조상은 정치, 군사에 대한 이해도가 떨어지고 시정 능력이 부족한 범인이었다. 능력이 없는 사람들이 질투심이 강한 경우가 왕왕 있다. 일 처리가 능숙하고 지략이 많으며 스무 살 이상 연장자인 사마의를 대하며 조상은 말할 수 없는 압박감을 느끼기 시작했다. 왜냐하면 두 사람의 대화는 같은 수준에서 이뤄지지 않았기 때문이다. 어떤 일을 상의할 때, 사마의는 고층 건물을 짓듯 어려운 일도 가볍게 풀어내는 데 반해 조상은 우물쭈물하며 간단한 말도 조리 있게 못하는 일이 많았다. 심지어 조상은 사마의의 무심한 눈빛에서 자신에 대한 멸시를 느끼기도 했다. 기고만장하던 조상은 내심 불편할 수밖에 없었다. 점차 조상은 사마의를 배제하고 조정을 혼자 휘어잡으려는 생각을 갖게 되었다. 그는 이를 위해 두 가지 조치를 취했다.

첫 번째는 사마의의 권력을 암암리에 약화시키는 것이다. 조상은 별로 능력은 없었지만 심복 측근들이 있어서 끊임없이 그에게 어떤 방법으로 사마의를 배제할 것인지 알려주었다. 예를 들어 정밀(丁謐), 필궤(畢軌) 같은 이들은 사마의가 능력이 뛰어나 조상에게는 매우 위협적인 존재라고 생각하여 "사마의는 뜻이 크고 심히 민심을 얻고 있으니 그에게 일을 맡기면 안 됩니다."라고 말했다.(『삼국지·위서·조상전』) 사마의의 위험성이 너무 크기 때문에 앞으로 조정의 대사에는 그를 참여시키면 안 된다는 것이다. 그럼 사마의를 어떻게 배제시켜 대사에 참여하지 못하게 할 것인가? 조상의 측근 정밀이 계책을 알려주었다. 어린 황제 조방에게 건의하여 사마의를 태부(太傅)에 임명하는 것이다. 태부는 '삼공(三公)'의 하나로 상공(上公)이기 때문에 지위가 매우 높다고 할 수 있다. 그러나 태부는 태자를 보좌하는 스승이기 때문에 실권은 없다. 직책만 높을 뿐 권력은 낮은 자리이다. 그래서 "정밀이 계책을 꾸며 조상으로 하여금 천자에게 고하여 선왕을 태부로 명하는 조서를 내리게 했다." 황제는 과연 사마의를 태부에 임명하여 실권을 내려놓게 했다. 그들의 첫 번째 목표가 달성되었다. 이 일은 『삼국지·위서·조상전』에 이렇게 기록되어 있다. "겉으로 보기에 명분은 그를 높이는 것이지만 실제로 상서(尙書)의 상주를 자신에게 먼저 거치도록 하여 대소사를 통제하려는 것이었다." 말하자면, 사마의를 고관에 임명하여 높이 대우한 것 같지만 실상은 상서가 천자에게 아뢰는 사안을 조상이 먼저 열람하여 처리하게 된다. 이렇게 되면 사마의는 핵심적인 권력의 바깥으로 배제된다.

두 번째는 측근을 임용하여 조정을 장악하는 것이다. 조상은 조정 내에서의 세력을 키우기 위해 측근을 대량 기용하여 사마의를 견제했다. 그가 임용한 측근은 크게 두 부류이다. 하나는 집안 형제들이다. 조상은 맏이였고 몇 명의 동생들이 있었다. 그는 동생 조희(曹羲)를 중령군에, 조훈(曹訓)을 무위장군에, 조언(曹彦)을 산기상시에 임명했다. 중령군과 무위장군은 궁중의 금군을 관리하는 직책이고 산기상시는 궁중 대소사를 결정하는 일에 참여한다. 조상 가족이 조정의 대권을 실질적으로 장악한 것이다. 그들은 조상의 특수한 지위를 이용하여 "궁궐의 금달(禁闥)°을 출입했으며 존귀와 총애가 이보다 높을 수 없었다." 조씨 가문의 세력은 한층 더 커졌다. 또 한 부류는 측근 심복들이다. 여기에는 하안(何晏), 등양(鄧颺), 정밀(丁謐), 필궤(畢軌), 이승(李勝) 등이 포함되는데, 이들 중 다수는 명제 조예 때 '부화(浮華)'하다고 폐출된 인물들이다. '부화'란 어떤 것일까? 문자적인 의미로 본다면 실질은 없고 겉으로만 화려한 것이다. 한위 교체기에 부화는 특정한 정치와 사상적 의미를 내포하고 있다. 권력자들은 자신을 내세우는 성격이나 사교를 좋아하는 사인, 관원 들을 '부화교회(浮華交會)의 무리'라 칭하며, 정치 질서를 바로잡기 위해 이들을 처단하기도 했다. 사실 이런 부화한 무리들은 조정의 반대파나 반체제 인사가 아니었다. 단지 행동이 유별나 권력자들이 싫어했을 뿐이다. 그들은 조상과 밀접한 관계였을

● 천자가 거처하는 궁궐의 앞문.

뿐 아니라 조상의 중요한 지지층이었기 때문에 이후 중용되었고 조상의 심복이자 싱크탱크가 되었다.

그중 가장 유명한 인물은 하안이다. 하안은 자가 평숙(平叔)으로 모친이 그를 데리고 조조에게 재가한 사람이다. 후에 그는 조조의 딸 금향공주와 결혼했기 때문에 조조의 의붓아들이기도 하고 사위이기도 하다. 정치적 파벌로 본다면 당연히 조위 정권의 일파에 속한다. 하안은 현학(玄學)*의 창시자로서 추상적 담론에 능하고 예술에도 다재다능하여 "어려서부터 뛰어난 재능으로 이름이 알려졌다." 하안은 화장을 좋아했다. "동정(動靜) 간에 분첩을 손에서 떼지 않았고, 걸으며 자신의 그림자를 돌아봤다."(『삼국지·위서·하안전』) 위진 시기에는 흰색을 아름답다고 여겼는데 어떤 남자들은 자신의 피부를 하얗게 보이려고 외출할 때 분첩을 휴대하기도 했다. '동정 간에 분첩이 손에서 떠나지 않았다'는 것은 항상 분첩을 갖고 있다가, 길을 걸을 때나 앉아 있을 때나 남들이 보지 않으면 뺨에 발랐다는 것이다. 하안은 외모가 뛰어났기 때문에 일거일동이 사람들의 주목을 받았다.

하안의 또 다른 특이한 취향은 약을 즐겨 복용한다는 것이었다. 위진 시기에는 약을 복용하는 풍조가 유행했다. 그 약을 '오석산(五石散)'이라 하는데 실제로 다섯 가지 돌을 갈아 만들기 때문에 붙은 이름이다. 복용하면 몸이 건강해질 뿐 아니라 형용할 수 없는 쾌감을 느낄 수 있다고 한다. 그러나 부작용도 있어서 잘못 먹으면 죽을 수도 있다. 하안은 용감하게도 앞장서서 이 약을 먹었다. 그래서 그는 오석산 복용의 창시자라고도 할 수 있다. 하안은 당시 명사(名士)라고 할 수는 있어도 정치가라고 할 수는 없

• 위진 시대 성행한 학문으로 노장 사상을 기반으로 발전했다.

는 인물이었다. 그러나 조상은 사마의와 권력 투쟁을 벌이면서 그를 심복으로 여겼다. 두 사람의 대결 형세가 격화됨에 따라 하안은 자신이 점점 깊은 곳으로 빠져들고 있다고 느꼈지만 이미 벗어날 수 없는 상황이었고 매우 큰 두려움을 느꼈다.

하안 외에, 조상의 측근들은 대부분 조정 고관의 자손들이었다. 예를 들어 등양은 동한의 개국 공신 등우(鄧禹)의 후손이었고 정밀의 부친은 조조 시대의 전군교위였으며, 필궤의 부친은 전농교위였고 이승의 부친은 상당과 거록 두 군의 태수를 지냈다. 세력을 확장하고 사마의를 배제하기 위해 조상은 이들을 중요한 직위로 발탁했다. 하안, 등양, 정밀 등은 상서에 임명했고 하안은 인재를 발탁하고 관원을 임명하는 일을 맡았으며 필궤는 사예교위가 되어 경사의 치안을 담당했다. 이승도 하남윤이 되어 중앙부터 지방까지 요직을 차지했다. 그러나 그들은 '부화'를 숭상하는 무리들이기 때문에 업무 처리가 그다지 착실하지 않았고 집무 과정에서 자주 빈틈을 노출하기도 했다.

총체적으로 볼 때 조상 집단의 권력은 사마의를 크게 앞섰다.

강력해진 조상 집단을 보며 이미 실권을 잃은 사마의는 그들과 힘을 겨룰 능력이 없었다. 그저 뒤로 물러나 조상의 세력이 얼마나 높이 오르는지 냉정하게 관찰할 뿐이었다. 『삼국지·위서·조상전』에서는 사마의가 "다툴 힘이 없고 화를 입을까 두려워 피했다"고 했다. 이는 사마의의 지혜로운 행동이라고 해야 할 것이다. 나는 너와 싸울 수 없고 너를 건드릴 수도 없으니 일단 멀리 떨어져야겠다. 이런 생각이다. 사마의가 칼끝을 잠시 피하는 동안 조상은 득의만만하여 한 손으로 천하를 가리고 대권을 손에 쥐었다고 생각했다. 본래 조상은 큰 포부가 없고 향락만 탐닉하던 철없는 귀족 자제였다. 이제 사마의의 세력이 미미해지자 자아도취에 빠진 나머지 어리석은 행동을 거듭하며 자신의 무능을 노출했다.

三

세 번째 단계. 조상의 국정 농단과 연이은 실책.

조상과 그의 무리들이 사마의를 배제하고 조정의 대권을 잡은 후, 만약 국사를 중히 여기고 청렴한 정치를 하며 위나라를 잘 운영했다면 그들에 대한 후인들의 평가는 달랐을 것이다. 그러나 조상을 필두로 이들은 실망스럽게도 정무 능력이 현저히 떨어졌고 사심만 가득해 연이은 실책으로 인심을 잃었다. 이는 주로 다음과 같은 세 가지 방면이다.

첫째, 촉한을 공격했으나 소득 없이 돌아왔다. 조상은 대장군의 신분으로 전쟁을 지휘했다. 군사를 지휘하는 능력이 가장 출중해야 했으나 실제로는 전쟁 경력이 없었다. 그래서 그는 조정의 대권을 휘두르면서 반드시 전쟁을 일으켜 자신의 능력으로 승전을 이끌어야겠다고 생각했다. 장수들에게 위엄을 세울 수 있는 동시에 사마의가 자신을 무시하지 못하게 만드는 효과도 있을 것이기 때문이었다. 조상의 측근 등양이 조상의 마음을 읽고 조상에게 촉한과 전쟁을 벌이자고 부추겼다. 사마의는 조상이 촉한과의 전쟁을 준비한다는 소식을 듣고 그에게 특별히 당부했다. "촉한은 가볍게 상대할 수 없습니다. 충분한 준비 없이 경솔하게 진공해서는 절대 안 됩니다." 그러나 조상은 전혀 듣지 않고 군대를 출병하려는 뜻을 굳혔다.

정시 5년(244) 조상은 6~7만의 병력을 동원하여 촉한을 공격했다. 자신은 장안에 주둔하여 작전을 지휘하면서 승리를 확신했다. 촉한을 공격할 때 가장 중요한 것은 진령을 넘어 한중을 점령하는 일이었다. 한중을 얻으면 향후 훨씬 수월하게 남쪽을 공략할 수 있기 때문이다. 위군이 당락곡(儻駱谷)을 지나려 하자 촉군은 그 사실을 알고 군대를 보내 유리한 지형을 점거하고 골짜기를 봉쇄했다. 낙곡은 산세가 험준하고 길이 좁았기 때문에 행군 속도가 매우 느렸다. 제갈량의 북벌이 번번이 실패했던 일에서 알 수 있듯 원정 거리가 멀수록 군량 공급이 큰 문제가 되고, 군량 공급이 어려워지면 전쟁에서 승리할 수 없다. 당시 위군이 이런 문제에 봉착했다. 이동로가 험하고 군량은 부족했다.

> 우마와 당나귀, 노새는 다 죽고, 백성들은 길에서 울부짖었다.
>
> (『삼국지·위서·조상전』)

식량을 운반하던 동물들은 탈진하거나 벼랑에서 떨어져 죽고 군대를 따르던 백성들은 고통을 견디지 못했다. 병사들과 백성들의 원성이 길에 가득했고 전쟁은 전혀 진전이 없었으며 손실은 참혹하고도 위중했다. 전쟁에 무지했던 조상은 형국을 타개할 방법이 없자 어이없이 철수할 수밖에 없었다.

조상은 본래 전쟁의 승리를 통해 천하에 위엄을 세우려고 했다. 그러나 결과는 돌이킬 수 없는 철저한 실패였다. 조정 내외에서 그를 비웃지 않는 이가 없었다.

둘째, 법을 바꾸고 상대편을 배척했다. 조상은 사마의를 실권에서 배제한 후에 제도 개혁을 실시했다. 이를 '정시개제(正始改制)'라고 한다. 정시는 조방의 연호로 240년에서 248년까지이다. 개혁은 사회 발전을 촉진하고 사회의 진보에 도움이 되어야 하지만 조상의 개혁은 사회적으로 비판을 받았다. 예를 들어 태위 장제(蔣濟)는 "당시 조상이 권력을 독점하자 정밀, 등양 등이 함부로 법을 바꿨다."라고 하며, "다스림에도 무익하고 민생을 망치는" 결과를 가져왔다고 말했다.(『삼국지·위서·장제전』)

응거(應璩)는 조상의 개혁이 "법도에서 지나치게 벗어났다"며 이를 풍자하는 시를 썼는데 "그의 말은 상당히 부드러웠지만 대부분 현실의 핵심을 찔렀기에 사람들에게 널리 전해졌다."라고 한다.(『삼국지·위서·왕찬전 부 응거응정전』 배송지 주『문장서록』 인용)

왕릉(王陵)은 사마의와 대립하는 위치에 있었지만, 그의 아들 왕광(王廣)은 조상을 비판하여 이렇게 말했다. "조상은 교만하고 사치스러워 민심을 잃었다. 하평숙(하안)은 공허하여 실무를 돌보지 않았고 정밀, 필궤, 환범(桓範), 등양은 오래전부터 알려진 인물들이었지만 모두 이익만 다투었다. 게다가 조정의 법제를 바꾸고 시정 규정을 고쳤는데 명분은 고상했으나 현실과 맞지 않았다. 백성들은 예전을 익숙하게 여겼고 군중들은 이를 따르지 않았다."(『삼국지·위서·왕릉전』 배송지 주『한진춘추』 인용) 이런 자료로 볼 때 당시 많은 사람들은 '정시개제'에 대해 부정적인 생각을 갖고 있었다. 그것은 왜인가? 내 생각에 우선 이 개혁은 공허하고 실질적이지 않았다. 이게 바로 앞서 말한 '부화(浮華)'의 특징이 아니겠는가? 거창한 말, 쓸데없는 말만 하고 실질적인 내용은 없으며 어떻게 국가를 경영해야 하는지 전혀 생각이 없었다. 그다음으로 하안, 정밀, 필궤, 환범, 등양 등 조상 일파들은 모두 어느 정도 사회적 명망이 있었지만 각종 제도를 마음대로 바꿨다. 그들이 말하는 개혁의 목표는 대단히 높았지만 구체적 조치는 실제 현장에 미치지 못했다. 그래서 백성들은 이를 받아들이지 못한 것이다.

조상의 개혁은 전혀 실효를 거두지 못했다.

자료가 제한적이라 '정시개제'의 상세한 내용은 알 수 없다. 현재 알려진 내용을 예로 들면, 조상은 선거 제도를 개혁했다. 선거 제도는 인재를 선발하여 관직에 등용하는 방안이다. 조상은 조정을 독단적으로 장악하기 위해 선거 제도를 개혁해 측근을 끌어모으고 반대파를 배척했다. 명말 청초의 사상가 왕부지(王夫之)는『독통감론(讀通鑑論)』에서 당시 하안이 "사문지당(私門之黨)을 흩어놓고 조씨 가문에 인재를 심었다"고 했는데 흩어놓은 것은 사마의 측근들이고 심은 것은 조씨 가문을 지켜줄 사람들이었다. 이는 조상과 하안이 정시개제로 바꾼 선거 제도의 실질을 명확히 짚은 말이다. 불공정한 선발 방식으로 폐출된 다수의 사람들은 사마의 진영으로 넘어갔다.

셋째, 부정부패 행위로 민심을 잃었다. 조상은 전쟁을 일으키고 국정을 돌보지 않았다. 그의 생활은 부정부패가 만연했다. 사치가 도를 넘어 음식과 의복은 황제와 동급이었고, 황궁의 수많은 진귀한 보물과 감상품들을 자기 집으로 가져가 즐겼다. 심지어 그는 궁녀들을 집으로 데려가 연회를 열고 쾌락을 누리기도 했다. 지하에 궁실을 만들어 내부를 화려하게 장식하고 하안을 비롯한 측근들과 술을 마시며 놀았으며, 또 낙양 등지의 많은 둔전과 토지를 마음대로 나눠 주었다. 조상 일파의 부정부패 행위는 그의 동생 조희도 참지 못하고 "큰 우환이 생길 것이라 여겨 수차례 그만둘 것을 간언"할 정도였다. 조희는 또 세 편의 글을 써 "타락한 음행이 넘쳐 패망하게 됨을 썼는데 글의 주장이 심히 날카로웠다"고 하는데 조상이 이 글을 보고 "심히 불쾌하게 생각했다." 조상의 부패한 행위는 많은 사람들의 우려를 샀다. 사람들은 그가 행동을 고치지 않으면 패망하게 될 것이라고 느꼈다.

시중 종육(鍾毓)이 조상의 주연에 참가했다가 귀가하자 모친이 그에게 "즐길 테면 즐기라고 해라. 그러나 오래가지는 못할 것이다.", "지금 이와 같은 사치 향락은 부귀를 오래 지키는 도가 아니다."라고 말했다.(『삼국지·위서·종회전』 배송지 주) 하안의 처도 하안이 종일 주색에 빠져 지내자 심히 우려하며 모친에게 이렇게 말했다. "이 사람의 악행이 날로 심해지니 장차 어찌 몸을 보전하겠습니까?"(『삼국지·위서·조상전』 배송지 주 『위말전(魏末傳)』 인용) 두유도(杜有道)의 처 엄씨도 말했다. "하안 등은 사치하고 교만하여 반드시 패망할 것입니다.(『진서·열녀전』) 당시 원로대신 신비(辛毗)는 조정에서 매우 신망이 높은 인물이었는데, 그의 딸도 이런 말을 했다. "조상은 태부와 함께 천자를 부탁하는 소임을 받았음에도 권세를 독점하고 간교한 일을 행하니 왕실에도 불충하고 인간의 도리에도 맞지 않습니다."(『삼국지·위서·신비전』 배송지 주 『세어(世語)』 인용) 조상은 본래 사마의와 함께 어린 황제를 보필하라는 명을 받았다. 그러나 그는 권력을 독점하고 국정을 농단하며 사치스러운 생활을 했다. 이런 행위는 사리에도 맞지 않고 민심에도 역행한다는 말이다. 당시 이러한 여론들로 보아 조상이 비록 조정을 장악하고 전권을 휘두르고 있지만 심각한 부정부패로 인해 이미 민심을 잃었음을 알 수 있다. 그의 말로가 멀지 않았다.

열세에 처한 사마의는 조상 일파가 벌이는 일련의 행동들을 보며 마음에 새기고 있었다. 본래는 두 사람이 공동으로 어린 황제를 보좌하고 황실을 보위해야 했다. 그러나 자신은 배척당해 어떤 조치도 취할 수 없었다. 조상의 그릇된 행동에 사마의는 분노하며 조상을 제거하고 더 나아가 조위 정권을 쓰러뜨릴 생각을 키웠다. 그러나 조상 일파의 힘은 너무나 강력했다. 열세에 처한 사마의는 대적할 힘이 없었다. 다만 조용히 세력을 모으며 반격의 기회를 엿볼 뿐이었다.

네 번째 단계. 다시 '풍비'를 가장하여 조상을 마비시키다.

조상의 기세등등한 모습과는 반대로, 사마의는 실권을 잃었다. 보정대신이라는 자리는 사실상 빛 좋은 개살구였다. 세력이 약한 사마의는 어떻게 조상에 맞서야 할까? 사마의는 "화력이 올라오기 전에는 솥뚜껑을 열지 않는다."라는 이치를 알고 있었다. 그는 '욕금고종(欲擒故縱)'●의 방법을 취했다. 조상이 나를 따돌린다면 나도 조상에게 놀아나지 않겠다. 나는 더 입을 벌리지도, 조정에 출입하지도 않겠다. 이런 마음으로 사마의는 옛날 수법을 다시 한번 꺼내 들었다. 또 칭병을 한 것이다.

사마의가 22세에 병을 핑계로 조조의 부름을 성공적으로 거절한 일은 모두 알 것이다. 그가 지금 다시 한번 칭병을 했다.

정시 8년(247) 사마의는 병을 명분으로 조정에 출근하지 않고 집에서 요양만 했다. 조상은 사마의가 병들었다는 소식에 매우 기뻤다. 눈엣가시 같던 사마의가 마침내 떠나갔으니 자신이 더욱 활개를 칠 수 있다고 생각했다. 이 한 해 동안 조상의 기세는 극에 달했다. 그는 태후의 구속을 받지 않으려고 심복 하안, 등양, 정밀 등의 모략을 얻어 태후를 영녕궁(永寧宮, 지금의 낙양 백마사 일대)으로 옮겼다. 이때 조상 형제는 "조정을 독점하고 형제들이 금군을 장악했으며, 자신들의 일파를 심고 수차례 제도를 개정했다."(『진서·선제기』) 조상의 무리들은 조정의 대권을 완전히 독차지했다. 조상은 천하가 자신의 관할이 되었다고 생각하고 날마다 측근들과 성을 나가 놀았으며 전혀 경계심을 갖지 않았다. 그의 일파였던 대사농 환

● 『손자병법』에서 나온 말로 상대를 제압하기 위해 먼저 풀어준다는 의미.

범이 조상에게 이렇게 경고한 적이 있다. "조정과 조정의 금군을 관할하시면서 형제들이 동시에 성을 나가시면 안 됩니다. 만약 누군가가 성안에서 성문을 잠그고 막는다면 성안에서 누가 대처하겠습니까?" 조상은 터무니없는 말이라고 생각하여 전혀 신경 쓰지 않고 말했다. "누가 감히 그런 짓을 하겠는가?"

그러나 조상도 때로는 사마의가 정말 병들었는지, 병으로 가장한 것은 아닌지 의심했다. 그해 겨울 조상의 측근 이승이 형주자사에 임명되었다. 이승이 형주로 떠날 때 조상이 넌지시 그에게 송별 인사를 명목으로 사마의에게 가서 실제 정황을 살펴보라고 시켰다. 사마의는 이승이 방문하자 곧 이 방문의 목적을 눈치챘다. 그래서 의도적으로 병이 매우 위중한 것처럼 가장했다. 두 하녀가 사마의를 부축하여 이승에게 갔는데 대화할 때도 정신이 혼미한 듯했다. 옷을 갈아입을 때도 제대로 들고 있지 못해 땅에 떨어뜨렸는데 사마의는 모르는 것처럼 행동했다. 또 입을 가리키며 목마르다고 하여 하녀가 죽을 가져오자, 손으로 잡지 않고 입을 벌려 모두 옷에 쏟았다. 이승은 "명공의 옛 병이 도졌다고 사람들이 말하더니 이 정도일 줄은 어찌 알겠습니까?"라고 탄식했다. 사마의는 숨을 크게 헐떡이며 말했다. "나는 연로하고 병이 중하니 목숨이 경각에 달려 있소! 그대가 병주(幷州)에 임직한다니 그곳은 이민족의 땅과 가깝소. 부디 철저히 방비하여 임무를 완수하시오. 아마 우리는 다시 만나기 어려울 것 같소." 이승이 대답했다. "저는 고향 형주(荊州)로 갑니다. 병주가 아닙니다." 사마의는 계속 엉뚱한 소리를 했다. "그대가 병주에 도착하거든 스스로를 잘 돌보시오." 이승이 다시 "저는 형주로 가는 것입니다."라고 하자 사마의는 알아들은 척하며 말했다. "내가 늙고 정신이 없어 그대의 말을 알아듣지 못했소. 지금 본

주(本州)로 돌아가거든 덕을 많이 쌓고 큰 공도 많이 세우시오!"

사마의의 연기는 그야말로 하늘이 내려준 최상급의 솜씨였다. 옷을 떨어뜨리면서도 알지 못하고 죽을 먹으면서 옷에 쏟을 정도로 정신을 차리지 못했다. 게다가 형주를 계속 병주, 본주라고 말했으니 쇠약하기가 이루 말할 수 없는 노인네다. 썩은 고목처럼 늘어진 쇠약한 모습은 사실과 다름없는 생생한 연기였다. 사마의를 염탐하러 왔던 이승도 완전히 속았다. 그는 사마의가 정말 이제는 끝났다고 생각하고 돌아가 조상에게 보고했다. "태부의 병은 다시 회복되기 어렵습니다. 너무나 안쓰럽습니다."(『삼국지·위서·조상전』 배송지 주 『위말전』 인용) 조상은 마음에 걸려 있던 커다란 바위 하나가 땅에 떨어지는 느낌이었다. 사마의는 이제 나를 막을 수 없다. 천하는 우리 조씨 집안의 것이다!

사실 사마의는 조용히 모든 것을 준비하고 있었지만, 조상은 향락에 빠져 정신을 차리지 못하고 형세가 앞으로 어떻게 변할지 전혀 몰랐다. "산비가 쏟아지려 하니 바람이 누각에 가득하다(山雨欲來風滿樓)."라는 말이 있다. 폭풍 전야라는 의미이다. 지금이 그때였다. 사마의는 시기를 기다리며 조상을 어떻게 처리해야 할지 궁리하고 있었다.

제 4 강

고평릉 정변

―

　나무는 고요하고자 하나 바람이 그치지 않는다고 흔히들 말한다. 239년 사마의와 조상은 어린 황제 조방을 공동으로 보필하기로 했다. 사마의의 입장에서는 애초에 조상과 대립하려는 마음이 없었다. 훗날 조위 정권을 자신이 대신해야겠다는 야심도 보이지 않았다. 조상이 정국을 혼란하게 만들며 사마의를 배척하고 대권을 독차지한 것이다. 사마의는 어쩔 수 없이 물러나 병을 가장하여 자신을 감추고 조상과의 정면충돌을 피했다. 그러나 사마의는 그렇게 겁약(怯弱)하고 우유부단하지 않았다. 그는 사서에 기록된 것처럼 "총명하고 사리에 밝으며 강단과 영특함을 갖춘" 인물이며 자신의 정치적 이상을 품고 있었다. 단지 그때 중과부적으로 물러나 은둔하며 냉정하게 형세를 관찰하고 있었을 뿐이었다. 그는 조상 일파가 향락과 부패에 빠져 민심을 잃는 것을 지켜보며 점차 그의 권력을 빼앗아야겠다는 신념을 갖게 되었다.

정시 8년(247) 사마의는 병을 이유로 조정에 나가지 않았다. 조상의 일파였던 이승이 하직 인사를 핑계로 정탐하려 왔었지만 사마의에게 속았다. 조상이 경계심을 풀고 방심하고 있을 때 사마의는 은밀하고 철저하게 반격을 준비했다.

사마의는 다음과 같은 몇 가지 측면으로 반격에 착수했다.

첫째, 노신들과 접촉하며 지지자를 찾았다. 조상은 조정을 농단하며 자신의 집단을 결성하여, 따르는 자는 흥하고 거스르는 자는 망하게 했다. 사마의는 조상에게 배척된 노신들을 하나하나 자기편으로 포섭했다. 이들은 사마씨 가문의 유력한 지지자가 되었다.

예를 들어 노신 장제(蔣濟)는 위나라의 중신으로, 조방 때 태위를 지내며 조정을 위해 여러 가지 중요한 건의를 올렸다. 당시 조상의 일파 정밀, 등양 등이 마음대로 법을 바꿀 때 장제가 이에 반대하는 상소를 올려 "국가를 다스리는 데에 무익할 뿐 아니라, 백성들에게 해를 끼칩니다. 문관과 무장이 자기의 직분을 다해야만 국가가 태평 무사할 수 있습니다."라고 했다. 그러나 조상 일파가 자신의 의견을 무시하자 장제는 실망하여 사마의 편으로 돌아서 그들을 제거하는 데에 협력했다. 엄정하게 법을 집행하기로 유명했던 노신 고유(高柔) 역시 사마의의 중요한 지지자가 되어 훗날 조상 일파를 소탕할 때 중요한 역할을 했다.

둘째, 병력을 준비했다. 사마의는 조상 일파와의 대결이 결국 마지막엔 군사 실력의 대결이 되리라고 생각했다. 사마의가 장악한 군대는 크게 두 부분이다. 하나는 그의 아들 사마사(司馬師)가 중호군의 직위에서 통솔하는 조정 금군이고, 또 하나는 사마씨 가문에서 은밀히 조직한 결사대로서 '삼천 결사대(死士三千 사사삼천)'라 불렸다. 이 병력들은 사마의의 든든한 배경이 되었다.

셋째, 여론을 조성했다. 고대의 정치 투쟁을 보면, 상대편의 명성을 공격하려고 '방문(榜文)'을 써 붙여 유언비어를 퍼뜨리는 일이 많았다. 상대를 고립시키면서 대중의 공분을 일으키는 전략인데 사마의도 이 수법을 썼다. 『진서·선제기』의 기록을 보면 사마의가 병으로 사직했을 때 사람들이 "하등정(何鄧丁)이 경성을 어지럽히네."라는 노래를 불렀다고 한다. 사실이 노래는 사마의가 사람들에게 의도적으로 퍼뜨린 것이다. '하'는 하안을, '등'은 등양을, '정'은 정밀을 가리킨다. 이 세 사람이 경성을 어지럽히는 주범이라는 내용이다. 가사가 부르기 쉬워 매우 빨리 유행했다. 사마의가 이후 병력을 동원해 조상을 제압하는 데에 유리한 여론을 조성한 노래였다.

사마의가 병을 가장하여 요양하던 기간에 낙양성 내부는 평화롭게 보였지만 사실 엄청난 폭풍의 씨앗이 조용히 싹트고 있었다. 그야말로 "산비가 쏟아지려 하니 바람이 누각에 가득한" 형국이었다. 조상은 사마의를 전혀 신경 쓰지 않고 오직 권력에 취해 근심 없이 향락에 빠져 있었다. 다가올 혼란의 미세한 조짐을 발견하고 한 가닥 살기를 느낀 사람도 있었다. 정시 8년 조상은 죽림칠현의 일원인 완적(阮籍)을 참군에 임명했다. 완적은 살얼음판 같은 정국의 긴장감을 느끼고 그 속에 말려들고 싶지 않아 병을 이유로 거절하고 귀향하여 두문불출했다. 죽림칠현의 또 다른 일원인 산도(山濤)도 사마씨와 조상 집단의 투쟁이 반드시 벌어질 것이라 예감했다. 그러나 누가 최후의 승리자가 될지는 단언할 수 없었다. 하루는 산도가 친구 석감(石鑒)과 같은 방에서 묵었다. 밤이 되었는데 산도는 몸을 뒤척이며 초조와 불안에 떨다가 일어나 석감을 깨우고 말했다. "지금이 어떤 때인데 자는가? 태부의 와병(臥病)은 무슨 이유인가?" 태부 사마의가 어떤 의도로 병에 걸려 누워 있는지 물어보는 말이다. 얼마 지나지 않아 산도는 사직하고 귀향하여 은거했다. 석감도 사리 분별력이 있는 사람이었다. 그도 사마의가 병에 걸린 것은 거짓이며 배후에는 틀림없이 다른 뜻이 있다고 생각하여 고향으로 돌아갔다.

당시 엄헌(嚴憲)이라는 여성은 조상 집단이 "사치하고 교만하여 반드시 패망할 것"이라고 보았다.(『진서·열녀전』) 그녀는 사마의는 한 마리 잠자는 맹수라 그가 깨어나면 조상 일파는 "계란처럼 깨지고 눈처럼 녹을 것"이라고 말했다.(『진서·열녀전』)

이런 기록들을 보면 사마의가 지금 칼을 갈고 있으니 때가 무르익으면 꺼내 들 것이라는 말이 당시에 돌았던 것 같다.

二

가평 원년(249) 정월 초엿새였다. 황실의 예법에 따라 어린 황제 조방은 낙양에서 90리 떨어진 고평릉(高平陵, 지금 낙양의 동남쪽 대석산에 위치)으로 갔다. 부친 명제 조예의 능을 참배하러 간 것인데 조상과 그의 아우들, 그리고 조정의 신하들도 수행했다. 이번 행차를 준비하며 조상은 전혀 사마의를 대비하지 않았다. 그는 자신이 낙양을 떠나자마자 사건이 터질 것이라고는 상상도 하지 못했다. 그러나 사마의는 이번 조상의 성묘 행차를 일찌감치 예측하고 철저히 준비했다. 조상이 조방을 수행하여 낙양을 벗어난 지 얼마 후, 사마의는 전광석화같이 신속하고 깔끔하게 공격을 감행했다. 이것이 바로 '고평릉 정변'이다.

이 정변에서 사마의는 네 단계의 과정을 거쳐 조상을 격퇴하고 조위 정권을 장악했다.

제1단계. 낙양성을 장악하다.

조상이 조방을 수행하여 낙양을 떠나 고평릉으로 참배 갈 때 조상의 아우들 중령군 조희, 무위장군 조훈도 있었다. 조상이 자주 아우들을 데리고 성을 나가자, 대신 환범이 그래서는 안 된다고 경고한 바 있다. 만약 당신들이 모두 성을 나갔을 때 무슨 일이 생기면, 성안에서 대처할 사람이 없다는 이유였다. 그러나 조상은 전혀 개의치 않는 말투로 "누가 감히 그런 일을 하겠는가?"라고 대꾸했다. 이번에 조상이 또 아우들을 대동하고 성을 나가자, 사마의는 이 기회를 놓치지 않았다.

사마의는 조상이 낙양을 떠나는 것을 보고 신속하게 움직였다. 우선 낙양성 사방의 성문을 모두 봉쇄하고 병사들을 보내 낙수(洛水)의 부교를 차단하여 조상이 성으로 돌아오는 것을 막았다. 그리고 병력을 이끌고 무기고를 점령한 후, 고유에게 대장군사를 대행하여 조상의 군영을 점거하게 하고 태복 왕관(王觀)은 중령군사를 대행하여 조희의 군영을 통솔하게 했다.

그런데 이때, 사마의의 거사를 뒤엎을 만한 일이 발생했다. 조상 일파가 성에서 나간 뒤, 사마의는 직접 병력을 이끌고 무기고를 점령하면서 마침 조상의 관사를 지나갔다. 조상의 처 유포(劉怖)가 이를 보고 놀라 의사청으로 달려가 관부를 지키던 장하수독 엄세(嚴世)에게 "사마공이 지금 밖에서 병란을 일으켰으니 어찌해야 합니까?"라고 말했다. 엄세는 그 말을 듣자마자 문루에 올라 밖을 보았다. 사마의가 말을 타고 가는데 정신이 또렷하고 위엄이 넘쳐 병색이라고는 전혀 없었다. 엄세는 많은 생각을 할 새도 없이 화살을 쏘려 했다. 이때 사마의는 문루 바로 아래에 있었고 거리도 가까웠기 때문에 만약 화살이 사마의를 적중했다면 이 정변은 한 순간에 수포로 돌아갔을 것이다. 위기일발의 순간, 엄세가 막 활을 쏘려 할 때 누군가가 등 뒤에서 그의 팔뚝을 세게 잡아당겼다. 화살이 땅에 떨어졌다. 알고 보니 그를 잡은 것은 부장 손겸(孫謙)이었다. 엄세는 노하여 "내가 직접 저 반역자 늙은이를 죽이겠다."라고 소리쳤다. 손겸은 "천하의 일이 어떠한지 아직 알 수 없으니 경솔히 움직이지 마십시오."라고 말했다. 엄세가 듣지 않아 두 사람은 부둥켜 안고 싸웠는데 결국 엄세는 "세 번 시위에 걸었으나 세 번 제지당했다. 매번 팔꿈치를 잡아당겨 쏘지 못했다." 세 번 화살을 쏘려 했으나 모두 손겸이 제지한 것이다. 그들이 엉켜 붙어 있는 동안 사마의는 멀리 떠나갔다.

손겸에 대해 사서에는 더 별다른 기록이 없다. 내 생각에 그의 행동에는 두 가지 가능성이 있다. 첫째, 그가 사마의의 측근일 가능성이다. 사마의가 조상의 관부에 그를 심어두고 내통하면서 은밀히 자신을 보호하게 했을 수도 있다. 둘째는 형세를 냉철하게 판단하려는 관찰자일 가능성이다. 그는 조상이 부정부패로 민심을 잃어 언젠가는 패망할 것이라 보았는데 지금 사마의의 형세가 강성하여 성공이 명백하니 사마의를 도운 것일 수 있다.

이 혼란의 국면에 조상에게 상황을 알리기 위해 성문을 빠져나간 사람도 있었다. 바로 대사농 환범이었다. 환범은 자가 원칙(元則)이며 정치 투쟁의 경험이 많은 노신이었다. 그는 조상을 지지했는데 일찌감치 조상과 사마의의 대립 국면을 관찰하며 사마의가 은밀히 세력을 키우고 있으니 경시하면 안 된다고 판단했다. 그가 조상에게 함부로 성을 나가서는 안 된다고 권고했으나 조상이 무시한 바 있다.

환범이 성을 빠져나갔다는 소식을 듣고 태위 장제가 황급히 사마의에게 "지략 주머니가 갔습니다."라고 말했다. 그러나 사마의는 조금도 서두르지 않고 침착하게 대답했다. "조상은 환범과 내심 소원하고 지략은 그에 미치지 못한다. 아둔한 말은 구유의 콩깍지에만 집착하는 법이니 그를 쓰지 않을 것이다." 환범이 지략 주머니라는 것은 맞지만 조상과 환범이 실제로는 소원한 사이이며 조상의 머리가 환범을 따라가지 못하기 때문에, 멍청한 말이 구유통 바깥은 신경 쓰지 않듯 조상이 환범의 말을 따르지 않을 것이라는 의미이다. 이 말은 과연 사실로 증명되었다.

제2단계. 조상의 죄행을 선포하다.

사마의가 정변을 감행한 것은 황제를 폐위하려는 것이 아니라 조상 일파를 몰아내려는 것이었다. 오해를 면하기 위해서는 최대한 빨리 조상의 죄상을 선포해서 사람들의 눈과 귀를 바로잡아야 했다. 그러나 사마의가 어떻게 해야 명분의 타당성을 확보할 수 있을까? 사마의는 곽태후에게 나서 달라고 요청하기로 했다. 그녀가 상황을 인정한다면 조상의 죄상이 성립될 수 있다. 곽태후는 위 명제 조예의 황후이고 조방은 조예를 이은 황제이므로 곽태후는 조방에게 어느 정도 제약과 감독의 권한이 있으며 조정의 대사를 처리하는 데에도 영향을 미친다. 사마의는 일찍부터 이 일을 준비했기 때문에 곧 사람을 보내 조상을 파면하는 조서를 작성하여 곽태후에게 보여주며 비준을 요청했다. 사마의의 위세에 놀란 곽태후는 당연히 승인하지 않을 수 없었다. 그래서 조상의 죄행을 공포했다. 조서 중에 이런 내용이 있다.

대장군 조상은 선제의 유조를 저버리고 국가의 법도를 무너뜨리고 어지럽혔다. 안으로는 천자의 예를 범하고 밖으로는 조정의 위엄과 권위를 전횡했다. 여러 관직과 요직에는 모두 친한 자들을 배치하고 궁을 호위하던 원로들은 모두 척출했다. 근본과 바탕을 뒤섞어버리고 상호 결탁하여 방종과 자행이 날로 심해졌다. (……) 조상은 군주를 없애려는 마음을 갖고 있으니 그 형제들은 병사를 통솔하여 궁을 호위할 수 없다.

대강의 내용은 다음과 같다. 대장군 조상은 선제 조예가 유언으로 남긴 명을 배반하고 국가의 법도를 어지럽혔다. 조정 내에서는 스스로 군주인 것처럼 행동했으며 밖에서는 대권을 독점하여 휘두르며 군영을 파괴하고 각종 중요한 관직은 모두 자신의 측근과 심복 들로 구성했다. 그의 눈에는 군주가 없으며 제위를 찬탈하려는 마음을 품고 있다. 조상의 형제들은 이제 병력을 이끌고 궁을 호위할 수 없다.

사마의는 곽태후의 명의로 조정의 대신을 불러 모아 조서를 선포하는 한편, 조서를 성 밖의 조상에게 보냈다. 조상은 조서를 보고 마치 감전된 것처럼 놀라며 자신은 이미 끝났다고 생각했다. 그러나 그는 이 일을 조방에게 그대로 보고할 수 없었다. 이대로 속수무책 당할 수는 없으니 병사를 조직하여 사마의와 승부해야겠다고 생각했다.

이때 대사농 환범이 조상 일파를 찾아와 낙양성 내부에서 발생한 사건의 일체를 알려주었다. 그는 조상에게 즉각 황제의 수레를 허창(許昌)으로 호송하여, 허창에서 각지의 군사들을 소집하고 반역의 죄명으로 사마의를 토벌해야 한다고 했다. 당시의 상황으로 볼 때 환범의 건의는 가장 정확하고 현실적이었다. 그 이유는 다음과 같다.

첫째, 조비는 황제가 된 후 태후는 정치에 관여할 수 없으며 만약 위배한다면 천하가 함께 주살한다는 제도를 만들었다.* 규정이 명백히 있는데

고평릉 정변후 사마의가 조상 일당을 주살하다.

도 사마의는 왜 곽태후를 내세웠을까? 아마도 사마의는 이 규정이 20여
년 전의 일이라 사람들이 거의 잊었으며, 또 지금은 비상시국이고 특수 상
황이기 때문에 곽태후가 나서는 것도 괜찮으리라 생각한 것 같다. 그러나
아무래도 조정의 일은 근거가 있어야 한다. 두뇌가 명석한 환범은 사마의
가 곽태후의 명의로 내린 조서는 명분이 없으니 호소력이 부족하다고 판
단했다.

　둘째, 당시 어린 황제 조방이 조상과 함께 있었다. 조상이 황제의 명의

• 『삼국지·위서·문제기』에 다음과 같은 내용이 있다. 황초 3년 9월 갑오일에 조서를 내려
　말하길, "대저 부녀자가 정치에 참여하는 것은 어지러움의 근본이다. 지금 이후로 군신들
　은 태후에게 일을 상주할 수 없고 후족의 가문은 보정의 직을 맡을 수 없으며 봉토의 작
　위를 받을 수 없다. 이 조를 후세에 전하여 만약 위배한다면 천하가 함께 주살할 것이다."

로 조서를 써서 사마의가 정변을 일으켜 대권을 탈취하려 한다고 선포하면 이야말로 명분이 올바르고 순리에 맞다. 그가 만약 이런 조서를 발표하고 각지의 근왕군을 소집하여 역적 사마의를 토벌하게 했다면 사마의와 조정이 대립하는 형국을 만들 수 있었다. 그렇다면 결과는 예측할 수 없었다.

셋째, 허창은 예전 조조가 한 헌제를 맞이했던 곳이다. 여기서 조조는 한 헌제라는 카드를 쥐고 "천자를 끼고 제후를 호령"하며 정치적 주도권을 획득했다. 조상이 만약 정치적으로 박력이 있어서 조조의 성지인 허창에서 황제 명의의 격문을 써 대역무도한 사마의를 토벌했다면 사마의가 발동한 정변은 성격이 달라졌을 것이다.

그러나 환범의 날카로운 주장을 조상은 이해하지도 못했고 받아들이지도 않았다. 그는 단지 당장 살길만 급할 뿐, 다른 것은 거들떠보지 않았다. 조상과 그의 형제들은 환범의 말을 듣고 서로 얼굴만 쳐다보며 결정을 내리지 못했다. 환범은 이런 상황을 보며 조급해져 참지 못하고 크게 소리쳤다.

> 지금 경들의 집안이 빈천함을 구하더라도 얻을 수 있겠습니까?•
> 필부라도 누군가를 인질 삼아 목숨을 얻으려고 할 것입니다. 지금
> 경은 천자와 서로 따르고 있으니 천하에 명령하면 누가 감히 불응
> 하겠습니까? (『삼국지·위서·조상전』)

지금 당신들 조씨 집안은 대단히 위급한 상황이니 구차하게 목숨을 구걸한다 해도 살아남기 어렵다. 평범한 사람들이라도 위급한 상황을 만나

• 사마의에게 서인으로 강등되겠다고 자청하더라도 목숨을 부지하기 어려울 것이라는 의미.

면 아무나 인질로 잡고 살아남으려고 하는데 당신들은 황제와 함께 있다. 황제가 천하에 명령하는 방식을 취한다면 누가 감히 따르지 않겠는가. 이것이 환범의 주장이다.

환범의 말은 논리적이고 설득력이 있었지만 조상의 형제들은 겁에 질려 고개를 숙이고 아무 말도 하지 못했다. 환범은 조희가 예전 조상의 부패를 비판한 일로 보아 조씨 형제들 중 가장 명석한 사람이라 생각하고 그에게 말했다. "일은 명확합니다. 경은 책을 읽어 무엇하는 것입니까? 오늘 그대들의 집안은 무너졌습니다." 환범은 조희를 자극하여 그가 정신을 차리게 하고 싶었다.

환범은 또 만약 기병하여 군량이 부족하다면 자신이 책임지겠다고 제안했다. 자신이 군량과 목초의 공급을 책임지는 대사농이라며 "대사농의 인장이 나에게 있습니다!"라고 소리쳤다. 이런 용기와 식견을 가진 환범에게 조씨 형제들은 묵묵부답이었다. 어리석고 무기력한 조상 형제를 바라보며 환범도 더는 어찌할 수 없었다.

三

제3단계. 조상을 성안으로 이끌다.

조상 일파가 낙양성 밖에서 망연자실하며 갈피를 못 잡고 있을 때 낙양성 내부를 완전히 장악한 사마의는 조상을 어떻게 처리해야 할지 다음 행보를 계산했다.

당시 사마의는 어린 황제 조방이 조상의 신변에 있다는 것은 그에게 매우 불리한 상황이라는 것을 분명히 알고 있었다. 조방은 비록 명목상의 황제일 뿐이지만 조상을 막아주는 방패이며 조상에게 큰 이용 가치가 있었다. 만약 조상이 조방의 조서를 각지에 보내 토벌을 명한다면 자신은 꼼짝없이 반역도가 되고 이후에는 입이 천 개라도 해명하기 어렵다.

그러나 조상은 애석하게도 담이 작아 오직 살길만 생각할 뿐 다른 대책은 엄두도 못 내고 있었다. 환범이 그에게 길을 알려주었으나 조상의 머리로는 그 계책을 이해하고 받아들이지 못했다. 조상의 어리석음과 우유부단함 덕에 사마의는 귀중한 시간을 벌었다. 그는 급히 명령을 내려 조상과 조방을 성으로 돌아오게 했다. 그들이 성에 들어오고 황제가 무사히 입궁하면 천하는 다시 잠잠해질 것이고 이후 조상을 처리하는 것은 문제도 아니었다.

결정이 내려지자 빠르게 움직였다. 사마의는 시중 허윤(許允), 상서 진태(陳泰)에게 성을 나가 조상에게 가서 병권을 버리고 투항하라고 권고하게 했다. 또 최대한 부드러운 말투로 전달하라고 일렀다. "일단 낙양으로 돌아갑시다. 모든 일은 낙양에서 다시 이야기합시다." 그리고 절대 조상과 그의 형제들을 해치지 않겠다는 다짐을 거듭 전했다. 또 노신 장제에게는 조상에게 편지를 한 통 쓰게 했다. 낙양에 돌아오면 원로대신의 명예와 신의를 걸고 그들의 안전을 보장하겠다고. 다음 날, 사마의는 확실한 일 처리를 위해 낙양에 남아 있던 조상의 측근 전중교위 윤대목(尹大目)을 보내 조상에게 투항을 권했다. 사서에는 다음과 같이 기록되어 있다.

윤대목은 조상에게 오직 파면에 그칠 뿐이라며 낙수(洛水)에 맹세했다.

사마의는 왜 두 번 세 번 사람을 보내 조상에게 낙양으로 돌아오라고 했을까? 가장 큰 이유는 조상을 실각시키는 것이 사마의 정변의 주요 목적이었기 때문이다. 조상이 낙양으로 돌아오지 않으면 사마의의 계획은 실현되기 어려웠다. 사마의는 이 점을 잘 알고 있었고 여기에는 조금의 실수도 있어서는 안 됐다. 다행히도 조상 형제들은 목숨을 부지하는 데에만 골몰했기 때문에 많은 사람들이 와서 사마의가 죽이지 않을 것이라 전하니 마음이 움직였다. 그들은 저항을 포기하고 낙양으로 돌아갈 준비를 했다. 그러자 목숨을 걸고 낙양을 탈출해 조상을 찾아온 환범이 급해졌다. 그는 조상의 우매하고도 겁약한 모습을 보았고 자신이 이미 정치 투쟁의 소용돌이에 깊숙하게 휘말렸다는 것을 느꼈다. 그는 자신의 암울한 앞날을 생각하며 급박하고도 간절한 마음으로 조상을 설득했다. 사서에는 "고금의 역사를 인용하며, 만 가지 사례로 간언했다"고 한다. 사마의에게 고개를 숙이고 들어간다면 절대 좋은 결과가 없을 것이라고 고집스럽게, 갖은 이유를 동원하여 입술이 닳도록 설명했으나 조상은 결국 듣지 않았다.

밤이 깊었으나 아무도 잠들지 못했다. 오경(五更)* 무렵 조상은 마침내 결정을 내렸다. 조상은 허리에 찬 칼을 땅에 내던지며 사람들에게 말했다. "내가 태부의 생각을 헤아려보니 그는 단지 우리 형제들이 자기를 섬기게 만들고 싶은 것이다. 다만 우리의 사이가 원만하지 않았을 뿐이다." 그리고 또 말했다. "사마공은 지금 내 권력을 빼앗고 싶은 것뿐이니 나는 제후의 신분으로 돌아가 부가옹(富家翁)이 되는 것은 잃지 않을 수 있다." 사마의와 싸우지 않겠다. 돌아가 권력을 넘겨주더라도 최소한 부잣집 늙은이로는

---

* 새벽 3시에서 5시까지의 시간.

살 수 있다는 게 조상의 생각이었다. 부잣집 늙은이 운운하는 조상의 말을 듣고 환범은 얼굴이 창백해질 정도로 화가 나 가슴을 치며 외쳤다. "조자단 (曹子丹, 조진)은 출중한 인물이었건만 어떻게 당신들 같은 형제들을 낳았는가. 송아지 같으니! 지금 어찌 당신들은 앉아서 멸족당할 것을 기다리려 하는가?" 환범은 이들과 함께 멸족의 화를 당할 자신의 운명을 한탄했다.

부잣집 늙은이로 살기를 간절히 기대한 조상은 사마의가 자신들을 죽이지 않을 것이라 믿었다. 그리고 어린 황제에게 조서를 내려 자신을 파면해달라고 청하고, 조서를 사마의 진영으로 보냈다. 얼마 후 조상 일행은 두려움에 떨며 어린 황제를 호송하여 낙수 부근에 도착했다. 부교를 건너자 사마의가 일찍부터 나와 기다리고 있었다. 조상이 수레에서 내려 사마의를 향해 절하며 투항을 표하자 사마의는 매우 흡족했다. 그는 상투적인 좋은 말로 몇 마디 위로의 말을 건네고 그들 형제를 귀가하도록 조치했다.

고평릉 정변 과정에서 어린 황제 조방이 무사히 궁으로 돌아오고 조상이 성으로 돌아온 일은 매우 핵심적인 장면이었다. 만약 이때 불의의 일이 발생했다면 그 결과는 예측하기 어렵다. 사마의가 천고의 죄인이 되었을 가능성도 크다.

제4단계. 일망타진하다.

사건이 진전되면서 형세는 이제 뚜렷해졌다. 사마의가 정국을 장악했고 승리는 기정사실화되었다. 조상은 두려움에 빠져 전혀 정치적 능력을 발휘하지 못하고 자멸의 길로 갔으니 심히 어리석은 행보였다.

사마의는 조상을 어떻게 처리했을까? 그는 성급하게 손쓰지 않았다. 마치 고양이가 쥐를 갖고 놀듯 천천히 괴롭히다가 처리했다.

먼저 그는 약속을 지켜 조상을 집으로 보내주고 거주를 보장해주었다.

그러나 느슨하게 관리했던 것은 아니다. 병사들에게 조상의 저택을 날마다 둘러싸게 했고, 사면에 높은 망루를 세워 그 위에서 조상의 일거수일투족을 엄밀하게 감시하게 했다. 한번은 조상이 탄궁을 갖고 후원에 가서 연습하려 했는데 망루에서 감시하던 병사가 "전임 대장군이 동남쪽으로 가신다!"라고 크게 소리를 질렀다. 조상은 놀라 멍하니 쳐다보았다. 동남쪽이 어디인가? 이런 일들은 그의 행동을 제약했다. 지난날 거만했던 조상은 작은 행동 하나까지 구속을 받자 극심한 울분과 고통을 느꼈지만 어쩔 수 없었다.

그러나 조상은 여전히 요행을 바라는 심리를 갖고 있었다. 자신은 황궁의 종실이니 사마의가 그래도 감히 죽이지는 못할 것이라는 마음이었다. 그래서 사마의를 시험해보기로 했다. 그는 사마의에게 편지를 써 집에 음식이 떨어졌으니 좀 보내달라고 요청했다. 사마의는 편지를 보고 조상을 더욱 경멸했다. 지금 죽음이 문턱까지 왔는데도 편하게 살고 싶은가? 그는 "쌀 100곡과 육포, 염시(鹽豉)*, 대두를 보내도록 분부했다." 식품이 오자 조씨 형제들은 환란이 눈앞에 닥쳤음을 알지 못하고 먹고 마실 수 있으니 죽지는 않겠다며 즐거워했다.

사마의는 자신과 조상의 대립이 양보할 수 없는 정치적 모순이라는 것을 잘 알고 있었다. 조상이 굴복했다고 만사가 해결될 수는 없었다. 정치 투쟁은 냉혹해야 했다. 사마의는 조상 형제와 그 일파들에게 마지막 며칠 동안 자유를 준 후 마침내 칼을 들었다.

정월 초열흘이었다. 그는 조상 등의 죄상을 정리하여 어린 황제 조방을

● 된장과 유사한 양념.

통해 온 나라에 선포했다. "조상은 종실의 신분으로 대대로 큰 총애를 받았으며 선제께서 친히 손을 잡고 유조를 내리시어 천하를 맡기셨으나 마음에 악의를 품고 고명을 저버렸다. (……) 모두 대역무도하다." 그리고 조상, 조희, 조훈 형제와 하안, 정밀, 등양, 필궤, 이승, 환범 등 그 일파를 모두 주살하고 삼족*을 멸했다. 사마의는 마침내 자신과 10년간 대립하던 정적을 완벽히 제거했다. 『사기』에서 말한 "군자의 복수는 10년이 걸려도 늦지 않다."라는 말이 이것이다.

사마의는 조상 일파를 주살하면서 그들을 잔인하게 조롱하기도 했다. 그는 하안이 조상 일파의 핵심 인물이라는 것을 명확히 알고 있으면서도 조상의 죄상을 심리하는 일에 의도적으로 하안을 참여시켰다. 하안은 사마의가 자세한 내막을 모르는 모양이라고 추측하며 적극적으로 일했다. 하안의 입장에서는 이를 계기로 자신의 죄를 씻고 목숨을 부지하고 싶었던 것이다. 그는 조상 일파의 상황을 누구보다 잘 알고 있었기 때문에 최선을 다해 이 일을 처리했다. 조상의 측근과 부역자 들은 한 명도 빠져나갈 수 없었다. 안건의 심리가 대강 끝나고 그는 사마의에게 보고했다. "잡아야 할 자들은 모두 잡았습니다." 잡아야 할 대상은 모두 여덟 명이었는데 하안은 정밀, 등양 등 일곱 명만 말했다. 이에 사마의가 말했다. "아직 부족하다." 하안은 그 말을 듣고 가슴이 철렁하여 자신도 모르게 입을 열었다. "설마 저 하안을 말하는 것입니까?" 사마의가 냉정하게 말했다. "그렇다." 하안은 두 다리에 힘이 풀려 거의 쓰러질 것 같았다. 하안의 노력은 수포로 돌아가고 마침내 그도 처형되었다.

---

* 부계 친족, 모계 친족, 처가 친족.

사실 하안은 비극적인 인물이라 할 수 있다. 그의 신분은 그가 필연적으로 조상 일파에 소속되도록 결정했다. 그러나 그는 또 조상이 애초에 사마의의 상대가 되지 못한다는 것을 알고 있었다. 자신의 불행한 결말은 기정사실이었기 때문에 항상 두려움 속에서 살았다. 그의 시가 이런 심정을 대변한다.

鴻鵠比翼遊(홍곡비익유)　　기러기 날개 맞추어 날아가는데,

群飛戲太淸(군비희태청)　　뭇 새들 푸른 하늘을 휘젓네.

常恐天網羅(상공요망라)　　늘 그물에 걸려 죽을까 걱정하나니,

憂禍一旦幷(우화일단병)　　우환은 하루아침에 닥친다네.

(하안, 「언지(言志)」)

고평릉 정변은 사마의의 완승으로 끝났다. 이로부터 조위의 군정과 대권은 완전히 사마의의 손에 넘어갔고 이후 사마씨가 조위 정권을 교체하기 위한 기초를 마련했다.

四

고평릉 정변 중에 사마의는 매우 출중한 정치적 지략을 펼쳤다. 그는 치밀한 준비로 어렵지 않게 조상 일당을 무너뜨렸다. 이 정변에서 사마의가 보여준 행동과 관련하여 크게 두 가지 문제는 좀 더 분석할 필요가 있다.

첫째, 고평릉 정변을 어떻게 평가할 것인가?

내 생각에 조씨와 사마씨의 투쟁은 조정 내부에서 정치적 이익을 놓고

다투는 집단적 싸움이었다. 사마의는 자신의 군사적 공적으로 고위직에 오른 인물로 조위 정권에서 '사공파(事功派)'에 속한다. 반면 조상 일파는 대부분 종실과 귀족 자제들인데 실무에 힘쓰지 않으며 공허한 담론을 숭상하여 '부화파(浮華派)'라 칭할 수 있다. 사공파인 사마의가 결국 승리했다는 것은 사마씨 집단이 지략과 정치 투쟁의 경험 등 다방면에서 조상 집단보다 강력하다는 것을 보여준다. 두부는 노끈으로도 들지 못한다는 말처럼, 사마의가 보기에 조상은 누구의 도움을 받아도 성공할 수 없는 인물이었다. 사마의는 손쉽게 그들을 제압했다.

그러나 사마의는 이번 정치적 승부수에서 자신의 간교하고 잔인한 일면을 노출했다. 예를 들면 조상 집단 성원들의 삼족을 멸하면서 수많은 무고한 사람들을 살해한 일이다. 연루되어 끌려간 사람들은 남녀노소를 가리지 않았고 이미 출가한 지 오래된 부녀자들도 연좌되어 처형되었다. 실로 잔악하고 무도한 일이었다.

사마씨와 비교하자면 조상은 정치적으로 애송이였고 멍청이였다. 환범이 그에게 치밀한 수를 알려주었지만 듣지 않았고, 목에 칼이 들어오는 순간에도 '부잣집 늙은이'라는 망상에 빠져 있었다.

그렇다고 조상 일파가 10년 동안 좋은 일을 하나도 안 한 것은 아니었다. 예를 들어 부현(傅玄)은 하안을 반대하며 비판했었는데, 그의 아들 부함(傅咸)은 하안이 주관한 인재 선발을 크게 칭찬했다. 『진서·부현전』의 기록을 보면 부함은 이런 글을 올린 바 있다. "정시 때에 하안에게 선거를 맡겨 내외의 여러 직책에 재능 있는 이들을 얻었으니, 미덕이 찬연하여 훌륭합니다."

고대 중국의 정치 투쟁에서는 '이기면 왕이 되고 패하면 역적이 되는' 경우가 종종 있다. 정치에서 승리자는 목에 화환을 걸지만 실패자는 잘한 일이 하나도 없는 사람이 된다. 이는 역사적 사실에 완전히 부합하지는 않는다. 생각해보라. 진수가 『삼국지』를 쓴 시대는 사마씨 집안의 서진 시대였다. 그가 고평릉 정변을 기록하면서 사마씨를 찬미하지 않을 수 있었을까? 조상을 나쁘게 말하지 않을 수 있었을까?

둘째, 조위 정권을 교체하려는 사마의의 야심은 언제 형성되었을까?

고대의 어떤 정치가에게 야심 있다는 것은 대부분 정권을 교체하거나 왕위를 탈취하는 것을 가리킨다. 이런 야심의 형성과 실현은 일반적으로 당시 시국과 관련이 있다. 조위 시기 사마의는 철저하게 자신을 숙이며 드러내지 않았다. 조조의 권력과 위세가 자신보다 높았기 때문이다. 조조가 죽은 후 조씨 가문의 황제는 갈수록 무능했다. 이런 상황은 권신(權臣)들에게 분에 맞지 않는 욕심을 갖게 만들기 쉽다. "나무가 클수록 거센 바람을 맞는다."라는 말이 있다. 사마의의 초인적인 능력과 탁월한 공적 때문에 사람들은 그가 정치적 야심이 있다고 생각했을 것이다. 비록 그가 어떤 행동도 하지 않았더라도 사람들은 이미 그렇게 생각한다. 『삼국지』에 있는 세 건의 자료가 이를 설명한다.

첫째, 『진서·선제기』의 기록이다. 조조가 태자 조비에게 말했다. "사마의는 남의 신하가 될 사람이 아니다. 반드시 너의 집안일에 끼어들 것이다." 아마도 이것은 조조가 사마의를 관찰하면서 불길한 예감을 느끼고 마음의 우려를 표현한 말일 것이다. 또 "세 마리의 말〔三馬〕이 하나의 구유〔槽〕에서 먹고 있는" 꿈을 꾸면서 한층 더 불길한 조짐을 느껴 이런 말을 하지 않았을까?

둘째, 『삼국지·위서·진교전』 주 『세어』 인용의 기록이다. 황제가 사직을 걱정하여 진교(陳矯)에게 "사마공(사마의)은 충정하니 사직의 신하라고 할 수 있겠는가?"라고 물었다. 진교가 말했다. "조정은 바라볼 수 있으나 사직은 모르겠습니다." 사마의가 비록 조정의 중신이긴 하지만 위나라 황실(사직)에 충성을 다할지는 모른다는 말이다. 진교가 보기에도 사마의의 세력이 계속 강성해지고 있어 사직의 앞날이 우려되었던 것 같다.

셋째, 『삼국지·위서·고당륭전』의 기록이다. 고당륭(高堂隆)은 임종하면서 구두로 상소를 올려 "궁궐 내에 응양(鷹揚)의 신하를 방비해야 합니다."라고 말했다. 응양의 신하는 매처럼 높이 나는 신하를 말하는데 사마의를 가리키는 말이다.

진교와 고당륭은 세력이 강한 사마의를 우려했지만 사마의가 황실의 권력을 찬탈하려고 시도했다는 근거는 없다. 사실 사마의의 정치적 야심이라는 것은 조씨와 사마씨 간의 권력 투쟁이 심화되면서 서서히 드러난 것이다. 조상이 사마의를 배척하고 밀어내면서 사마의는 물러날 곳이 없었고 어쩔 수 없이 병을 가장하여 자신을 보전했다. 게다가 조상은 무능하고 어리석었기 때문에, 이런 조건이라면 조상 집단을 밀어낼 수 있겠다는 자신감이 생긴 것이고 결국 고평릉 정변으로 이어졌다.

고평릉 정변 이후 사마의는 조위 정권의 권력을 장악했지만 그에게 반감을 가진 세력도 여전히 강했다. 사마씨와 그의 아들들은 대권을 쥐고 반대파와 잔혹한 투쟁의 파도를 넘었다. 그러나 어쨌든 조위의 역사는 이미 사마씨의 시대로 접어들었다.

제 5 강　부자 전권

—

정시 10년(249) 정월 사마의는 고평릉 정변을 통해 조상 세력을 무너뜨리고 조위의 실권을 장악했다. 사마의의 정변부터 265년 서진의 건립까지, 사마씨는 2대 3인(사마의와 두 아들 사마사, 사마소)의 분투를 거쳐 사마의의 손자 사마염(司馬炎)에 이르러 결국 조위 정권을 완전히 탈취하고 서진(西晉) 왕조를 세웠다. 고평릉 정변부터 서진 건립까지 16년 동안 사마의 부자 3인은 계속 조정의 권력을 쥐고 있었다. 그러나 조위 정권 일파와 그 지지자들은 사마씨 집단에 격렬하게 저항했고, 피비린내 나는 살벌한 정치 투쟁이 이어졌다.

먼저 사마의가 어떻게 권력을 독점했는지 살펴보자. 사마의는 고평릉 정변 이후에도 여전히 태부의 신분으로 황제 조방을 보좌했다. 이때 조방은 이미 20세에 가까운 나이였다. 정변의 전 과정을 경험한 조방은 사마의의 실력을 확실하게 느꼈고 그에 대해 원한과 두려움을 동시에 갖고 있었다. 사마의는 고평릉 정변 당시 단호하고도 비정하게 3,000여 명을 처단했다. 그 외에도 무수한 인명이 연좌되어 희생되었다. 조방의 원한은 뼈에 사무칠 정도였다. 또 조방은 사마의가 언제든지 자신을 폐위할 수 있음을 알고 있었기 때문에 두려움을 느꼈다. 그래서 그는 사마의와 좋은 관계를 유지하고 생명의 안전을 보장받기 위해 정변이 끝난 후 사마의를 승상에 임명하고 더 많은 영토를 봉했다. 아울러 사마의에게 "구석(九錫)의 예를 더했다."

구석의 예는 어떤 것일까? 석(錫)이라는 글자는 고대에 사(賜, 하사하다)자와 의미가 통했다. 상으로 하사한다는 뜻이다. 구석의 예를 더했다는 것은 황제가 신하에게 가장 높은 수준의 포상을 내린 것이다. 여기에는 거마, 의복, 악칙(樂則, 음정을 조정하고 맞추는 음악 기구), 주호(朱戶, 대문을 붉게 칠하는 것), 도끼, 화살 등이 포함된다. 황제가 하사하는 이 아홉 가지 기물은 신하의 권위가 황제에 근접할 정도로 크다는 것을 상징한다. 역사상 야심만만한 정치가가 제위를 찬탈하기 전에 구석의 예를 받은 일이 종종 있었다. 왕망(王莽)*이 그랬고 조조가 그랬다. 그렇다면 사마의는 조방의 특별 대우에 어떤 태도를 취했을까? 그가 받았을까? 아니다. 사마의는 승상의 직위를 완고하게 사양했을 뿐 아니라 구석의 예도 받지 않았다.

사마의가 낮은 자세를 취했다고 해서 그에게 정치적 야심이 없었다고 할수는 없다. 이런 행동은 정치적 판단에서 나왔다. 그는 정변을 발동하여 조상을 죽인 일로 세상의 이목이 자기에게 쏠려 있다는 것을 알고 있었다. 보라. 사마의의 다음 행보는 자기가 황제가 되는 것이다. 이렇게 말이다. 예민

• 전한(前漢) 말에 자신이 옹립한 평제(平帝)를 독살하고 제위를 빼앗아 신(新)을 건국했다.

한 사마의는 큰 나무가 거센 바람을 맞는다는 이치와 같이 자신은 수많은 화살의 표적이 되기 쉽다고 생각했다. 조위 정권을 교체할 수 있는 시기는 아직 무르익지 않았다. 지나치게 자신을 드러내서는 안 된다. 고평릉 정변 당시 그는 이미 71세의 노인이었다. 개인적 욕망으로 황제가 되고 싶을 수도 있었을 것이다. 그러나 어쨌든 나이가 너무 많았다. 황제가 되고 싶다면 자손들에게 시켜야 한다. 자신은 그들을 위해 기초를 닦을 수 있으면 그뿐이다. 이런 생각으로 그는 승상의 직도 사양했고 구석의 예도 거절했다.

그러나 사마의는 큰일에 대해서는 모호하게 행동하지 않았다. 권력은 절대 내려놓지 않았다. 자신의 특수한 지위를 보여주기 위해 연로하다는 핑계로 조정의 일반적 회의에는 출석하지 않았다. 사마의가 조정에 나오지 않는 것이 조정의 일에 관심이 없기 때문이 아니라는 것을 조방도 잘 알고 있었다. 그래서 조방은 눈치껏 중요한 결정을 내려야 할 때면 자발적으로 사마의의 집을 찾아가 그와 상의하고 동의를 얻었다. 이런 상황은 사마의가 고단수의 정치를 펼치고 있음을 보여준다.

二

사마의는 황제가 되는 일에 연연하지 않았다. 정국을 안정시켜 자신이 무수한 화살의 표적이 되는 불행한 결과를 피했다. 그러나 연륜이 있는 사람들은 사마의와 조방의 관계가 지난날 조조가 한 헌제를 통제할 때와 비슷하다는 것을 알고 있었다. 그들이 볼 때 황제 조방은 사마의 수중의 장난감에 불과했다. 몇몇 노신들은 사마의가 조위의 실권을 완전히 장악한 이런 국면을 받아들이지 못하고 사마의를 제거하려고 하기도 했다. 고평릉 정변이 끝나고 얼마 후 이런 행동을 시도한 사람이 있었다. 원로대신 왕릉(王凌)이었다.

왕릉은 자가 언운(彦雲)으로 태원 기(祁, 지금의 산서성 태원 기현祁縣) 사람이며, 그의 숙부는 한말 사도 왕윤(王允)이다. 왕윤은 여포와 공모하여 동탁을 주살했는데 후에 이곽과 곽사의 난 때 일가가 살해당했다. 왕릉은 담장을 넘어 도망쳐 다행히 목숨을 건졌다. 건안 시기에 왕릉은 조조와 알게 되고 그의 신뢰를 받아 승상부 주부가 되어 양수(楊修), 가규(賈逵)와 승상부의 업무를 함께 돌봤다. 당시 이 세 사람은 '삼주부'라고 불렸다. 조비가 황제에 등극한 이후, 왕릉은 수차례 공로를 세워 조위 정권의 중요한 대신이 되었다.

고평릉 정변 이후 왕릉은 태위에 임명되어 덕망 높은 노신으로 인정받았다. 이때 왕릉은 이미 팔십에 가까운 나이였다. 그는 조방을 동정하며 한편으로는 조방이 너무 무능하다고 생각했다. 곧 나이 스물인데 아직도 황제답지 않은 모습에, 제왕의 자질이 보이지 않았다. 이에 그는 새로운 황제를 세우고 싶다는 생각이 들었다. 그렇다면 누구를 세워야 하는가? 왕릉은 고심하다 마침내 초왕 조표(曹彪)를 낙점했다.

조표라는 인물은 다름 아닌 조조의 아들이었다. 항렬로는 조방의 조부뻘이고 나이는 55~56세 정도였다. 왜 왕릉은 그를 황제로 세우려고 했을까? 왕릉은 조표가 연배도 있고 재능도 뛰어나고 생각했다. 더욱 중요한 것은 조표를 황제로 세우면 조방을 낙마시키는 동시에 사마의의 보정대신 자격도 자연스럽게 사라진다. 그렇게 되면 천하가 다시 조씨 집안으로 돌아가지 않겠는가? 게다가 왕릉은 계속 낙양에서 사마의와 승부를 겨루고 싶지 않았다. 허창에서 조표가 제위에 오르고 천하를 향해 선포하면 새로운 황제의 등극과 함께 조방과 사마의는 사라진다. 왕릉은 중앙 무대를 새롭게 바꾸고 싶었던 것이다. 그는 천하인들이 자신의 편에 설 것이라고 믿었다.

계획이 서자 왕릉은 행동을 개시했다. 첫 단계는 자신의 외조카인 연주자사 영호우(令狐愚)를 보내 조표의 의향을 타진하는 일이었다. 이 일은 어렵지 않았다. 누가 황제가 되고 싶지 않겠는가? 그러나 조표도 알고 있었다. 성공하면 황룡포를 입을 수 있지만 실패하면 목이 떨어진다. 고민을 반복했으나 확신이 서지 않아 아무 말도 하지 않았다. 묵인한 셈이다.

두 번째 단계는 낙양에 있는 아들 왕광(王廣)에게 기병 문제를 상의하는 일이었다. 뜻밖에도 왕광은 아버지와 생각이 달라, 황제 폐위의 계획에 동의하지 않았다. 그는 조상 일파가 패망한 이유가 민심을 잃었기 때문이라고 왕광에게 말했다. "(사마의는) 부자, 형제가 함께 군사 요직을 쥐고 있어 쉽게 망하지 않습니다."라며 "대사의 계획을 거두어 화의 조짐을 만들지 마십시오."라고 했다. 왕광의 분석은 설득력이 있었다. 사마의는 조정에서 다년간 많은 일을 해낸 사람이다. 나무가 크면 뿌리가 깊어 흔들기 어렵다. 그러나 왕릉은 이 말을 듣지 않고 아들 왕광도 이 일에서 내쳤다. 그리고 계속 조방을 폐하고 새로운 황제를 세우는 일에 몰두했다. 아울러 사마의를 제거할 준비를 계속했다.

이때 의외의 사건이 발생했다. 왕릉의 외조카 영호우가 갑자기 병으로 죽었다. 왕릉은 중요한 조력자를 잃은 것이다. 조정은 후임으로 황화(黃華)를 연주자사에 임명했다. 왕릉이 그때 판단력이 흐려졌던 모양이다. 황화가 어떤 가치관과 배경을 가진 사람인지 전혀 알아보지도 않고 황화가 자신의 계획을 지지할 것이라고 생각했다. 왕릉은 그에게 황제 폐위의 모든 계획을 발설해버렸다. 사실 황화는 왕릉 편에 설 사람이 전혀 아니었다. 자신이 알게 된 내용을 곧장 사마의에게 보고했다.

사마의는 보고를 받고 크게 분노하여 직접 군사를 이끌고 토벌에 나섰다. 당시 왕릉은 수춘(壽春, 지금의 안휘성 수현壽縣)을 지키고 있었는데 사마의의 군대가 진격해오자 자신의 계획이 발각되었음을 알았다. 군사력으로는 사마의에게 절대적인 열세였기 때문에 왕릉은 투항할 수밖에 없었다. 사마의는 그를 낙양으로 압송하여 문죄하라고 명했는데 가는 도중에 왕릉은 자살했다.

『진서』의 기록에 따르면 왕릉은 가규의 사당을 지날 때 자살했다고 한다. 가규는 자가 양도(梁道)로 전공이 높은 조위의 충신이었기 때문에 사후에 사당이 세워졌다. 왕릉은 가규와 승상부 주부를 같이 지내며 관계가 좋았다. 당시 왕릉은 가규의 사당을 지나다가 만감이 교차해 크게 소리를 질렀다. "가규! 나 왕릉이 대위(大魏)의 충신이라는 것은 오직 하늘에 있는 그대의 영혼만이 알겠구려!"

사마의는 분이 풀리지 않아 공범이라는 이유로 왕릉의 아들 왕광을 주살하고 조표에겐 사약을 내렸다. 이미 죽은 영호우는 무덤을 파 3일간 폭시(暴尸)*를 했다.

왕릉의 역모 사건은 비록 뜻대로 되지 않았지만 사마의는 큰 충격을 받았다. 특히 왕릉은 이미 80세의 노인인데도 자신과 정면 승부를 하려고 했다. 조씨 집단을 완벽히 정복하는 것이 한 번의 정변으로 될 일이 아니라는 것을 뼈저리게 느꼈다.

사마의는 이런 일이 다시는 발생하지 않도록 우환을 사전에 차단했다.

---

* 시신을 외부에 방치해 모욕을 주는 것.

명령을 내려 낙양에 있는 조위의 종실과 제후왕공을 업성으로 보내고 자유로운 왕래를 금지시켰다.

사마의는 애초에 조상만 처단하면 조정을 마음대로 움직일 수 있을 거라 생각했었다. 그러나 상황은 그리 간단하지 않았고 자꾸 골치 아픈 일이 생기자 불안해졌다. 70대 노인인 데다 신경이 쇠약해지자 악몽을 꾸는 날이 많아지고 가규와 왕릉이 자신을 잡으러 쫓아오는 꿈도 꾸었다. 두려움에 사로잡힌 사마의는 잠을 이룰 수 없었다. 심신이 지친 사마의는 결국 251년 8월 병사했다. 향년 73세였다.

사마의는 삼국 시대의 걸출한 군사가이자 정치가였다. 그는 "속으로는 미워하면서도 겉으로는 관대했다. 의심이 많고 권모술수와 임기응변이 뛰어났다." 복잡한 정치 투쟁 속에서 나섬과 물러섬에 근거가 있었고 차분히 자신을 다스렸다. 특히 도광양회(韜光養晦)*에 뛰어나 자신을 내세우지 않고 인내하다가 행동해야 할 때는 행동했다. 이와 동시에 정적을 상대할 때는 자신의 잔인하고 간교한 일면을 드러내기도 했다.

三

사마의가 죽은 후, 그의 자리를 물려받은 사람은 장남 사마사(司馬師, 208~255)였다. 사마사는 자가 자원(子元)이다. 그가 태어날 때 사마의는 29세였다. 왜 이렇게 늦게 아이를 낳았을까? 그해 사마의가 조조를 피하려고 병을 가장했던 일은 모두 알 것이다. 풍비병에 걸렸다고 했는데, 이 병

• 재능을 숨기고 인내하며 실력을 키운다는 의미.

은 전신이 아파 움직일 수 없는 병이다. 병이 있어 아이를 낳을 수 없었는데 그해에 결국 조조의 위협으로 어쩔 수 없이 세상으로 나갔다. 병을 가장할 필요가 없어져 자연스럽게 아이를 낳게 되었다.

사마사는 젊을 때 인근에 널리 이름난 세족 자제였다. 『진서』에서는 "전아한 풍채가 있었다. 침착하고 강인하며 큰 책략이 있어 어려서부터 칭찬이 넘쳤다."라고 기록했다. 당시의 명사 하안, 하후현과 이름을 나란히 했다.

사마사는 부친의 성격과 특징을 닮아 일 처리에 자신을 억제할 줄 알았고 심지가 깊었다. 사마의도 그를 깊이 신뢰했다. 고평릉 정변 때 사마의에게 3,000명으로 구성된 결사대가 있지 않았던가? 그 결사대는 사마사가 은밀히 모집해서 양성한 집단이었다. 사마사는 고평릉 정변의 작전 회의에도 참가했다. 사마의는 정변 전날 밤에야 거사 시간을 두 아들에게 알려주었다. 그날 밤 사람을 시켜 두 아들의 반응을 살펴보게 했는데 장남 사마사는 태연자약하고 평상시와 똑같이 편안하게 잠들었다. 반면 차남 사마소(司馬昭)는 뒤척이며 편히 잠들지 못했다고 한다. 두 아들의 심지와 기질의 차이를 알 수 있다.

이튿날 새벽 행동을 시작할 때, 사마사가 황궁의 사마문(司馬門) 앞에 군사를 집합시켰는데 "안팎을 두루 정돈하고 군진을 배치함이 심히 질서정연했다"고 한다. 침착하고 의연한 모습이다. 사마의가 크게 기뻐 감탄을 금치 못하며 "이 녀석은 참으로 대단하구나!"라고 감탄했다.(『진서·경제기(景帝紀)』) 그는 사마사에게 대단히 만족했기 때문에 임종 전에 조방에게 말하여 그를 후계자로 삼은 것이다.

사마의가 죽은 후 사마사는 무군대장군의 신분으로 정치를 보좌하다가, 이듬해(252) 대장군으로 승진했다. 동시에 시중, 시절, 도독중외제군사, 녹상서사 등 군부 대권을 혼자 도맡았다. 이때 사마사는 45세였다.

집정자로서 사마사는 어떤 특색이 있었을까?

첫째, 그는 행정 조직 편성을 중시했다. 그는 각급 관원의 편제를 조정하고 각 직무별 업무 범위를 규정하여 엄격하게 관리하고 효율을 높였다. 사서에는 "천하가 그에게 경도되었고 세상이 숙연해졌다."라고 기록되어 있다.

둘째, 자신의 진영을 강화했다. 어떤 권력자라도 사람을 뽑을 때는 자신을 받들고 지지하는지 여부가 전제 조건인데 사마사도 마찬가지였다. 자신의 지지자와 유용한 인재는 적극적으로 끌어모으고 반대하는 자들은 가차 없이 공격했다. 만약 누군가가 마음에 들어서 그를 등용하고 싶은데 그가 피하려 한다면? 어림없다! 빨리 나와 관직을 받거나 아니면 엄청난 대가를 치르거나 둘 중 하나이다. 사마사의 잔인함은 아버지 사마의를 능가했다. 이게 바로 사마씨 집단이 시행한 공포 정치이다. 이런 정치는 사람을 숨 막히게 하고 공포감을 준다. 선택의 여지가 없다.

의도적으로 사마씨 집단과 거리를 두려 했던 명사들은 사마사의 눈 밖에 나 화를 입을까 봐 두려워했다. 예를 들어 상당(上黨) 사람 이희(李熹)는 "어려서부터 품행이 고고했으며, 박식하고 깊은 사고력이 있었다"는 평가를 받았으며 인근에 널리 알려진 명사였다. 사마의가 그를 자신의 속관으로 청했으나 병을 핑계로 거절했다. 사마사가 권력을 잡은 후 이희의 능력을 알아보고 대장군종사중랑으로 다시 임명했다. 이때 이희는 즉각 명을 받들고 부임했다.

이희를 보자마자 사마소는 물었다. "지난날 나의 부친이 그대를 불렀을 때는 응하지 않더니 오늘 이렇게 빨리 당도한 것은 어째서인가?" 이희가 대답했다. "선군께서는 예로 저를 대했기에 저도 예로 진퇴를 정했습니다. 명공께서는 법으로 결박하시니 저는 법이 두려워 왔습니다."(『진서·이희전』)
이희의 말은 비굴하지도 않고 거만하지도 않았다. 심지어 풍자의 뉘앙스
도 있다. 당신의 부친은 예의로 나를 대했고 정성도 느껴졌지만 당신은 무
지막지하고 도리를 모른다. 법으로 사람을 엮으면서 당신이 마음대로 법을
정하니 내가 감히 거역할 수 있겠는가? 이런 말이다.

사마사가 조정을 주재하는 동안, 그의 고압적인 정책으로 인해 명사들
은 마음이 복잡했다. 공포를 느낀 많은 이들은 생명을 보전하기 위해 어쩔
수 없이 사마씨 진영에 몸을 맡겼다.

四

사마사는 본래 상당한 정무 능력과 치국의 책략을 갖고 있었다. 거기에
살벌한 공포 정치가 더해지자 많은 이들은 사마사 편에 붙지 않을 수 없었
다. 사마사의 세력은 계속 커졌다. 그러나 사마사가 집정한 지 3년 후 그를
뒤엎으려는 사건이 갑자기 발생했다.

앞서 말한 왕릉 사건과 이번 사건은 비슷한 면이 있다. 그때는 조방 대신
조표를 황제로 세우고 보정대신 사마의를 끌어내리는 것이었는데 이번에
는 새로운 황제를 세우는 게 아니라 직접 사마사를 보정대신에서 끌어내
리고 새로운 보정대신을 세우는 것이다. 이번 반(反)사마 사건에는 일반적
인 대신들뿐 아니라 황제 조방까지 직접 참가했고, 심지어 황제의 장인까
지 팔을 걷어붙이고 뛰어들었다. 도대체 어떻게 된 일일까?

조정의 대신들은 사마씨 부자의 전횡을 지켜보면서 분노했지만 두려움
에 아무 말도 할 수 없었다. 황제도 마찬가지였다. 조방은 이때 이미 20세

가 넘었다. 그러나 모든 대소사를 자기가 결정하지 못했고 울분이 쌓여도 누구에게 말할 사람이 없었다. 그는 가장 측근에 있는 사람을 찾았는데 바로 이풍(李豊)이었다.

이풍은 자가 안국(安國)으로 사마의가 보정대신이 된 이후 중서령을 지냈다. 중서령은 관품은 높지 않지만 황제와 접촉이 많고 정책 결정에 참여했다. 이풍은 또 위 명제의 사돈이기도 했다. 그의 아들이 명제의 공주와 결혼하면서 황실의 인척이 되었다. 이풍은 자주 입궁하여 조방과 밀담을 나누었는데 무슨 이야기를 했는지는 아무도 모른다. 『삼국지·위서·하후현전』 주에 『위략』을 인용하여 이렇게 기록되어 있다. "조방이 매번 홀로 불러 함께 이야기를 나누었는데 말한 바는 알 수 없다." 내 생각에는 틀림없이 조방이 자신의 불만과 괴로움을 토로하다가 여기서 더 나아가 어떻게 사마사를 끌어내릴지 밀모로 이어졌을 것 같다.

이풍은 또 대신 장집(張緝)을 찾아 영입했다. 장집도 평범한 사람이 아니었는데, 조방의 장인이었다. 장황후가 그의 딸이다. 이렇게 몇 명이 사마사를 쫓아내고 새로운 보정대신을 세우기로 결정했다. 그렇다면 어떤 인물이 적당할까? 하후현(夏侯玄)이었다.

하후현(209~254)은 자가 태초(太初)로 위 정남대장군 하후상(夏侯尙)의 아들이다. 그의 모친이 조진의 여동생, 즉 조상의 고모였는데 조카인 조상과 친했다. 하후현은 당시 유명한 현학가였고 하안, 왕필과 이름을 나란히 했다. 그는 외모가 훌륭하고 품위가 있어 어딜 가든 주목받는 인물이었다. 문학에도 조예가 깊어 『악의론(樂毅論)』을 지었는데 후에 동진의 대서예가 왕희지의 필적으로 천하에 전해졌다.

정치적 계파로 볼 때 하후현은 확실히 조상 쪽이다. 249년 사마의가 고평릉 정변을 일으킬 때 하후현은 정서장군을 맡아 장안에서 서부 전선을 지휘하느라 낙양에 없었다. 사마의는 하후현과 조씨 집안의 관계를 잘 알고 있었기 때문에 일찌감치 그를 위험 분자 명단에 올려 두었다. 조상이 죽고 낙양의 정국이 안정된 후, 사마의는 하후현에게 낙양에서 대홍려(大鴻臚, 구경九卿의 하나로 지방의 왕후와 소수 민족의 접대를 담당했다)를 맡게 하고 그의 군권을 몰수했다. 사마의의 인사이동 명령을 알고 하후현의 장하대장이자 친족인 하후패(夏侯覇, 당시 토촉호군討蜀護軍을 맡고 있었다)는 큰 화가 곧 닥칠 것이라 생각하고 촉으로 달아났다. 떠나기 전에 하후패는 하후현에게 "너도 나와 함께 가자. 사마의 부자는 절대로 우리 하후씨 집안을 가만두지 않을 것이다."라고 했다. 하후현은 그 말을 듣고 담담하게 웃으며 대답했다. "자고로 충신은 두 군주를 모시지 않습니다. 만약 저 하후현이 사마씨의 손에 죽는다면 그것은 천명이니 어쩔 수 없습니다. 숙부께서는 먼 길 조심하십시오." 말을 마치고 하후현은 하후패에게 읍을 올리며 작별했다.

경성으로 돌아온 하후현은 실권이 없는 대홍려에 임명되었지만 사마씨 집단의 엄밀한 감시를 받아 자유롭지 못했다. 자신이 위험한 상황이라는 것을 잘 알고 있었기 때문에 외부와의 왕래를 단절하고 극도로 조심하며 자신을 드러내지 않았다.

2년 후(251) 사마의가 죽자 한 친구가 하후현에게 말했다. "사마공이 죽었으니 자네는 이제 걱정하지 않아도 되겠네." 하후현은 길게 탄식하며 말했다. "그대가 모르는 것이 있네. 사마의는 그래도 나를 후배로 대해주었네. 하지만 사마사, 사마소 두 형제는 나를 용납하지 않을 것이야." 말은 이렇게 했지만 하후현은 사마씨에게 전혀 굴복하지 않았다. 그래서 이풍, 장집과 조방이 사마사 대신 자신을 보정대신으로 세우려 계획할 때 하후현도 받아들였다.

그들이 일을 막 추진하기 시작할 때 생각지도 못하게 정보가 누설되었다. 『삼국지』에는 "대장군이 은밀하게 그 모의를 들었다."라고 되어 있다. 아마도 사마사가 궁중에 심어놓은 첩자가 있어서 그들의 일거수일투족이 감시에 걸렸을 것이다. 사마사는 소식을 듣고 최대한 빠르게 선제공격을 하기로 했다.

장수를 쏠 때는 말부터 쏘고 적을 잡을 때는 왕부터 잡으라는 말이 있다. 이 사건의 주모자는 이풍이다. 먼저 그를 제거했다.

정원 원년(254) 2월 사마사는 이풍을 대장군 관부로 불렀다. 이풍을 보자마자 단도직입적으로 물었다. "그대는 황제와 무슨 이야기를 나누었느냐?" 이풍은 듣자마자 일이 누설되었다는 것을 알아차렸다. 끝장났다. 돌이킬 수 없으니 차라리 그대로 말하자. 그는 곧 정색을 하고 말했다. "당신 부자는 간악한 마음을 품고 장차 사직을 엎으려 했다. 나의 힘이 부족하여 잡아 멸하지 못함이 애석할 뿐이다!" 이풍의 말이 끝나기도 전에 사마사의 수하 무사들이 몰려와 이풍을 칼로 베어 죽였다.

사마사는 조사한 내용에 따라 이 사건과 관련된 인원을 전부 체포하여 죽이고 삼족을 멸했다. 하후현도 당연히 체포되었다.

하후현은 언젠가 자신이 잡혀갈 것이라고 일찍부터 생각했었다. 그런데 그는 왜 장안에 있을 때 친족인 하후패를 따라 촉으로 달아나지 않고 낙양으로 왔을까? 이것은 스스로 그물에 걸려든 것이 아닌가? 어쩌면 하후현은 요행을 바라는 심리가 약간 있던 것 같다. 나와 사마사 사이에 사마사가 설마 독수(毒手)는 쓰지 않겠지? 하는 마음이었을 것이다. 그와 사마사는 어떤 관계였을까? 그는 원래 사마사의 손위 처남이었다.

하후현은 하후휘(夏侯徽)라고 하는 여동생이 있었는데 사마사와 결혼하여 다섯 딸을 낳았다. 하후휘는 행동거지가 단아하고 재능과 견식이 있어 사마사에게 무슨 일이 있으면 항상 옆에서 조언했다고 한다. 그러나 그녀는 조씨 집안의 생질녀(외숙부가 조진이었다)였기 때문에 사마사는 그녀를 경계했다. 하후휘는 24세에 묘하게도 독극물에 중독되어 죽었다. 하후휘는 왜 갑자기 죽었을까? 사서에는 단지 "청룡 2년 결국 짐독으로 죽었다"고 기록되어 있을 뿐이다. 사마사에게 책임은 없었을까? 의심스러운 일이다.

하후현에게 요행을 바라는 마음도 있었겠지만 크지는 않았을 것이다. 그는 자신이 사마사의 처남이지만 사마씨들이 정적을 얼마나 악독하고 비정하게 대했는지 잘 알고 있었다. 고대 중국에서는 정치적 이익을 위해, 왕위와 권력을 위해 부자·형제지간에도 반목하고 원수가 되어 서로 죽인 사건이 허다하다. 하후현은 정치의 실패가 죽음이라는 것을, 사마사가 처남이라고 자신에게 인정을 베풀지는 않을 것이라는 것을 너무나 잘 알고 있었다. 과연 가평 6년(254) 하후현은 체포되어 하옥되었다.

감옥에서 하후현은 혹독한 고문을 받으면서도 굴복하지 않고 죄를 인정하지도 않았다. 이 사안의 심리를 맡은 정위 종육(鍾毓)은 옥사를 끝낼 수 없자 하후현 앞에서 울며 호소했다. 하후현은 엄숙하게 말했다. "나는 할 말이 없다. 만약 그대가 상부에 보고해야겠다면 그대가 직접 쓰라." 이렇게 하여 종육은 밤새워 하후현의 공술 내용을 위조하여 다음 날 새벽 하후현에게 보여주었다. 하후현은 빠르게 훑어보더니 고개를 끄덕이며 미소를 지었다. 결국 하후현은 사형에 처해졌다. 형은 낙양 동시(東市)에서 집행되었는데 하후현은 형장에서 "안색이 변하지 않고 거동이 태연했다"고 한다. 참으로 고고한 인품에 굳은 절개라 할 수 있다.

　사마사는 이풍이 도모한 보정대신 교체 사건을 진압하고 사건에 참여한 대신을 주살하면서 조정에서 자신의 입지를 더욱 굳혔다. 그러나 이 사건은 아직 끝나지 않았다. 막후에서 정변을 주도한 또 하나의 주모자 황제 조방을 어떻게 처리해야 할까?

제 6 강 사마사의 죽음

—

　정원 원년(254) 봄, 사마사는 이풍, 장집 등이 하후현을 새로운 보정대신으로 세우려 한 사건을 막아내고 사건에 참여한 인원을 전부 죽였다. 그러나 사마사는 또 다른 참여자 황제 조방을 잊지 않았다. 조방은 이풍처럼 죽일 수 있는 인물이 아니었다. 어쨌거나 그는 황제였다. 황제는 대신의 직무를 철회하거나 바꿀 수 있었기 때문에 이를 명분으로 무리하게 조방을 처분한다면 천하의 공분을 살 것이다. 그래서 사마사는 일시적으로 좋은 방안이 없어 이 일을 잠시 덮어두었다. 그러나 원한은 반드시 갚는다는 사마씨 가문의 특성으로 볼 때, 단지 때를 기다리는 것뿐이었다.

　그해 9월 사마사는 조방을 처리해야겠다고 생각했다. 이때 조방에게는 유리한 기회가 있었는데, 심지어 선제공격으로 사마사를 제압할 수 있었다. 이것은 어떤 사건일까?

　당시 촉한 대장 강유(姜維)가 북벌을 일으켜 조위를 공격했다. 조정은 사마사의 동생 사마소를 장안으로 파견하여 강유를 방어하게 했다. 사마소는 정서장군에 임명되어 허창에 주둔했는데 먼저 낙양으로 와 평락관에서 황제가 지켜보는 가운데 열병식을 열기로 했다. 병사들의 사기 진작을 위한 조정의 결정이었다. 그 무렵 조방의 신변에 있던 몇 명의 측근들이 일을 벌이자고 제안했다. 군대를 사열하는 도중에 사마소가 출정 보고를 하기 위해 황제에게 다가오면 좌우에 있던 호위병이 달려들어 그를 죽인다. 그리고 사람을 보내 사마사를 잡아오고 사마씨 전권 독재 집단을 분쇄했다고 전국에 선포한다. 이것이 그들이 계획한 시나리오였다. 이러면 조방은 단독으로 대권을 잡을 수 있게 될 것이다. 그들은 사건의 중요한 한 단계 한 단계를 세밀하게 검토했고 심지어 황제 조방이 사마씨 형제를 처단할 조서를 대신 작성하기도 했다.

그러나 생각지도 못한 일이 발생했다. 그들이 쓴 조서를 조방에게 보여주었을 때 조방은 망설였다. 놀란 눈으로 뚫어지게 조서를 읽으며 온몸에 땀이 흥건했고 두 다리를 떨었다. 눈을 감으면 사마사의 흉악한 얼굴이 보이고 "네 이놈, 네가 감히!"라고 고함치는 소리가 들리는 것 같았다. 그는 생각할수록 무서웠고 목소리가 나오지 않아 말도 할 수 없었다. 측근들이 보기에 이 모습은 예전 죽음이 두려워 정신을 못 차리던 조상의 모습이었다. 그래서 더는 조방을 채근하지 않기로 했다. 그가 놀라 죽기라도 한다면 큰일이었다. 그러나 이 일은 빠르게 사마사에게 전해졌다. 사마사는 선제공격이 답이라고 생각했다. 빠르게 손을 써야 한다. 주저해서는 안 된다!

그는 두 단계로 작전을 진행했다.

첫 번째 단계는 군신 회의를 열어 집체 결정을 하는 것이다. 『삼국지』의 기록을 보면 이번 조정 회의에 참가한 대신은 약 50명에 달했다. 이번 조대의 중요한 대신들이 전부 출석했다. 이번 회의의 중요성과 권위를 연출하려는 의도적인 기획이었다. 회의에서 사마사는 미리 준비된 자료, 황제 조방의 처신 문제를 제기했다. 군신들 앞에서 공개적으로 조방의 잘못된 행적 하나하나를 열거하며 "황음무도하며 난잡하게 창기와 광대를 가까이했다"고 공표했다. 음행에 빠져 극히 더러운 행동을 일삼았으니 황제의 자격을 잃었고, "천명을 이을 수 없고 종묘를 받들 수 없어"(『삼국지·위서·삼소제기』) 파면이 마땅하다는 것이다. 회의에 참석한 대신들은 모두 알고 있었다. 조방을 폐위하는 일은 완전히 사마사 혼자 결정한 것이며 그가 말하는 죄행도 대부분 날조된 것이라는 것을. 그러나 사마사가 두려워 손을 들어 동의할 수밖에 없었다. "군신들은 감히 거역할 수 없었다." 이에 조방을 파면하기로 결의되었다.

두 번째 단계는 결의 내용을 곽태후에게 보고하여 최종 집행하는 것이다.

곽태후는 위 명제 조예의 황후이다. 본래 위 문제가 예전에 정한 규정에 따르면 후비는 조정에 관여할 수 없게 되어 있다. 하지만 사마씨가 권력을 잡은 후 자신의 행동에 정당성을 부여하기 위해 종종 곽태후를 방패 삼아 태후의 명으로 대신들을 조종했다. 지금 조방을 폐하려면 당연히 특수 신분인 곽태후의 동의를 이용해 최종 결정을 내려야 했다. 옛날 위 문제의 규정 따위는 일찌감치 폐기했다.

사마사는 곽태후의 숙부인 곽지(郭芝)를 보내 곽태후에게 결의를 승인해달라고 요청했다. 숙부와 조카 사이였기 때문에 대화는 직접적이었다. 곽지는 입궁한 후 곽태후가 조방과 담소하고 있는 것을 보았다. 그들은 아직 조방의 폐위 소식을 모르고 있었다. 곽지가 조방에게 말했다. "폐하, 대장군 사마사가 폐하를 폐위하고 새로운 황제를 옹립하기로 결의했습니다."

조방은 그 말을 듣고 예상했다는 듯 조금도 놀라지 않았다. 그러고는 일어나 말없이 고개를 저으며 나갔다. 그러나 곽태후는 달랐다. 그녀는 몹시 분노했다. 만면에 화를 이기지 못한 모습이었다. 곽지가 곽태후에게 말했다. "태후께서는 태후의 자리에 계시면서도 폐하를 잘 단속하고 가르치지 못하셨습니다. 이제 대장군이 폐위를 결정하시고 군사를 이끌고 밖에서 지키고 계시니 받아들여야 합니다. 다른 말은 소용없습니다." 곽태후는 마지못해 "서두르지 마시오. 내가 대장군을 만나 그와 얘기하겠소."라고 대답했다. 곽지는 속으로 '모든 것이 결정되었는데 더 무슨 말이 필요한가?'라고 생각했다. 답답한 마음에 곽태후에게 소리쳤다. "태후가 어찌 아무렇게나 대장군을 만납니까? 한가로운 말씀 하지 마시고 빨리 황제의 인수나 꺼내십시오!" 원래 곽태후가 황제의 옥쇄를 보관하고 있었다. 곽태후는 곽지의 강경한 태도를 보고 더는 협상의 여지가 없다고 생각하여 어쩔 수 없이 옥쇄를 꺼냈다. 곽지는 옥쇄를 가져가지 않았다. 그는 옥쇄가 태후의 수중에 있는지 확인하려는 심산일 뿐이었다. 이야기가 거의 마무리되자 곽지는 얼른 출궁하여 사마사에게 보고했다.

사마사는 일이 거의 성공했다고 보고 안도의 한숨을 쉬었다. 아직 두 가지 큰일이 남아 있었다.

첫 번째 일은 조방을 내보내는 일이다. 어디로 내보내야 하는가? 조방은 어린 시절 제왕(齊王)에 봉해진 적 있었기 때문에 사마사는 조방을 원래의 봉지로 보내기로 했다. 이렇게 23세의 조방은 15년의 황제 생애를 마치고 황궁을 떠나 원래의 봉지로 돌아가게 되었다.

그가 떠날 때 곽태후와 몇십 명의 대신들이 나와 전송했는데 모두들 묵묵히 말이 없었다. 곽태후만 서럽게 울었으나 역시 어떤 말도 하지 못했다.

전송을 나온 사람들 중에 태위 사마부(司馬孚)가 있었다. 사마부는 사마의의 동생으로 180년에 출생했으니 이때 75세였다. 그는 구석에 서서 "슬픔을 이기지 못하고 심히 울었다"고 한다. 그는 왜 그랬을까? 사마씨가 권력을 잡는 것이 그에게도 좋은 일이 아닌가? 내 생각에는, 사람은 누구나 양심이 있다. 사마사가 권력을 독점하는 것이 집안을 위해서는 물론 좋은 일이다. 그러나 그의 행동은 손으로 하늘을 가리는 짓이고 난폭한 전횡이며 억지스럽다. 다른 사람들도 모두 명백히 알고 있지만 생명을 보전하기 위해 말하지 못하는 것이다. 숙부로서 사마부도 어쩔 수 없었으나 내심으로는 겁약한 조방을 동정했기 때문에 그를 전송하러 나왔다. 『진서』에는 사마부가 "온후하고 겸손했다", "성품이 넓고 너그러웠다"고 기록했는데 자신을 내세우지 않는다는 말이다. 서진 왕조가 건립된 후 그는 허명뿐인 직책 태재(太宰)에 임명되었고 93세까지 살았다.

두 번째 일은 새로운 황제를 세우는 일이다. 조방은 폐위했는데 누구를 황제로 올려야 하는가? 사마사는 조거(曹據)를 세우려고 했다. 조거는 조조의 아들로 나이도 최소한 오십은 넘었다. 왜 조거를 세우려고 했을까? 아마도 두 가지 원인 때문일 것이다. 첫째, 조거는 항렬이 높아 조정에서도 영향력이 있었다. 둘째, 조거는 분별력과 주관이 없어 사마사에게 모든 것을 맡기고 뒤로 물러날 성향이었다. 그러나 조거는 항렬이 높았다. 곽태후의 숙부였고 곽태후는 그의 조카며느리였다. 조거를 세운다면 그녀의 태도는 어떠할 것인가? 그녀가 흔쾌히 그를 황제로 받아들일까? 과연 곽태후는 이 소식을 듣자마자 표정이 굳어졌다. 그녀는 "팽성왕(彭城王) 조거는 나의 계숙(季叔)이오. 그가 황제가 되면 나는 어디로 가야 하오? 나는 절대로 동의할 수 없소. 세우려면 고귀향공(高貴鄉公) 조모(曹髦)를 세웁시다."

곽태후는 왜 조모를 세우려고 했을까? 그녀는 "황제 조예는 아들이 없었소. 그러나 대가 끊어진 것은 아니오. 예법에 따르면 동생의 아들은 제위를 이을 대종(大宗)의 자격이 있소." 이른바 동생의 아들은 조모의 부친 조림(曹霖)을 말하는데 조림은 조예의 동생이다. 곽태후의 말은 사리에 맞았고 제위 계승의 전통에 부합했다. 그래서 사마사는 곽태후와 맞서지 않았다. 아마 앞으로는 곽태후와 틀어지지 말고 일이 생길 때마다 내세워야겠다고 생각했을 수도 있다.

사마사는 다시 군신 회의를 열어 곽태후의 의사를 전달했다. 사마사가 동의했다는 것을 알고 군신들이 만장일치로 통과시켜 조모를 황제로 결정했다. 회의가 끝나자마자 황궁에서 보낸 수레가 조모를 태우고 돌아왔다. 사마사는 자신의 특수한 신분을 과시하려고 특별히 입궁하여 곽태후에게 옥쇄를 요구했다. 자신이 직접 조모에게 옥쇄를 주고 싶었던 것이다. 그러나 곽태후는 거절했다. 그날따라 고집을 부리며 말했다. "나는 조모를 잘 알고 있소. 어릴 때 안아주기도 했지요. 제위에 등극하면 내가 직접 그에게 옥쇄를 주겠소." 곽태후는 조모가 황제가 되면 조씨 가문도 다시 힘을 얻고 자신의 배경도 든든해질 것이라고 생각했다.

가평 6년(254) 10월 초닷새, 조모는 정식으로 제위에 올랐다. 연호는 정원(正元)으로 고쳤다. 이때 조모의 나이는 겨우 14세였다. 조모는 곽태후의 조카였고 곽태후는 그의 큰어머니였다. 조모는 나이가 어렸기 때문에 곽태후가 많은 일을 알려줬다.

새로운 황제에 대해 사마사는 처음부터 불편한 기색이었다. 조모를 선택한 것은 곽태후의 주도적인 생각이었기 때문이다. 그러나 조방과 비교했을 때 조모는 훨씬 똑똑했고 공부를 좋아했다. "생각이 또렷하고 활달하고 빼어나 덕망이 자자했다."(『삼국지·위서·삼소제기』) 어느 날 조회가 끝난 후 사마사가 한 대신을 불러 조용히 물어본 적이 있다. "천자께서는 어떤 군주이시오?" 대신은 "재략으로는 진사왕 같고 무(武)로는 태조 같습니다." 진사왕은 조식을 말하고 태조는 조조를 말한다. 대신의 말은 조모의 문재가 조식의 수준이며 무공은 조조와 비견된다는 것이다. 조모를 높이 평가하는 말이다. 그는 사마사가 조모를 좋게 보고 있다고 생각했던 모양이다.

사마사는 그 말을 듣고 "만약 경의 말과 같다면, 사직의 큰 복이오!"라고 했다. 사마사의 말은 진심에서 나온 게 아니라 입에 발린 소리였다. 사마사의 관심은 어떻게 조위의 대권을 독점할 것인지에 있었다. 황제는 말만 잘 들으면 된다. 그는 결코 황제가 총명하고 유능하기를 바라지 않았다. 만약 그렇다면 그가 권력을 독점하는 데에 지장이 있지 않겠는가?

조모의 입장에서 사마사는 매우 조심해야 할 존재였다. 전임 황제 조방의 실각이 바로 심각한 교훈이었다. 사마사와의 관계를 어떻게 유지해야 할까? 역시 기존의 방법대로 회유하고 비위를 맞추고 그를 기쁘게 하는 것이다. 조모는 즉위 후 얼마 지나지 않아 조서를 내려 가장 화려하고 듣기 좋은 말로 사마사를 찬미했다. 그의 공로가 상나라 때의 이윤(伊尹)과 주나라 때의 주공(周公)을 능가한다는 내용이었다. "성덕이 천하에 빛나고 높은 공훈이 온 세상에 펼쳐졌다."라고 말했다.(『진서·경제기』)

그뿐 아니라 조모는 사마사에게 특별한 포상을 내렸다. 먼저 황월(黃鉞)을 수여했다. 황월은 황금으로 만든 도끼인데 원래 천자 전용이지만 대신에게 상으로 내려 권위를 인정하는 것이다. 다음은 입조불추(入朝不趨)로, 조회에 나올 때 일반적 예법에 따라 종종걸음을 하지 않아도 되는 것이다. 다음은 주사불명(奏事不名)으로, 황제에게 상주문을 올릴 때 성명을 보고

하지 않아도 되는 것이다. 다음은 검리상전(劍履上殿)으로, 검을 차고 신발을 신은 채 조정에 오를 수 있는 것이다. 이런 것들은 모두 황제가 대신을 특별 대우하여 높은 지위를 인정하는 것이다.

사마사는 조모의 이런 행동이 틀림없이 곽태후의 생각에서 나왔을 것이라고 생각했다. 그녀가 조모에게 사마사에게 잘 보이고 좋은 관계를 유지해야 한다고 가르쳤을 것이다. 사마사는 표면적으로는 한 차례 사양했지만 마음속으로는 몹시 기뻐했다.

二

새로운 황제 조모는 사마사의 말에 절대적으로 순종했고 사마사도 조모의 의향을 적절히 맞춰주었다. 두 사람은 양측이 서로 받아들일 수 있는 군신 관계를 형성했다. 그러나 조정의 이런 잔잔한 형국에 곧 큰 파란이 일어났다. 조모가 즉위한 지 3개월째였다. 전례가 없는 대규모의 반(反)사마씨 투쟁이 발생한 것이다.

이번 반사마씨 기병을 한 인물은 관구검(毌丘儉)*이다. 관구검(?~255)은 자가 중공(仲恭)으로 하동 문희(聞喜, 지금의 산서성 문희현聞喜縣) 사람이다. 그는 조위의 저명한 명장으로 중요한 전쟁에 여러 차례 참가하여 탁월한 전공을 세웠다. 249년 사마의가 고평릉 정변을 일으킨 후 관구검은 진동장군, 양주도독을 지냈다. 이풍, 장집과 절친한 친구였는데 두 사람이 사마사에 반대했다가 피살되자 신변에 불안을 느꼈다. 관구검은 자신의 앞

• 관구가 성이며 무구검(毌丘儉)으로 읽어야 한다는 주장도 있다.

날에도 언제 화가 미칠지 모른다고 생각하여 차라리 먼저 군사를 일으켜 사마사를 죽여야겠다고 결심했다.

관구검과 함께 기병한 인물은 양주자사 문흠(文欽)이다. 문흠은 자가 중약(仲若)이며 부친 문직(文稷)은 동한 말년의 명장으로 용맹이 뛰어나 이름을 날렸다. 문흠도 재주와 무용이 타인을 능가하고 명성이 드높았다. 그는 조상과 가까운 사이였기 때문에 사마의라면 이를 갈았다. 그들이 연합하여 기병한 목적은 명확하다. 사마씨의 권력을 빼앗아 다시 조씨들에게 돌려주는 것이다. 출병의 정당성을 획득하기 위해 그들은 "태후의 조서를 고쳤다." 즉 곽태후의 명령을 위조하여 격문을 발표하고 사마사의 죄상을 열거하며 성토했다. 군사들의 사기 진작을 위해 관구검은 수춘성 서쪽에 제단을 쌓고 여러 장수들과 삽혈(歃血)* 로 맹세했다.

정원 2년(255) 정월, 관구검과 문흠은 6만 군사를 이끌고 수춘성에서 북상하여 회하를 건너 항현(項縣, 지금의 하남성 항성項城)을 점령했다. 관구검은 후방에서 지원하고 문흠이 전방에서 공격했다. 만일을 대비하여 관구검은 자신의 네 아들을 인질로 동오(東吳)에 보내며 지원을 요청했다. 이는 자신의 퇴로를 위한 방법이기도 했다. 만약 거사가 실패할 경우 틀림없이 멸족을 당할 테니 아들을 동오로 보내 최악의 상황에 대비한 것이다.

사마사는 관구검의 기병 소식을 듣고 급히 하남윤(河南尹, 하남윤은 하남군의 태수를 말한다. 하남군은 수도가 있는 곳이라 다른 지역보다 중요하기 때문에 하남윤으로 호칭했다) 왕숙(王肅)을 불러 대책을 세웠다. 왕숙은 형세를 분석하며 말했다. "예전 관우가 양번을 공격할 때 기세가 맹렬했으나 손

• 고대에 서약이나 맹세를 할 때 짐승의 피를 나누어 마시거나 입술에 바르는 일.

권이 배후에서 기습하여 그의 가족을 잡아가니 관우가 전의를 잃어버리고 결국 패전했습니다. 지금 관구검, 문흠 등의 가족은 모두 낙양에 있는데 먼저 그들을 장악하고 방어를 강화하여 진공하지 못하게 하면 오래 걸리지 않을 것입니다." 그는 적들이 결국 "틀림없이 관우와 같이 흙처럼 허물어지는 형세가 될 것"으로 보았다.

원래 위나라에는 장수가 외지로 출정이나 주둔하러 가면 가족을 인질로 남기는 제도가 있었다. 회남의 부대는 내지에서 파견되었기 때문에 가족들이 모두 인질로 남아 있었다.

사마사는 타당하다고 생각하고 곧바로 조치를 취하여 회남 군사의 가족들을 통제했다. 소식이 전해지자 기병한 군사들은 위협을 느꼈다.

싸움의 규모와 형세로 보아 사마사가 직접 총사령관으로 출정해야 하지 않을까? 당시 사마사는 공교롭게도 병이 있었는데 눈 주위에 큰 혹이 자란 것이다. 통증이 심해 막 제거 수술을 하고 아직 회복되지 않은 상태였다. 숙부 사마부의 출정을 건의하는 사람도 있었지만 왕숙, 부하(傅嘏), 종회(鍾會) 등은 사마사의 눈병이 얼마나 심각한 상태인지 알지 못하고 당연히 사마사가 직접 출정해야 한다고 요청했다. 그들은 지금 중요한 때이니 만약 "대세를 한번 놓치면 공의 대업도 무너집니다"라고 했다. 사마사는 이 말을 듣고 분연히 일어나 크게 소리쳤다. "병을 참고 수레를 몰아 동으로 가겠다!" 직접 전선으로 가 지휘하겠다는 것이다.

사마사의 눈병은 확실히 심각했다. 사실 그가 전선으로 가지 않고 후방에서 지휘해도 충분했다. 그러나 많은 장수들의 요청 때문에 어쩔 수 없이 직접 병력을 이끌고 출정한 것이다. 이번 출정이 자신의 운명을 바꿔놓을 줄은 전혀 예상하지 못했다.

사마사는 각지의 증원 부대를 진국(陳國), 허창(許昌) 일대에 집중시키고 형주자사 왕기(王基)를 선봉으로 세우고, 자신은 주력 부대를 이끌고 그 뒤를 따랐다. 군대는 항성 부근의 은수(隱水)에 도착하여 반란군과 대치했다. 일촉즉발의 상황이었다.

왕기는 사마사에게 속전속결로 승부를 보자고 건의했다. 그러나 사마사는 주저했다. 눈병 때문에 힘들어 정신을 차리지 못하기도 했고, 전술적인 이유도 있었다. 당시 회남군의 가족들을 억류했기 때문에 투항하는 사병들이 어느 정도 있었다. 그는 조금 더 시간을 끌어 투항병이 늘어나면 힘을 아낄 수 있다고 생각했다. 왕기는 조급해져 단독으로 행동했다. 그는 "장수는 전장에서 군주의 명령을 따르지 않을 수도 있다!"라고 말하고 남돈(南頓)을 공격했다. 남돈은 항성의 서쪽에 있는데 지리적 요충지라 이곳을 점거하면 전쟁의 주도권을 잡을 수 있었다. 사마사도 후에는 왕기의 작전에 동의했다.

사마사의 부대는 한참 대치하다가 결전하기로 했다. 사마사는 우선 연주자사 등애에게 만여 명을 인솔하여 악가(樂嘉)에 주둔하다 거짓 공격으로 문흠을 유인하도록 했다. 그리고 자신은 심야에 은밀히 대군을 이끌고 가 등애와 합류했다. 철저하게 은폐하며 이동했기 때문에 문흠은 이런 내막을 전혀 몰랐다. 그는 악가에 등애의 병력 만여 명만 있는 줄 알고 심야에 기습하기로 했다. 문흠에게는 문앙(文鴦)이라는 아들이 있었는데 겨우 18세였지만 용맹과 힘이 뛰어나 싸움에 능했다. 문앙이 문흠에게 이렇게 말했다. "사마사의 군대가 아직 확실히 자리 잡지 못했을 때 빨리 공격해야 일거에 무너뜨릴 수 있습니다." 문흠은 타당하다고 여기고 군대를 둘로 나누어 자신과 문앙이 하나씩 인솔했다. 문앙은 행동이 빨랐다. 먼저 사마사의 군영에 치고 들어가 공격했다. 병사들의 함성이 우렁차고 기세가 맹렬했다. 사마사는 적의 공격을 대비하기는 했지만 이렇게 빠르고 용맹할 줄은 예상하지 못했다. 그는 밖에서 들려오는 함성에 놀라 갑자기 눈에서 극심한 통증을 느꼈다. 얼른 손으로 눌렀는데 손에 뜨거운 어떤 것이 느껴졌다. 보니 눈알이었다. 눈가에 자라던 혹을 제거한 후 상처가 아직 아물지 않았는데 급박한 상황에 놀라 다시 터져버린 것이다. 안구와 함께 핏덩어리가 쏟아졌다. 사마사는 극도의 통증으로 혼절할 지경이었다. 그러나 병사들의 동요를 막기 위해 이를 악물고 버텼다. 신음 소리를 막으려고 이불을 뒤집어 썼는데 너무 고통스러워 이불이 해어질 정도로 깨물었다.

이때 바깥에서 함성과 싸우는 소리가 크게 울려 퍼졌다. 교전이 시작되어 사마사의 진영도 아수라장이 되었다. 사마사는 억지로 통증을 참고 싸움을 지휘했다. 등불이 어두워 좌우 측근들조차 사마사가 한쪽 눈을 잃었다는 것을 몰랐다.

문흠의 군대가 적시에 합류하지 못하자 용맹한 문앙도 중과부적이었다. 문앙은 점점 견디지 못하고 새벽까지 싸우다 군사를 이끌고 철수했다.

三

다시 관구검의 상황을 보자. 그는 항현에서 문흠 부자가 패했다는 소식을 듣고 전세가 비관적이라고 판단했다. 자신의 군대는 전혀 사마사의 상대가 아니었다. 앉아서 죽기만 기다리는 것보다는 달아나 생명을 부지하는 게 낫겠다고 생각했다. 그는 수춘으로 돌아가고 싶었다. 수춘이 그의 근거지였기 때문이다. 부하에게 수춘으로 돌아가자고 말했더니 부하가 대답했다. 그들이 수춘에서 북상하여 회하를 건널 때 사마사가 이미 뒤로 군사를 보내 수춘을 함락했다고. 이미 그들은 퇴로가 없었다. 관구검은 대세가 기울었다고 생각했다. 던질 수 있는 승부수가 없으니 달아나는 게 상책이었다. 그래서 부대를 버리고 단신으로 도망쳤다. 그가 도망치자 수하의 장수들도 사분오열 찢어져 달아났다. 장수들이 달아나니 말단 사병들은 당연히 위기를 느끼고 새 떼처럼 흩어졌다. 관구검의 반란군은 빠르게 소멸했다.

이때 문흠도 막다른 길에 몰려 있었다. 두 부자는 한참 상의하다가 동오에 투항하기로 했다.

관구검은 어디로 달아났을까? 그는 목표 없이 아무렇게나 가다가 신현(愼縣)이라는 곳에 이르렀다. 심신이 피곤하고 탈진하기 직전이었는데 다른 사람에게 발각될까 봐 물가 풀숲에 숨어 있었다. 그러나 그는 곧 장속(張屬)이라는 사람의 눈에 띄었다. 한눈에 보기에도 산발한 머리에 허둥거리며 미친 듯이 뛰는 모습이 틀림없이 죄를 지은 사람이었다. 장속은 칼을 들고 달려가 그를 죽였다. 그리고 머리를 베어 들고 낙양에 가 관가에 보고했더니 바로 반란군의 괴수 관구검이었다. 이 사람은 이렇게 큰 공을 세워 나중에 제후에 봉해졌다.

관구검과 문흠의 반란은 완전히 평정되었다. 예전에 사마의가 왕릉의 난을 제압했던 것처럼 사마사도 크게 어렵지 않게 이번 반란을 평정했다. 이유는 무엇일까? 크게는 양측의 힘의 차이가 현저했기 때문이다. 사마씨 집안은 조정을 다년간 경영했기에 세력이 강성하고 추종자들도 매우 많았다. 사마사는 또 직접 병력을 거느리고 전선에 가 사기를 진작시켰다. 용병과 전술 모든 면에서 관구검은 사마사의 상대가 아니었다. 그의 실패는 자연스러운 수순이었다.

관구검과 문흠의 반란이 평정된 후 이 사건에 참여한 사람들의 처리 문제는 사마사의 정치적 지혜와 모략을 보여준다. 예전의 사례를 보면 반란에 참여한 인원들은 일반적으로 참수되거나 멸족 같은 참혹한 결과를 맞이했다. 그러나 사마사는 이번 반란 사건 참가자들 중에 주요 인물 십수 명만 처형하고 나머지는 모두 석방했다. 사마사는 왜 이런 처분을 내렸을까? 첫째, 아마도 이번 반란은 기세는 강했지만 큰 손실이 없었기 때문일 것이다. 한 번의 전투로 대강 마무리되었으니 대규모 살생까지는 필요 없었다. 둘째, 사마사는 이번 사건을 통해 민심을 수습하고 좋은 이미지를 수립하고 싶었던 것 같다.

그러나 사마사는 병을 안고 출정하여 극도의 고통을 겪었다. 비록 전쟁은 이겼지만 너무나 큰 대가를 치렀다. 한쪽 눈을 잃고 심신에 심한 손상을 입었다. 사마사는 조정으로 귀환하다가 허창을 지나는 길에 상처가 심해져 결국 죽었다. 향년 48세였다.

사마사는 사마의의 뒤를 이어 조위 왕조의 권력을 독점한 2세대 집권자였다. 비록 4년간의 짧은 시간이었지만 정적들의 반란 사건은 사마의보다 훨씬 많았다. 사마의는 왕릉의 난 하나였지만 사마사는 이풍, 장집의 난과 관구검, 문흠의 난뿐 아니라 조방 폐위와 조모 옹립도 있었다. 이런 일련의 사건들은 조위를 교체하는 것이 단숨에 되지 않으며, 앞으로도 무수한 풍파를 겪어야 한다는 것을 보여준다.

사마사가 죽은 후, 동생 사마소가 그의 직무를 계승하여 대장군겸시중, 도독중외제군사 및 보정대신에 임명되었다. 사마씨 가문의 독재 권력은 여전히 엄준한 도전을 맞고 있었다.

제7강

사마소의 마음

249년 사마의가 고평릉 정변을 일으킨 후 사마씨 가족은 조위의 대권을 장악했다. 사마의는 2년을 집권했고 사마사는 4년을 집권했다. 사마씨가 조위를 대신해 서진을 건립할 때까지는 총 16년의 시간이 걸렸다. 사마의와 사마사 부자 두 사람을 합쳐도 6년, 그렇다면 나머지 10년은 누가 집권했는가? 사마소였다.

사마소는 자가 자상(子上)으로 사마사의 동생이다. 세 살 어렸다. 젊을 때 부친을 따라 출정하여 제갈량의 북벌을 방어하기도 했다. 30세 전후에 낙양 전농중랑장에 임명되어 둔전을 주관했다. 재임 기간에 "가혹하고 번잡한 노역을 면해주고 농사철을 빼앗지 않아 백성들이 크게 기뻐했다"고 하니 역시 범상치 않은 능력을 가진 인물이다. 정시 5년(244) 사마소는 조상을 따라 촉을 정벌하면서 정촉장군에 임명되어 군사적으로도 많은 경험을 쌓았다.

정원 2년(255) 사마소는 위장군에 임명되었는데 이 해 사마사가 병으로 죽었다. 사마사의 죽음은 사마소에게는 친형을 잃은 것이었지만 황제 조모에게는 자신을 통제하는 사람이 없어진 것이었다. 그는 사마씨 가족을 진심으로 증오했다. 그래서 사마사가 죽은 후 이 기회에 사마소에게서 벗어나고 싶어 조서를 내려 그에게 허창에 계속 주둔하라는 조서를 내렸다. 낙양으로 오지 못하게 하는 것이니 분명히 사마소를 배척하는 조치였다. 사마소는 이 소식을 듣고 어떻게 했을까? 당시 그는 두 가지를 선택할 수 있었다. 첫째, 조정의 명에 따라 낙양으로 가지 않는다. 그러나 만약 이렇게 한다면 조정은 틀림없이 새로운 보정대신을 임명할 것이고 사마씨 가족의 권세는 큰 타격을 받는다. 아버지와 형이 고심하며 키운 모든 것이 사라질 수 있으니 사마소로서는 절대 용인할 수 없다. 둘째, 거병하여 낙양으로 진격하여 조모를 폐위하고 대권을 잡는다. 하지만 그러기엔 시기가 아직 무르익지 않았고 틀림없이 천하의 공분을 사 공공의 적이 될 것이다.

어떻게 할 것인가? 사마소는 일단 모든 상황을 무시하고 모르는 척 병력을 이끌고 낙양에 가기로 했다. 낙양에 돌아온 후 그는 병력을 황궁 주위에 배치하고 그대로 황궁으로 들어가 귀환 보고를 했다. 마치 허창에 계속 주둔하라는 조정의 명을 전혀 모르는 것처럼.

사마소는 거침없는 모습이었다. 군대를 이끌고 낙양에 와 입궁하여 갑자기 조모의 면전에 섰다. 사마소의 기세를 보고 황제 조모는 곧바로 부드러워졌다. 허창에 주둔하라는 말은 꺼내지 못했다. 사마소가 자신의 면전에 온 것은 틀림없이 자신을 위협하는 것이다. 어떻게 감히 함부로 대할 수 있겠는가?

사마소가 왔으니 어떤 조치든 해야 했다. 조모는 할 수 없이 조서를 내려 사마소를 대장군겸시중, 도독중외제군사, 그리고 보정대신에 임명했다. 조위의 대권은 변함없이 사마씨가 장악하게 되었다.

사마소는 조씨 집단이 이미 쇠퇴 일로에 있어 대업을 감당할 수 없고 늦가을 메뚜기처럼 얼마 남지 않았다는 것을 알고 있었다. 그러나 정말로 조위를 무너뜨리려면 아직 할 일이 많았다. 기초를 잘 다져야 하고 항상 낮은 자세를 취해야 한다. 나무가 클수록 거센 바람을 맞는 법. 그래서 조모가 예전 방식으로 구석(九錫)을 내리거나 검을 차고 입궁하는 등의 특별 대우를 하사할 때도, 사마소는 사양하고 받지 않으며 자신을 낮췄다. 하지만 조정의 대사에 대해서는 절대 모호한 태도를 취하지 않았다. 철저히 장악하고 풀어주지 않았다. 그는 겉으로 보이는 명예를 중시하지 않고 실제적인 권력을 중시했다. 동시에 사마소는 또 반대파들이 절대 가만있지 않을 것이라는 것도 잘 알고 있었다. 그들은 틀림없이 어디선가 은밀히 행동하고 있을 것이다. 화는 곧 닥칠 것이다.

이번에는 누가 다시 기병하여 사마씨에 반대할 것인가?

과연 감로 2년(257) 반사마를 목적으로 하는 변란이 다시 발생했다. 제갈탄(諸葛誕)의 난이다. 역시 회남(淮南) 지역이었다. 이전에 회남 지역에서 251년 왕릉의 난이 있었고 255년 관구검과 문흠의 난이 있었다. 이번이 세 번째이다. 그래서 역사에서는 '회남삼반(淮南三叛)'이라고 한다. 왜 세 번의 군사 반란이 모두 회남 지역에서 일어났을까? 왜냐하면 회남은 조위 왕조의 최남단에 위치한 곳이기 때문이다. 지금의 안휘성 수현(壽縣) 일대이고 동오에 가깝다. 이 지역의 지리적·군사적 중요성 때문에 조정에서는 그동안 중량감 있는 대신과 장수를 이곳에 파견했다.

제갈탄(?~258년)은 자가 공휴(公休)이고 조위의 명장이다. 왕릉과 관구검의 반란을 평정할 때 공을 세워 진동대장군, 의동삼사, 도독양주에 임명되어 수춘(壽春)을 지키며 사마씨의 중용을 받았다. 그런데 이런 제갈탄이 왜 모반을 일으켰을까?

제갈탄의 기병에는 다음과 같은 몇 가지 배경이 있다.

첫째, 제갈탄은 조위의 노신으로 조씨 옹립파에 속하고 조정의 명망이 컸다. 사마소는 제갈탄을 자기 진영으로 끌어와 더 많은 지지를 얻고 싶었다. 그래서 측근인 가충(賈充)을 회남으로 보내 제갈탄의 태도를 살펴보게 했다. 가충은 제갈탄을 만나 이렇게 물었다. "낙양의 제현들이 선대(禪代)●를 원하는데 그대는 어떻게 생각하시오?" 지금 낙양의 조야에서 모두 조위 왕조가 사마씨에게 넘어가기를 바란다는 말이다. 제갈탄은 그 말을 듣자마자 크게 화를 냈다. 곧 정색을 하며 거친 목소리로 가충에게 말했다. "경은 가예주(賈豫州)의 아들이 아니오?" 가예주는 가충의 부친 가규를 말한다. 예주자사를 지냈기 때문에 가예주라고도 칭했다. 가규는 조위의 충신이라 사후에 사당을 건립하고 제사를 지낸다. 제갈탄은 계속 말했다. "그대의 집안은 대대로 조정의 은혜를 입었는데 그대는 설마 위나라의 천하를 남에게 넘겨주고 싶은 거요? 나는 받아들일 수 없소. 만약 낙양에 변란이 생긴다면 나는 목숨을 걸고 싸우겠소!" 제갈탄의 태도가 단호하고 결연하자 가충은 더 할 말이 없어 돌아가 사마소에게 보고했다.

제갈탄이 사마소의 의도를 완강히 반대하며 결사 항전의 태도를 보이자 사마소는 크게 실망했다.

둘째, 제갈탄은 사마씨에게 피살된 하후현, 등양과 절친한 사이였다. 그

● 제위를 양보하여 왕조를 넘겨주는 것.

런데 그들이 모두 사마의에게 죽임을 당했고 이어서 왕릉, 관구검도 계속 피살됐다. 제갈탄은 마음이 불안해졌다. 다음은 자신의 차례일 것 같았다. 그래서 군사를 일으켜 사마소와 목숨 걸고 싸워보자고 결심했다.

생각이 정해졌으니 준비를 시작했다. 민중의 지지를 얻기 위해 그는 수춘성의 창고를 열어 구휼을 했다. 양식을 나눠 주고 민심을 얻었다. 그리고 민간에서 결사대 수천 명을 모아 훈련시켰다. 회남은 동오와 가깝기 때문에 그는 동오의 공격을 빌미로 조정에 10만 증병을 요청했다. 사실상 자신의 군사력을 증강하여 사마소와 대항하려는 것이었다.

사마소는 제갈탄의 태도와 행동을 보니 그가 언젠가 모반을 할 것 같아 반드시 조치를 취해야겠다고 생각했다. 이때 가충이 사마소에게 건의했다. "제갈탄은 양주에서 위세가 있고 명망이 높습니다. 지금 낙양으로 불러 그의 병권을 해제시키면 그가 모반을 일으켜도 작은 소란에 그칠 것입니다. 지체하면 화가 커집니다." 사마소는 가충의 건의를 받아들여 제갈탄을 사공에 임명하여 낙양에서 임직하라는 조서를 내렸다. 사공은 삼공의 하나로 직위는 높지만 실제 권한은 크지 않다. 제갈탄은 조서를 보고 사마소의 의도를 명백히 읽었다. 자신이 낙양에 들어가면 틀림없이 자신을 통제할 테니 이는 스스로 그물에 걸려드는 것이다. 물러설 곳이 없다. 차라리 군사를 일으켜 사마소와 싸우는 게 낫다!

감로 2년 5월, 제갈탄은 회남에서 군사를 일으켰다.

제갈탄은 수춘성을 지키며 북상하여 낙양 진공의 기회를 노리는 동시에, 군사력을 증강하기 위해 동오와 연락을 취하기로 했다. 이에 동오에 전령을 보내 상황을 설명하고 지원을 요청했다. 오나라는 제갈탄을 지지하면서도 그에 대한 확신이 없었다. 이전에 기병했던 왕릉, 관구검 모두 실패했는데 지금 제갈탄이 과연 성공할 수 있겠는가? 이런 생각으로 동오는 일단 3만 병력을 지원하면서 사령관으로 위나라에서 투항한 문흠(관구검과 함께 기병했던 인물)을 보냈다. 제갈탄은 자신에게도 10여만 병력이 있고 1년 치 군량과 목초도 준비되어 있으니 이 정도면 사마소와 대적할 만하다고 생각했다.

다시 사마소의 상황을 보면, 제갈탄의 반란은 처음으로 자신의 집정 능력을 시험하는 사건이다. 이 싸움의 승패는 조정에서의 자신의 위상과 관계된다. 만약 패한다면 사마소의 위신은 땅에 떨어진다. 심지어 조정에 발을 붙이지 못할 수도 있다.

그해 6월 사마소는 20만 대군을 이끌고 직접 출정하기로 했다. 제갈탄을 훨씬 상회하는 규모이다. 그는 왜 이렇게 많은 군대를 출동시켰을까? 목적은 압도적으로 우세를 점하여 일거에 승리하는 것이다. 흥미로운 것은 그가 황제 조모와 곽태후까지 대동했다는 것이다. 왜일까? 내부의 호응을 차단하는 의미도 있었고 제갈탄을 토벌하는 것이 조정의 대사라는 것을 알려 정당성을 획득하는 의미도 있었다. 병사들의 행렬은 까마득히 길어 대단한 장관이었다.

사마소는 구두(丘頭, 지금 하남성 침구沈丘 동남쪽)에 도착하자마자 진남장군 왕기(王基)와 안동장군 진건(陳騫)을 보내 수춘성을 포위했다. 이때 포위의 빈틈을 타 문흠이 오군을 이끌고 성에 진입해 제갈탄의 부대와 합류했다. 성내 방어 전력이 강해지자 사마소는 포위만 유지한 채 공격은 하지 않았다. 성안의 자원을 고갈시켜 지치게 하려는 전략이었다. 그는 왕기에게 명하여 수춘성을 둘러싸는 축대를 쌓아 제갈탄 부대가 성을 나오지 못하게 막았다. 또 감군 석포(石苞), 연주자사 주태(州泰) 등을 보내 형세를 관찰하고 오군의 지원병을 막으라고 했다.

동오에서는 지금이 조위를 공격할 수 있는 기회라고 판단했다. 병력을 증강하고 제갈탄을 지원하여 일거에 사마소를 격퇴하기로 했다. 그래서 장수 주이(朱異)를 수춘성으로 보냈는데 주이의 부대는 도중에 위군 석포와 만나 패했다. 동오는 다시 장수 손침(孫綝)을 보내 주이와 별도로 북상하여 수춘성을 지원하게 했다. 주이가 또 위나라에 패하자 손침은 크게 분노하여 주이를 문책하고 처형했다. 얼마 후 손침은 병력을 철수하여 오나라로 돌아갔다.

사마소의 수춘성 포위는 이듬해(258) 정월까지 계속되었다. 제갈탄은 점점 한계를 느꼈다. 포위는 풀리지 않았고 성내의 식량도 떨어지고 있었다. 이에 병력을 지휘하여 성의 남쪽으로 돌파를 시도했다. 사마소는 포위가 뚫리지 않도록 절대 사수를 명하고 반란군을 공격했다. 양측의 치열한 공방 속에 제갈탄 부대는 참담한 손상을 입고 후퇴했다. 돌파는 실패로 돌아갔다. 이때 제갈탄에게 생각지 못한 문제가 발생했다. 1년은 버틸 수 있다고 계산했던 군량과 목초가 바닥난 것이다. 성안의 식량이 떨어지자 병사들은 굶주림을 견디지 못했고 몰래 성을 나가 투항하는 인원이 많아졌다.

식량 부족의 위기를 어떻게 해결할 것인가? 문흠이 의견을 냈다. 낙양에서 보내온 병력들을 내보내 식량을 아끼고 성은 자신과 함께 온 동오의 군사들이 지키겠다는 것이었다. 이는 제갈탄의 군대를 해산시키고 자신의 부대로 성을 지키자는 말이다. 제갈탄을 집어삼키겠다는 말과 무엇이 다른가? 제갈탄은 원래 문흠과 사이가 나빴다. 이 말을 듣자마자 화를 내며 그와 싸웠다. 싸움 중에 제갈탄은 흥분을 못 이겨 칼을 뽑아 문흠을 베어버렸다. 문흠의 두 아들 문앙과 문호(文虎)는 부친이 죽는 것을 보고 자신들까지 죽일까 봐 그날 밤 성을 나가 사마소에게 투항했다.

문앙과 문호의 투항은 사마소에게 더할 나위 없는 호재였다. 사마소는 수춘성을 지키는 병사들의 사기를 떨어뜨리려고 계책을 썼다. 문앙, 문호를 문죄하지 않았을 뿐 아니라 장수로 임명하여 수백 명의 사병을 거느리고 수춘성 외곽을 순시하게 했다. 성을 지키던 장병들은 이 광경을 보고 동요하기 시작했다. 전의를 상실했으니 대세는 이미 기울었다.

사마소는 절호의 시기라고 보고 즉각 사면에서 공격할 것을 명했다. 격렬한 전투를 거쳐 수춘성은 함락되었고 사병들은 흩어져 달아났다. 제갈탄은 포위를 뚫다가 죽었다.

이렇게 사마씨 타도를 목표로 한 세 번째 병변(兵變)은 철저하게 진압되었고 조정에서 사마소의 권위는 더 공고해졌다.

사마소는 천하를 얻으려면 먼저 민심을 얻어야 한다는 이치를 뼈저리게 느꼈다. 조위를 교체하는 것은 시간문제일 뿐이다. 지금 먼저 민심을 모으고 좋은 이미지를 만들어야 한다.

수춘의 난이 평정된 후, 포로들을 모두 죽여야 한다는 건의가 있었다. 사마소는 동의하지 않고 "죽이려면 우두머리만 죽인다"는 방침을 세웠다. 그는 명령을 내려 포로로 잡힌 사병을 한 명도 죽이지 말고, 오나라 병사는 오나라로 송환하고 회남 병사들은 인근에 재배치하도록 했다. 죽은 문흠에 대해서도 두 아들에게 장례를 치르도록 허락했으며 거마를 보내 위로했다.

사마소의 이런 행동은 작위적이라고 볼 수도 있다. 하지만 투항한 병졸을 죽이지 않은 것은 어쨌든 좋은 일이다. 제갈탄의 난 이후 조정에서 사마소의 권위는 한층 더 높아졌다. 낙양으로 돌아오고 얼마 지나지 않아 진공(晉公)에 봉해지고 식읍(食邑) 여덟 개 군이 내려졌다.

만약 사마소가 이번 사건의 진압에 실패했다면 사마씨 가족이 오랫동안 일궈온 모든 성과가 일시에 물거품이 되었을 것이다. 그래서 사마소는 황제와 황태후를 대동하여 함께 출정하고 절대적인 병력의 우세로 제갈탄을 격파했다. 그러나 막 한숨 돌리던 사마소에게 또 의외의 사건이 발생했다. 사마소를 더욱 막다른 길로 몰아세우는 일이었다. 왜냐하면 이번엔 상대가 바로 황제 본인이었기 때문이다. 허수아비 황제 조모가 사마소와 결전을 벌이려고 일어섰다. 이것은 어찌된 일일까?

먼저 조모에 대해 말하지 않을 수 없다. 전임 황제 조방과 비교하자면 조모는 두뇌도 명석하고 능력도 있는 인물이다. 예를 들어 그는 『역경』, 『서경』에 흥미가 많아 태학박사 순우준(淳于俊)에게 날카로운 질문을 던져 순우준도 대답하지 못하고 난처했던 적이 있다. 기록에 따르면 조모는 또 화가이기도 했다. 전해지는 그림들은 후대에 높은 평가를 받았다. 당나라 장언원(張彦遠)의 『역대명화기(歷代名畵記)』에서는 "조모의 그림은 위나라에서 가장 수준 높다."라고 평가했다.

조모는 나이는 어리지만 처세에 능했다. 그가 황제에 즉위하려고 외지에서 낙양으로 왔을 때 군신들이 서액문(西掖門)* 남쪽에서 맞이한 일이 있다. 그때 조모는 가마에서 내려 군신들에게 절하여 예를 표하려 했다. 예빈 관원들이 저지하며 "예법에 군주는 신하에게 절하지 않습니다."라고 하자 조모는 "저는 아직 즉위하지 않았으니 지금은 신하입니다."라고 했다. 결국

---

* 궁궐 정문의 양편에 있는 문.

조모는 성문 입구에서 군신들에게 공손하게 예를 표했다. 성에 들어와 황궁에 도착했을 때 문 앞에 수레가 서자 조모는 또 수레에서 내려 걸었다. 예빈 관원이 또 "천자는 수레를 타고 입궁할 자격이 있습니다."라고 하자 그가 말했다. "저는 황태후의 부름을 받아 왔습니다. 아직 무엇을 해야 할지 알지 못합니다."라고 했다. 조모는 태극동당까지 걸어와 태후를 알현했다. 조모는 신중하고 품위 있는 언행으로 조야의 찬사를 받았다. 사서에는 "배석한 백관들이 모두 기뻐했다."라고 기록되어 있다.

특별한 인생 경험과 험준한 정치 형세 때문에 독립성이 강한 조모는 내면이 늘 거친 파도처럼 출렁거렸다. 그는 자신이 허수아비처럼 사마소에게 조종당하는 것을 견딜 수 없었다. 결국 그는 칼을 뽑아 들고 일어났다.

260년 5월 어느 날이었다. 그는 시중 왕침(王沈), 상서 왕경(王經), 산기상시 왕업(王業)을 궁으로 불러 그들에게 자신의 괴로움을 토로하다가 사마소가 조정을 농단한 행위들을 하나하나 따졌다. 조모는 울분을 참지 못하고 고함쳤다. "사마소의 속셈은 행인들도 안다. 나는 다시 수모를 받으며 앉아서 폐출되기만 기다릴 수 없다. 오늘 경들과 직접 나가 그를 토벌해야겠다!"

왕경은 이 말을 듣고 온몸이 떨렸다. 조모가 어떻게 사마소의 상대가 된단 말인가! 사마소와 맞붙는 것은 계란으로 바위를 치는 것과 같다. 그래서 간곡한 말투로 황제를 달랬다. "옛날 춘추 시대 노 소공(昭公)은 실권자 계씨(季氏)의 횡포를 참지 못하고 공격했습니다. 그 결과 패주하여 군주의 자리를 잃고 천하의 웃음거리가 되었습니다. 지금 대권이 사마씨 가족에게 넘어간 지 오래되었고 조정의 상하 도처가 사마씨 측근들입니다. 사람들이 순응의 이치를 저버린 것도 하루아침의 일이 아닙니다. 궁궐의 숙위는 병력도 약소하니 어떻게 폐하가 의지할 수 있겠습니까? 일단 일이 벌어지면 예측하지 못한 화란(禍亂)이 생길 테니 부디 상세히 살펴보십시오." 왕경의 분석은 조모를 진정시키지 못했을 뿐 아니라 더욱 격분하게 했다. 그는 품에서 노란 비단에 쓴 조서를 꺼내 땅에 던지며 외쳤다. "내 뜻은 이미 정해졌다. 일을 그르쳐 죽는다고 해도 무엇이 두려우랴. 하물며 반드시 죽을 일도 아니다!" 조모는 말을 마치고 세 대신이 멍하니 있는 모습을 보자 더 화가 났다. 차라리 그들을 상관하지 않는 게 더 낫겠다고 생각하고 후궁으로 달려가 곽태후에게 인사를 했다. 그리고 궁중 숙위와 시중 수백 명을 이끌고 북을 두드리며 궁을 박차고 나갔다. 조모는 갑옷을 입고 수레에 앉아 보검을 손에 들고 크게 외쳤다. "적을 죽여라!"

왕침, 왕경, 왕업 세 사람은 조모가 정말로 병사들을 이끌고 나가는 것을 보고 놀라 멍하니 서 있었다. 그들은 황제가 미쳤다고 생각했다. 어떻게 사마소와 싸워 이긴단 말인가? 왕침, 왕업은 사마소에게 가서 보고하고 그의 편에 서기로 결정했다. 그들은 왕경에게 같이 가자고 했다. "일이 이미 여기까지 왔으니, 우리 스스로 멸족의 화를 부를 수는 없네. 사마공의 관부에 가서 자수하여 죽음을 면해야 하네. 왕상서도 함께 가세." 왕경은 거절하며 대답했다. "군주에게 우환이 있다면 신하는 치욕을 느껴야 하고, 군주에게 치욕이 있다면 신하는 죽어야 하네. 그대들이나 가게. 나는 가지 않겠네." 왕침과 왕업은 왕경을 설득하지 못하고 얼른 출궁하여 지름길을 달려 사마소에게 알렸다.

그사이 조모는 병마를 이끌고 궁을 나가 사마소의 관부로 갔다. 도중에 입궁하는 사마소의 동생이자 둔기교위인 사마주(司馬伷)를 만났는데 조모는 그를 보자 분노가 치밀어 죽이려 했다. 그러나 곧 자신의 목표가 사마소라는 것을 떠올리고 나중에 처리하기로 했다. 조모가 보검을 휘두르며 사마주를 향해 고함치며 꾸짖자 사마주와 측근들은 황급히 달아났다. 조모는 사마소도 감히 반항하지 못할 것이라 여겨 고무되었다.

이때 사마소는 조모가 궁을 나왔다는 소식을 듣고 즉각 병사를 보내 대응하라고 지시했다. 지휘자는 사마소의 심복인 중호군 가충(賈充)이었다. 황궁 남문에서 가충은 황제 조모를 만났다. 가충은 사마소의 정병을 이끌고 있었는데 무기와 훈련 상태가 우수했다. 조모의 일당을 보니 내시, 환관, 금위군이 뒤섞여 있는데 복장도 제각각이고 시끌벅적하여 완전히 오합지졸이었다.

가충의 앞에 서 있는 사람은 틀림없이 지금의 황제이다. 황권 지상의 시대에 황제의 권위는 두말할 나위도 없다. 더구나 지금 황제 조모는 보검을 들고 휘두르며 "나는 천자다. 누가 감히 나를 막느냐!"라고 소리치고 있다. 몹시 흥분하여 좌우로 마구 검을 휘두르는 모습이었다. 사마소의 부하 장수들은 황제가 직접 싸움에 나선 것을 보고 매우 당황했다. 사람들의 마음속에 황제는 언제나 중후하고 근엄한 존재이지, 누가 이런 장면을 본 적 있겠는가? 모두들 놀라고 두려워 어찌할 바를 몰랐다. 접촉을 피하려고 조심할 뿐 감히 막지 못했다. 조모 수하의 병사들은 황제를 둘러싸고 사마소의 관부를 향해 앞으로 나아갔다.

이때 가충의 심복인 태자사인 성제(成濟)가 급히 가충에게 물었다. "지금 상황이 매우 위급합니다. 어떻게 해야 합니까?" 가충은 주위에 크게 외쳤다. "사마공께서 너희들을 양성한 것은 오늘 같은 날을 위함이다. 오늘의 일을 보면서 어떻게 할 것인지 어찌 물어보느냐?" 괜찮으니 황제를 처분해도 된다는 말로 모두 알아들었다. 그러나 누가 감히 황제에게 칼을 들이대겠는가? 이는 실로 엄청나게 위험한 일이다. 성제는 야심이 있는 인물이었다. 공을 세우고 싶은 마음에 주저 없이 달려들어 창으로 황제를 찔렀다.

조모는 전혀 대비하지 않고 있었다. 승냥이의 담낭을 먹지 않고서야 누가 감히 황제를 찌르겠는가! 생각지도 못한 성제의 긴 창이 앞가슴을 뚫고 들어와 급소를 찌르자 선혈이 뿜어져 나왔다. 조모는 즉사했다. 향년 20세였다. 중국 역사에서 황제가 막후에서 정변을 책동한 일은 적지 않다. 그러나 직접 칼을 들고 싸운 사례는 극히 드물다. 조모는 대성할 그릇이라고 평가받았으나 때를 만나지 못했고 사마소의 눈치만 보며 살다가 더는 참을 수 없어 마침내 극단적인 행동을 했다. 그는 너무 순진했다. "십수 명의 사람과 일고여덟 자루의 창"으로 어떻게 지모가 넘치는 사마소와 대항하겠는가? 나방이 불에 뛰어든 것처럼 파멸을 자초한 사건이었다.

三

책임감과 심지가 남다른 황제 조모가 죽었다. 사마소는 어떻게 이 상황을 수습해야 할까?

전체 사건의 국면으로 보자면 사마소는 등장하지 않았다. 이 사건과 무관해 보인다. 오직 측근 가충만이 은밀한 내막을 알 수 있다. 조모가 피살되었다는 소식이 전해지자 사마소가 조정에 가장 먼저 나타났다. 그는 소식을 듣고 "크게 놀라 땅에 몸을 던졌다"고 한다. 몹시 비통했다는 의미이다. 사마소의 이런 행동은 어떻게 이해해야 할까? 두 가지 가능성이 있다.

첫째는 정말로 두려워한 것이다. 그가 조위 정권을 교체하려 한다는 여론은 진작에 널리 퍼졌다. 조모의 죽음은 사마소의 소행이라고 많은 사람들이 생각했다. 그의 흉악한 야심이 피비린내 나는 현실이 되었다. 사마소가 아무리 지략이 뛰어나다지만 이런 파렴치한 짓을 하다니! 천하가 손가락질할 생각에 사마소는 두려움과 불안감을 느꼈을 것이다.

둘째는 작위적인 행동이다. 사마소는 이미 이런 일이 벌어질 줄 예상했다. 만약 조모가 난을 일으킨다면 그를 죽이려고 했다. 눈엣가시인 조모만 제거하면 조위를 교체하고 즉위할 수 있다. "크게 놀라 땅에 몸을 던졌다"는 행동은 완전히 사람들에게 보여주려는 의도였을 것이다.

이어서 궁으로 달려온 사람은 사마의의 동생이자 사마소의 숙부 사마부였다. 그는 사마씨 집안이 조정을 농단하는 것에 찬성하지 않았고 조방이 폐위될 때 전송도 했다. 눈물을 흘리며 쫓겨나는 황제를 동정했다. 사마부는 이번에도 궁에 들어와 황제의 시신을 어루만지며 통곡했다. 그는 울면서 "폐하가 살해된 것은 신의 죄입니다!"라고 울부짖었다. 나는 사마부의 이런 행동이 진심이라고 생각한다. 그가 보기에 사마씨 가문은 조정에 사죄할 일이 많았던 것이다. 그는 양심의 가책을 느낄 줄 아는 사람이었다.

조모의 후사는 어떻게 처리하며 새로운 황제는 누구를 세울 것인가?

사마소는 조위의 노신 상서좌복야 진태(陳泰)에게 좋은 방안을 제시해달라고 부탁했다. 진태는 자가 현백(玄伯)으로 조정에서 명망이 높았고 그의 발언은 영향력이 있었다. 사마소의 요청에 진태는 아무 대답도 하지 않다가 사마소가 외숙과 제자를 통해 계속 부탁하자 겨우 만나주었다.

사마소가 진태를 만나 물었던 첫마디는 이것이었다. "현백, 경은 나를 어떻게 처분하겠소?" 사마소는 조모가 피살된 후 자신의 이미지가 정말 걱정되었던 것 같다. 진태는 냉정하게 대답했다. "오직 가충을 참수해야만 천하에 조금 사죄가 될 뿐이오." 진태의 이 말은 부드러우면서도 날카로웠다.

황제가 어떻게 죽었는지 사마소 네가 가장 잘 알 테니 더는 말하지 않겠다. 아직도 조정에 발을 붙이고 싶은가? 좋다. 그렇다면 너의 오른팔 가충을 죽여라. 그래야 천하에 조금 사죄하는 셈이다.

가충을 죽이다니! 사마소에게는 너무 어려운 문제였다. 그는 사마소의 심복이었고 두뇌 회전도 빨랐다. 사마소는 가충을 버릴 수 없었다. 그는 한참 말하지 못하고 신음하다가 진태에게 작은 소리로 물었다. "다른 사람을 죽이면 안 되겠소?"

진태는 단호하게 대답했다. "그 위로는 되지만 아래로는 불가하오." 황제의 죽음은 중대한 사안이다. 죽이려면 고관을 죽여야 한다. 그렇지 않으면 수습되지 않는다. 사마소는 진태가 물러나지 않는 것을 보고 강경하게 이 사건을 수습하기로 결정했다. 이에 큰 소리로 선포했다. "성제가 군주를 시해했으니 죄악이 지극히 크다. 응당 구족을 주멸해야 한다."

그때 성제는 사마소의 옆에 서 있었다. 아마도 자신이 어떤 포상을 받을 것이라고 생각했을 것이다. 그러나 놀랍게도 그를 기다린 것은 이런 결과였다. 그는 황급히 소리쳤다. "소인 성제는 명을 받아 일을 행했을 뿐 죄가 없습니다." 사마소는 성제의 입에서 더 험한 말이 나오기 전에 그를 데려가라고 눈짓했다. 병사들이 달려가 성제를 포박하고 데려갔다. 성제는 원래 공을 세우고 싶었던 것인데 오히려 희생양이 되었다. 정치 투쟁은 참으로 잔혹하다.

조모를 살해한 흉악범을 처벌했으니 다음은 조모의 장례를 치를 차례이다. 특별한 의식 없이 간단하게 매장했다. 백성들은 황제가 이렇게 대충 매장되는 것을 보고 마음이 편안하지 않았다. 얼굴을 가리고 슬프게 우는 사람도 있었다. 조모는 황제의 시호가 내려지지 않고 예전에 고귀향공을 봉받은 전력에 따라 매장될 때도 고귀향공이라고 칭했다.

　사마소는 살육의 방법까지 동원하여 조모를 제거하고 대권을 독점했다. 황제의 보좌에 한층 더 가까이 갔다. 원만하게 조위 정권을 교체하기 위해 그는 또 허수아비 황제를 세웠다. 그뿐 아니라 자신의 정치적 능력을 다시 한번 과시했다. 사람들은 이제 똑똑히 알 것이다. "사마소의 속셈은 행인들도 안다."라는 말이 있지만, 사마소의 능력도 천하제일이라고.

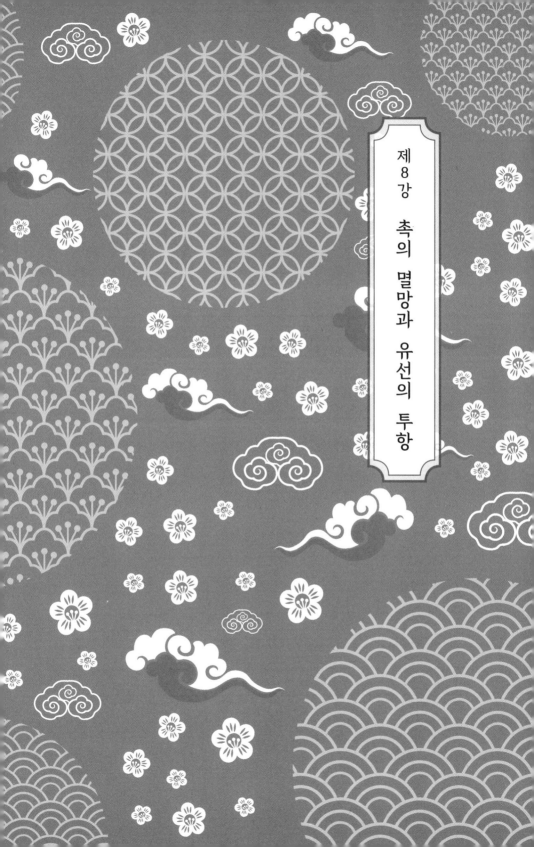

제8강

촉의 멸망과
유선의 투항

—

　감로 5년(260) 정월, 20세의 황제 조모는 사마소의 통제를 견디지 못하고 직접 병사를 이끌고 사마소를 토벌하려다 죽임을 당했다. 6월, 조정은 새로운 황제의 즉위식을 거행했다. 이 사람이 바로 15세의 위 원제 조환(曹奐)이다. 조환은 조조의 손자 연왕 조우(曹宇)의 아들이자 조위 왕조의 마지막 황제가 되었다. 두 전임 황제의 불행한 퇴장(조방은 폐위, 조모는 피살)을 통해 조환은 자신도 결국 어떻게 될지 모른다는 것을 잘 알고 있었다. 그러나 조씨 가문의 시운이 아직 다하지 않아 조환이 또 힘겹게 이 자리를 이었다.

　조환은 황제에 오른 후 사마소를 상국에 임명하고 진공에 봉하고 구석을 더하여 극진히 그를 대접했다. 그러나 사마소는 이런 일에 관심이 없었다. 조모의 죽음으로 그는 조야의 논쟁거리가 되었고 만약 이런 작위를 받는다면 더욱 대중의 표적이 될 것이다. 사마소는 표면적인 작위보다 수중의 실제 권력에 더 관심이 컸다. 그는 지금 특별히 하고 싶은 큰일이 있다. 조정에 자신의 명망과 권위를 넓힐 수 있는 일이며 조위를 교체하기 위한 기초를 다지는 일이었다. 바로 촉을 무너뜨리고 서남쪽을 통일하는 사업이다.

사마소는 왜 촉과의 전쟁을 발동하려고 했을까? 그는 필승 전략이 있었을까?

사실 사마소의 전략은 '지피지기(知彼知己)'의 기초 위에 건립되었다. 유비가 제갈량의 협조하에 촉 지역을 점령한 후 북벌은 중요한 전략 목표가 되었기 때문에 촉과 위는 해마다 전쟁을 치렀다. 제갈량은 「출사표」에서 "한나라 황실과 위나라 역적은 양립할 수 없고 왕업은 천하의 구석에서 안주할 수 없습니다."라고 명확하게 밝힌 바 있다. 제갈량은 생전에 수차례 북벌을 감행했고 위나라는 계속 피동적인 입장에서 침공을 막아냈다. 그러나 제갈량이 죽은 후 촉의 형세에 중대한 변화가 발생했다. 크게 다음과 같은 두 가지 부분이다.

첫째, 조정에 우수한 인재가 없었다. 아두 황제 유선(劉禪)의 집정 능력이 떨어지는 것은 차치하고서라도 문무 대신 대부분이 무사안일에 빠진 사람들이라 제갈량의 시대와는 크게 달랐다. 촉한 후기는 특히 환관이 조정을 장악하면서 정치가 날로 부패했다.

둘째, 강유(姜維)의 고군분투이다. 강유는 제갈량의 사업을 계승한 군사가였다. 그는 촉한 후기 북벌에 주력하면서 집정 기간 동안 아홉 번 북벌을 감행했다. 이를 '구벌중원(九伐中原)'이라고 한다. 해마다 이어진 전쟁은 촉의 인력과 물자를 대량 소모시켰고 국가 재정을 빈약하게 만들었다. 당시 오는 대부 설후(薛珝)를 촉에 사신으로 파견한 적이있는데 그가 돌아오자 황제 손휴(孫休)가 물었다. "그대는 촉의 정치를 어떻게 평가하오?" 설후가 대답했다. "조정에 들어선 후 올바른 말을 들은 적이 없으며 민간을 지나며 보면 백성들의 얼굴이 모두 시든 풀빛이었습니다." 계속 말을 이었다. "이와 같음에도 촉한의 군신들은 여전히 취생몽사(醉生夢死)에 빠져 있어 마치 제비, 참새가 처마 밑에 둥지를 지어놓고 언제 위험이 닥칠지 모르는 것과 같았습니다."

촉의 극빈 상황과 비교해볼 때 위는 경제 발전이 빠르고 국력이 강성했다. 인구를 보아도 당시 위의 호적 인구는 433만인데 비해 촉의 인구는 100만을 넘지 못했다. 위의 총체적인 국력은 촉을 훨씬 상회했다.

비록 촉의 국력이 날로 쇠퇴하고 있었지만 촉도 우세한 점이 있었다. 그것은 촉으로 진입하는 길이 매우 험준하다는 점이었다. 공격은 어렵지만 방어하기는 용이하다. 위는 군사력의 우위는 있었지만 효과적인 전술 전략이 없었기 때문에 촉을 정복하기 어려웠다.

사마소는 촉을 정벌하기로 결심했다. 그는 냉정하고 거시적으로 상황을 분석한 후 주도면밀하게 전술을 짰다. 경원 3년(262) 겨울, 그는 조정 회의를 소집하여 대신들에게 작전 방안을 설명했다.

> 회남 제갈탄의 반란을 평정한 이후, 평온하게 휴양생식한 지 6년입니다. 오와 촉을 무찔러 멸망시킬 시기가 무르익었습니다. 지금 오나라를 공격한다면 대량의 전선(戰船)을 준비해야 하기 때문에 인적·물적 자원의 소모가 크고, 게다가 남방은 지세가 습하여 질병에 전염되기 쉽습니다. 그래서 상책은 먼저 파촉을 평정하는 것입니다.

사마소는 계속 말했다.

촉의 총병력은 9만여 명입니다. 그중 성도(成都)와 기타 지역에 남아 지키는 인원이 대략 4만여 명이고, 나머지 5만여 명은 강유가 통솔합니다. 강유의 군대를 답중(沓中)에 묶어두어 한중(漢中)을 돕지 못하게 만들고, 우리는 허를 찔러 낙곡으로 진격하여 한중을 공격하려 합니다. 만약 그들이 험요(險要)한 지역에서만 방어한다면 부대가 분산되어 틀림없이 서로 호응하지 못할 것입니다. 이렇게 되면 우리는 일거에 한중과 검각(劍閣)을 함락할 수 있습니다. 촉의 황제 유선의 아둔함을 고려할 때, 일단 변경의 도시가 무너지면 그들 내부는 틀림없이 자중지란에 빠집니다. 이때가 바로 그들의 멸망의 순간입니다.

국면에 대한 사마소의 분석은 현실적이었고 설득력이 있었다.

첫째, 먼저 촉을 멸망시킨 후에 오를 공격하는 것은 쉬운 것을 먼저 하고 어려운 것을 나중에 하는 것이니 실제 상황에도 부합하고 정확한 방안이다.

둘째, 강유를 묶어둘 수 있으면 전체 국면을 장악할 수 있다. 강유는 촉에서 가장 유능한 장수이다. 그가 이끄는 군대는 촉의 주력 부대이며 성도에서 멀리 떨어져 있다. 그를 묶어둘 수 있다면 전쟁의 주도권을 쥘 수 있다.

셋째, 성도를 기습하여 수도를 함락하고 유선을 사로잡으면 전쟁은 성공적으로 마무리된다.

촉한 침공을 준비하는 전략으로 볼 때 그의 전쟁 능력이나 지모와 책략은 대단히 높은 수준이다. 군사와 진영을 배치하는 능력이 뛰어난 것은 부친 사마의의 유풍인 것 같다. 대신들은 처음에는 촉을 공격한다는 말을 듣고 대다수가 그의 의견에 동의하지 않았지만 사마소의 분석과 전략을 듣고 탄복하여 더 말하는 자가 없었다.

촉과의 전쟁을 일거에 성공시키기 위해 사마소는 두 가지 안전장치를 만들었다.

첫째, 성동격서의 수법으로 오를 헷갈리게 만드는 것이다. 촉이 공격을 받으면 오가 병력을 보내 원조할 수 있다. 이렇게 되면 전쟁에서 승리하기가 어려워진다. 그래서 "청주, 서주, 연주, 예주, 형주에서는 배를 만들라."라고 명령을 내렸다. 그리고 대장 당자(唐咨)에게 해선(海船)을 만들고 동오 진공을 선언하게 했다. 이 모든 것은 오나라에 보여주는 행동이었다. 위나라가 공격할 수 있으니 함부로 출병하여 촉을 지원하지 말라는 암시였다.

둘째, 병력의 우세를 집중시켜 속공으로 촉군을 무너뜨린다. 사마소는 18만 병력을 출동시키는데 이는 거의 촉군의 두 배였다. 그 목적은 속전속결에 있었다.

사마소의 주도면밀한 성격과 출중한 군대 지휘 능력을 보여주는 대목이다.

二

경원 4년(263) 9월, 위나라의 공격이 시작되었다. 사마소는 병력을 세 개의 노선으로 나누어 행동을 개시했다.

제1로. 정서장군 등애가 3만 명을 인솔하여 적도(狄道, 지금의 감숙성 임조臨洮)를 지나 답중을 향해 남진한다. 임무는 강유를 견제하여 한중을 지원하지 못하게 하는 것이다. 등애는 산전수전을 겪으면서 전공을 많이 세운 조위의 노장이다. 사마소가 그를 신뢰하여 강유의 부대를 맡긴 것은 탁월한 선택이다.

제2로. 옹주자사 제갈서(諸葛緖)가 3만 명을 인솔한다. 임무는 등애와 협력하여 강유의 후방을 차단하는 것이다. 제갈서는 조정의 노신으로 사마소가 안심할 수 있는 인물이다.

제3로. 진서장군 종회(鍾會)가 주력 부대 10여만 명을 인솔하여 포야곡, 당락곡, 자오곡으로 나뉘어 한중으로 진공한다. 세 노선의 부대 중 가장 중요하며 촉을 무너뜨리는 관건이다.

종회는 자가 사계(士季)이며 대부 종요의 아들이다. 재능이 출중하고 문무를 겸비했는데 특히 탁월한 책략을 잘 냈다. 관구검, 제갈탄의 반란을 토벌할 때도 여러 번 뛰어난 책략을 내어 사람들이 서한의 모사 장량(張良)에 비교하기도 했다. 그는 조모가 권력을 탈취하려 시도할 때에도 사마소에게 의견을 올려 인정을 받고 사마소의 중요한 측근이 되었다. 사마소가 촉한 정벌을 준비할 때 수많은 사람들이 반대했지만 종회는 굳건한 지지자였다. 그러나 종회는 거만하여 남을 무시하고 분에 넘치는 행동을 자주 했다. 이번에 사마소가 그에게 중임을 맡기자 이를 걱정하는 사람도 있었다. 사마소의 측근 소제(邵悌)가 지적했다. "이처럼 종회를 중용하여 단독으로 10만 명을 이끌고 촉을 공격하게 하면, 종회는 성품이 기고만장한지라 혼자 대권을 차지하려 할까 걱정입니다." 사마소가 그 말을 듣더니 웃으며 대답했다.

종회의 사람됨은 나도 알고 있지만 지금 급한 일은 촉을 멸망시키는 것이다. 조정 대신들은 모두 출병을 불가하다고 여겼는데, 이는 그들이 겁약하고 소심하기 때문이다. 오직 종회만 나를 지지했다. 그가 자신감과 용기가 있기 때문이다. 종회는 반드시 성공할 것이다. 그대가 말한 상황은 촉이 멸망한 이후에나 가능하다. 그리고 두려워할 것도 없다. 만약 종회가 촉을 멸한 후에 정말로 모반을 한다고 해도 우선 촉에서 그를 지지하지 않을 것이다. 촉나라 사람들은 막 나라를 잃고 마음이 황망하여 그를 이해하지 못할 것이다. 그리고 촉이 망하면 위군의 장병들은 빨리 집으로 돌아가 가족들과 만나길 간절히 바랄 것인데 누가 함께 모반을 하겠는가? 종회가 진정 모반을 한다면 멸족의 길을 스스로 취하는 것이니 그대는 두려워할 것 없다. 그러나 오늘 우리 두 사람이 말한 바는 절대 누설해서는 안 된다!

사마소는 종회를 비롯한 부하들의 성격과 심리 상태를 정확하게 파악하고 있었다. 종회가 비록 그의 측근이긴 했지만 완전히 신임하지는 않았다. 항상 대비하는 바가 있었고 마음 깊숙이 염두에 두고 있었으나 말하지는 않았다. 이는 성숙한 정치가의 지혜라고 할 수 있을 것이다.

위나라의 군사 행동은 계획대로 시작되었다.

등애와 제갈서가 인솔하는 군대는 각각 나뉘어 답중 지역의 강유 부대를 향해 진격했다. 사마소의 원래 계획은 등애와 제갈서가 강유의 주력 부대를 묶어 한중이나 검각으로 돌아가지 못하게 하는 것이었다. 그곳은 촉으로 갈 때 반드시 거쳐야 하는 곳이기 때문에 만약 강유가 지킨다면 공격이 대단히 어려워지기 때문이다. 강유는 과연 위군의 진군 의도를 알아차리고 성동격서의 수법을 취해 의도적으로 옹주(雍州, 지금의 섬서성 봉상鳳

翔)를 공격하는 척했다. 제갈서가 이에 속아 병력을 이끌고 옹주로 갔는데 강유는 이 틈을 타 전군을 이끌고 제갈서가 지키던 음평교(陰平橋, 지금의 감숙성 문현文縣)를 지나 신속하게 검각으로 이동했다. 강유를 묶어두려던 위군의 계획이 수포로 돌아갔다. 진공 작전의 어려움이 커졌다.

이때 진서장군 종회가 이끄는 12만 대군이 순조롭게 한중을 함락하고 촉으로 들어가는 관문인 양안(陽安)을 탈취했다. 이어 남하하여 험준한 검각을 향했는데 기세가 드높았다.

검각은 가릉강(嘉陵江)과 용근산(龍斤山) 사이에 있었다. 검처럼 뾰족한 크고 작은 산봉우리가 이어져 촉을 막는 거대한 벽이자, 한중에서 촉으로 들어갈 때 반드시 거쳐야 하는 관문이었다. 수풀처럼 둘러쳐진 산들과 천 길 절벽 속에 위치하고 있기 때문에 "한 명이 막고 있으면 만 명이 지나가지 못한다(一夫當關, 萬夫莫過)."라는 말도 있다.

험준한 지형 때문에 검각은 촉, 위 양군이 반드시 차지해야 하는 곳이 되었다. 강유는 진군 도중에 촉의 증원 부대와 합류하여 함께 검각에 도착했다. 지세가 험준한 곳을 찾아 진을 치고 위군과의 전투를 준비했다.

강유의 뒤를 이어 종회와 등애도 군대를 이끌고 도착했다. 곧바로 치열한 검각 쟁탈전이 벌어졌다. 강유의 군대가 지형을 이용하여 완강히 저항하자, 종회가 누차 공격했으나 효과가 없었다. 쌍방은 한 달 가까이 교전했다. 이때 위군은 군량 수송에 어려움이 생겨 공격에 차질이 생겼다. 심지어 철군할 생각도 했다. 그러나 등애가 절대 철수하지 않겠다고 고집했다. 검각을 돌아 지름길로 강유(江油)를 거쳐 성도를 공략하겠다고 사마소에게 건의했다. 『삼국지·위서·등애전』 기록을 보면 등애가 글을 올려 말했다. "촉군이 이미 좌절을 맛보았기 때문에 지금 우리는 승세를 몰아 전진해

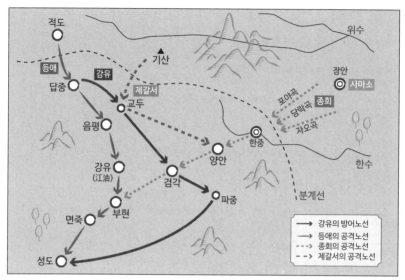

진의 촉 정벌 경로

야 합니다. 음평(陰平)에서 출발하여 덕양정(德陽亭)을 따라 부현(涪縣, 지금의 사천성 면양綿陽)으로 가야 합니다. 이곳은 검각에서 100여 리이고 성도에서는 300여 리입니다. 여기서 내지를 기습 공격하면 검각 수비군은 퇴군하게 되고 부현의 병력도 줄어들어 우리는 부현을 격파할 수 있습니다." 등애는 또 『손자병법』을 인용하여 말했다. "병법에 '방비가 없는 곳을 공략하고, 생각하지 못한 곳에 군사를 낸다.'라고 했습니다. 지금 빈 곳을 습격하면 반드시 무너뜨릴 수 있습니다."

등애가 말한 음평에서 부현으로 가는 길은 음평 소도(小道)이다. 이 길로 숭산(崇山)의 험한 산봉우리를 넘어야 강유, 부현에 도착한다. 여기서 다시 남쪽으로 가면 평원이 나오고 그 후엔 순조롭게 성도로 갈 수 있다.

등애가 선택한 이 길은 아무도 지나간 적 없는 험로이다. 『삼국지』에는

"사람이 없는 길 700여 리를 행군하며, 산을 뚫어 길을 내고 잔도를 만들었다. 산은 높고 골짜기는 깊어 매우 위험했다."라고 기록되어 있다. 이때 등애는 이미 67세였으나, 사졸보다 앞서 걸었으며 사력을 다해 절벽을 기어올랐다. 험한 비탈을 만나면 담요로 몸을 싸고 굴러 내려왔다. 그의 지휘 아래 병사들은 위험을 무릅쓰고 수목과 절벽을 기어오르며 조심조심 전진해 결국 강유에 도달했다. 강유를 지키던 촉장 마막(馬邈)은 위군이 검각을 통하지 않고 올 줄은 생각지도 못했다. 하늘에서 떨어진 것이나 다름없었다. 마막은 자신은 상대가 안 된다고 생각하고 곧바로 투항했다.

이어서 위군은 부현 방면으로 진군하여 면죽(綿竹, 지금 면양綿陽의 서남쪽)에 도달했을 때 강렬한 저항을 만났다. 제갈량의 아들 제갈첨(諸葛瞻)이 지휘하는 부대였다. 등애는 사람을 보내 투항을 권하는 편지를 전했다. "투항한다면 그대를 낭야왕에 봉하도록 청하겠다." 그러나 제갈첨은 대로(大怒)하며 사자를 참수하여 결사 항전의 태도를 보였다.

제갈첨의 태도는 결연했으나 그들의 전투력은 위군에 크게 미치지 못했다. 게다가 제갈첨이 험요한 곳을 점거하자는 부하의 건의를 묵살하는 바람에, 위군은 결국 면죽을 함락했다. 제갈첨은 전사했다. 그의 아들 제갈상은 열몇 살의 나이였으나 분기탱천하여 말을 타고 위군 진영에 뛰어들어 싸우다 죽었다.

제갈량, 제갈첨, 제갈상 3대는 촉을 위해 몸을 바쳤다. 충렬이 넘치는 가문이다.

위군이 함락한 면죽은 성도에서 200리가 채 되지 않는다. 이때 성도는 이미 아수라장이었고 촉의 관원들은 대경실색하여 어찌할 바를 모르는 상황이었다. 촉의 황제 유선은 군신 회의를 소집했다. 대신들의 의견은 제각각 중구난방이었다. 어떤 이는 촉과 오가 맹방이니 오로 투항해야 한다고 하고 어떤 이는 남중(南中, 지금의 운남, 귀주, 사천의 교차 지역 일대) 지역의 7개 군은 면적도 크고 지세도 험하여 방어가 쉬우니 남중으로 피난해야 한다고 주장했다.

광록대부 초주(譙周)가 말했다.

> 자고로 타국에 기탁한 천자는 없었습니다. 오에 간다면 오의 신하가 될 뿐입니다. 형세로 보아 오 역시 위에 망할 것입니다. 어차피 신하가 된다면 소국의 신하가 되느니 대국의 신하가 되는 게 낫습니다. 거듭 수모를 겪지도 않을 것입니다. 그리고 남쪽으로 피한다고 해도 미리 준비를 했어야 합니다. 지금 적의 대군이 가까이 있어 민심이 불안한데 간신과 소인 들은 예측하기 어려워 아마도 피난 첫날에 난을 일으키는 자가 나올 테니 남중에는 도착하지도 못할 것입니다.

누군가가 "지금 위군이 성도에 가까이 접근했는데 우리의 항복을 받아주지 않으면 어떻게 해야 합니까?"라고 물었다. 초주가 대답했다. "지금 오가 위에 항복하지 않고 있기 때문에 우리의 항복을 받지 않을 수 없으며, 예우는 할 것입니다." 군신들은 대부분 초주의 의견에 찬성했는데 오직 유선이 주저하며 남중으로 가려고 했다. 초주가 다시 상소를 올려 말했다. "남방의 오랑캐 지역은 원래 부세와 요역도 없었는데 자주 반란을 일으켰습니다. 제갈량 승상이 무력으로 굴복시킨 후에야 조정에 복종했습니다. 지금 남중으로 간다면 밖으로는 강적을 방어하면서 안으로는 조정의 각종 지출을 감당해야 합니다. 별도의 수입원 없이 오랑캐들의 부담에 의존한다면 그들은 반드시 반란을 일으킬 것입니다."

초주의 분석은 이치에 맞았고 많은 대신들이 유선에게 투항을 권했다. 유선은 망설이다가 결국 시중 장소(張紹)를 보내 자신의 옥새를 바치고 등애에게 투항하기로 결정했다.

유선이 투항하기로 하자 그의 아들 유심(劉諶)이 결연히 반대했다. 그는 분노하며 말했다. "대책이 없고 막을 힘이 없어 화가 닥치더라도 응당 부자, 군신이 배수진을 치고 싸우다 죽어야 돌아가신 선제를 뵐 수 있습니다. 어찌하여 투항을 한단 말입니까?" 유선이 듣지 않자 유심은 크게 실망했다. 촉의 멸망을 보고 싶지 않아 선조의 사당에 달려가 크게 통곡하고 자살했다.

촉의 사신 장소가 성을 나가 등애를 만나, 유선을 대신해 위에 항복했다. 등애가 크게 기뻐하며 환영을 표했다.

유선의 항복을 어떻게 평가해야 할까? 절개의 관점으로 보자면 유선은 저항도 못했으니 실로 비겁하고 무능하며 비난을 받아 마땅하다. 그러나 촉은 약소국이다. 근본적으로 위의 적수가 되지 않는다. 만약 결사 항전을 했다면 엄청난 손실을 입었을 것이며 자칫하면 도성(屠城)˙을 당할 수도 있다. 죽임을 당하는 것은 무고한 백성들이다. 이렇게 볼 때 투항은 어쩔 수 없는 행동이고, 그나마 현명한 선택인 셈이다.

비록 유선은 항복을 결정했지만 강유는 아직 군사를 이끌고 검각에서 종회의 10여 만 대군을 방어하고 있었다. 강유는 면죽의 함락 소식을 듣고

˙ 성을 함락하고 성내 모든 사람들을 살육하는 것.

위군이 배후에서 공격할까 염려하던 차에 황제 유선이 남중으로 퇴주하려 한다는 것을 알았다. 그래서 동쪽으로 파중(巴中)으로 우회하여 성도로 진군했다. 이때 강유에게 투항을 명하는 조정의 조령이 도착했다. 촉의 장수들은 투항 명령을 받고 매우 격분하여 칼을 뽑아 마구 휘둘렀으나 이미 대세가 기운 뒤였다. 결국 굴욕적으로 무기를 내려놓을 수밖에 없었다.

얼마 후 등애가 군대를 이끌고 성도성 북문에 도착했다. 유선은 태자와 여러 왕들, 군신 등 60여 명을 이끌고 옛 군왕 항복 의식에 따라 위에 항복했다. 손을 뒤로 묶고 관을 끌며 등애 앞으로 왔다. 등애는 앞으로 나가 결박을 풀어주고 관을 불태우라고 명했다. 항복을 접수한 것이다. 이로써 건국 43년 만에 촉한 정권은 결국 멸망했다.

위가 촉을 멸한 것은 중국 고대사의 일대 사건이다. 이 전쟁은 삼국정립의 국면이 해체되기 시작했음을 표명한다. 위는 촉을 멸하고 전국 통일을 향해 한 걸음 더 나아갔다. 사마소는 이번 전쟁을 통해 자신의 걸출한 군사적 능력과 정치적 지략을 보여주었다. 이런 점에서 볼 때 그는 중국사에 큰 공헌을 했다. 물론 등애를 비롯한 다른 장수들도 마찬가지이다.

三

위가 촉을 멸망시킨 후 또 한 번 큰 사건이 일어났다. 사마소는 이번 사건에서 엄중한 실책을 범해 충신을 잘못 죽였다. 어떻게 된 일일까?

당초 촉을 멸한 두 장수 등애와 종회가 모두 잘못을 저질렀다.

문제를 일으킨 근원은 종회이다. 종회는 거만하고 정치적 야심이 있는 데다가 질투심도 강했다. 촉으로 출정하기 전에 어떤 이가 사마소에게 종회를 중용하면 안 된다고 권고했는데 사마소도 종회의 사람됨을 알았기 때문에 이를 염두에 두고 있었다.

사건의 경과는 다음과 같다. 전쟁이 시작된 후, 종회는 병력을 이끌고 한중을 함락하여 순조로운 서막을 열었다. 종회는 스스로 만족스러웠으나 뜻밖에도 등애의 부대가 검각을 돌아 험준한 음평 소로로 성도에 도달해 유선을 항복시켰다. 등애가 이번 전쟁에서 가장 뛰어난 공적을 세우고 명실상부한 일등 공신이 된 것이다. 등애가 빼어난 활약을 펼치자 도량이 좁은 종회는 이에 자극을 받아 등애를 모함하려는 마음이 생겼다. 게다가 성도는 낙양에서 멀리 떨어져 있기 때문에 독립 왕국을 만들어 왕이 되기에는 천혜의 조건이었다. 그래서 종회는 조정을 벗어나 자신의 천하를 만들기로 했다.

종회의 야심을 촉의 장수 강유가 꿰뚫어 보았다. 그는 종회에게 모반을 일으키게 한 후 적당한 기회에 권력을 탈취하려 했다. 이에 종회를 찾아가 말했다. "경은 회남의 전역(戰役) 이래 주도면밀한 계책으로 누차 전공을 세우셨다고 들었습니다. 지금 또 촉을 평정하시니 위엄과 성덕이 세상을 덮으시고 백성들은 경의 공로를 칭송하지 않는 이가 없습니다." 과한 칭찬에 종회는 몹시 기분이 좋았다. 강유는 화제를 바꿔 이렇게 말했다. "경은 공로가 혁혁하시지만 공이 높으면 군주를 두렵게 한다는 말을 아십니까? 지금 주상(사마소)이 경의 지략을 두려워하는데 경이 무사할 수 있겠습니까?" 이 말에 종회는 말문이 막혔다. 어떻게 해야 하나? 강유는 계속 말했다. "옛날 도주공 범려가 용감히 물러나 강에서 배를 타며 시비를 벗어나 자신을 보전했던 일을 경께서는 어찌 본받지 않으십니까?" 종회는 이런 말에 전혀 관심이 없었다. 그는 천하 대사를 논하고 싶은 야심만만한 인물이었다. "그대의 말은 너무 멀리 갔소. 나는 지금 천하를 떠나고 싶지 않소." 강유는 종회의 반골 기질을 알아차리고 말했다. "좋습니다. 나머지 일은 경의 지혜와 능력에 맡기겠습니다. 길게 말할 필요 없겠습니다."

종회는 어떻게 자신의 계획을 실행했을까?

우선 등애를 모함했다. 종회는 등애가 자신의 모반에 장애가 된다고 보고 사마소에게 편지를 썼다. 등애의 행동이 도를 벗어났으며 모반의 뜻이 있다는 내용이었다. 그리고 등애의 약점을 잡아 그를 제거하기로 했다. 종회는 글씨를 잘 썼는데(부친 종요는 저명한 서예가였다) 특히 타인의 글씨체를 모사하는 데에 뛰어났다. 어느 날 그는 등애가 사마소에게 보내는 편지를 가로챘다. 등애는 편지에서 촉의 뒷일을 어떻게 처리했는지 설명했는데 종회는 자신의 특기를 발휘하여 그 속의 내용을 거칠고 무례한 언사로 고쳤다. 사마소는 편지를 본 후 등애가 모반을 한다고 생각하고 등애를 잡아 낙양으로 압송하라고 명했다. 압송 도중에 등애는 호송을 맡은 감군 위관(衛瓘)에 의해 살해되었다.

등애는 위의 노신으로 197년에 태어났으니 사마소보다 열네 살 많았다. 일찍이 235년 사마의가 태위일 때, 양회(兩淮, 회동과 회서를 말함)의 둔전을 건의하고 넓은 수로를 뚫어 큰 칭찬을 받았다. 후에 또 진서장군에 임명되어 강유의 북벌을 제지했다. 이렇게 공로가 탁월하고 덕망과 관록이 높은 노신이기에 사마소도 평소 그를 존경했다. 그런데 어떻게 종회의 악의에 찬 무고를 진실이라고 믿었을까?

"깨지지 않은 계란에는 파리가 꼬이지 않다."라는 속담이 있다. 등애의 실수가 종회에게 빌미를 제공했다.

사실 등애는 이번 정벌에서 가장 큰 공을 세웠지만 성도에 진입한 후에는 거만하게 행동했다. 성공에 대한 자만심이 지나쳐 중대한 실수를 범한 것이다.

그의 실수는 주로 황제를 대행해 관직을 수여하는 일에서 벌어졌다. 촉이 멸망한 후 등애는 독단적으로 황제 명의의 인사를 대거 비준했다. 유선은 표기장군에, 태자는 봉거도위에, 여러 왕들은 부마도위에 임명했고 여러 대신들도 지위 고하에 따라 혹은 조정의 관원으로 임명하고, 혹은 자신의 수하 직무를 맡게 했다.

등애는 왜 이렇게 했을까? 아마도 두 가지 원인이 있을 것이다. 첫째, 낙양은 성도에서 멀기 때문에 서신 왕래로 지시를 전달받기엔 번거롭다. 그리고 촉의 관원이 빨리 확정되어야 민심이 조기에 회복된다. 등애는 이곳의 사회 안정을 위해 독단적으로 처리했을 것이다. 둘째, 그는 사마씨의 노신이었고 예전 사마의와 보통 관계가 아니었다. 게다가 촉을 멸하는 데에 일등 공신이니 관원을 임명하는 정도는 큰일이 아니라고 생각했을 수도 있다.

그 외에도 등애는 종종 자신이 얼마나 대단한지 과시하며 우쭐거렸다. 촉의 사대부들에게 "너희들은 다행히도 나를 만났기에 오늘이 있는 것이다. 만약 후한의 오한(吳漢) 같은 사람이었으면 벌써 너희들을 죽였을 것이다."라고 말하기도 했다.(『삼국지·위서·등애전』)

등애의 독단과 자만은 분명히 잘못된 행동이지만, 본질적으로 그는 조정의 충신이고 반역의 마음을 품지 않았다. 그러나 시기 질투가 강한 종회를 만나 무고를 받고 해를 입었다. 등애의 행동은 종회의 무고가 먹혀들게 된 근거가 되었고, 자신을 보는 사마소의 시각을 바꿔놓았다.

등애의 불행한 운명은 의외의 사고에서 비롯되었다. 종회가 등애를 무고한 후, 공교롭게 등애도 이때 사마소에게 글을 올려 촉의 처리 문제를 논했다.

> 촉의 민심을 안정시키기 위해 일단 유선을 낙양으로 보내는 문제
> 를 보류해주시길 바랍니다. 또 유선을 부풍왕에 봉하고 재물을 하
> 사하여 사용하게 하고 그 자손들을 공후로 봉해주시길 건의합니
> 다. 아울러 병사 수만 명을 남겨 전선을 만들고 오나라 공격을 준
> 비할 수 있기를 바랍니다.

편지의 내용은 타당한 의견이었으나 사마소는 불쾌했다. 말이 너무 많았
고 모든 일을 자신의 의견대로 처리하자는 주장이었다. 게다가 종회의 무고
로 생긴 선입견도 어쩔 수 없이 작용했기 때문에 경각심이 일어났다. 그는
사람을 보내 등애에게 지시를 전달했다. "사안은 반드시 보고하라. 경솔하
게 실행하지 말라!" 일을 할 때는 반드시 먼저 보고하고 제멋대로 주장하
지 말라는 말이다. 등애는 굴욕감을 느꼈다. 자신은 국가를 위해 의견을 낸
것인데 오히려 질책을 받았다. 등애는 달갑지 않아 다시 편지를 썼다. 자신
의 입장을 해명하며 다시 한번 분명히 설명했다. 그는 『춘추』의 대의를 인
용해서 말했다. "대부가 강역을 벗어나 있으니, 사직을 안정시키고 국가를
이롭게 하기 위해 이를 전담할 수 있습니다."(『삼국지·위서·등애전』) 사마
의는 편지를 보고 그를 더욱 괘씸하게 생각했다. 자신이 성도에 있다는 것
을 핑계로 삼았다는 것이다. 결국 이 편지는 피살이라는 비극을 초래했다.
 등애의 죽음에 대해 역대 사인들은 억울한 죽음이라고 동정했다. 『삼국
지』의 저자 진수는 지적했다. "등애는 굳세고 강인하여 대사에 큰 공을 세웠
다. 그러나 우환을 방비하는 데에 어두워 화를 입고 패망에 이르렀다."(『삼

국지·위서·등애전』) 등애가 능력은 뛰어나지만 자신을 보호하지 못하고 화를 불러일으켰다는 것이다. 비교적 객관적인 평가이다.

태시 3년(267) 서진의 의랑 단작(段灼)은 글을 올려 등애를 대신해 억울한 마음을 토로했는데 등애는 반역의 뜻이 없다고 굳게 믿었다. "등애는 마음에 지극한 충정을 품었으나 반역자라는 이름을 짊어졌습니다. 파촉을 평정하고도 멸문의 주살을 당했으니 신은 그를 애도합니다. 등애를 반역자라고 말하는 것은 아쉽습니다. 등애는 성품이 강직하고 조급하여 경솔하게 행동했습니다. 동료들과 화합하지 못해 그를 변론한 이가 없었던 것입니다. 신은 등애가 반역하지 않았음을 감히 말씀드립니다."

등애의 죽음은 애석하다. 일대의 용맹한 장수가 전장에서 죽지 못하고 소인배의 모함으로 해를 당했으니 슬프고도 아쉽다. 사마소가 시비를 가리지 못한 불찰도 등애의 비극을 초래한 중요한 원인이다.

四

등애를 모함하여 제거하려는 종회의 첫 번째 단계의 계획이 성공했다. 그다음엔 어떻게 했을까?

종회는 반역의 행동을 서둘렀다. 그의 목적은 낙양을 공격하여 사마소를 죽이고 조정의 대권을 독점하는 것이었다. 구체적으로는 다음과 같다. 강유가 선봉에 서서 촉병 오만을 이끌고 야곡으로 나가 장안을 향해 전진한다. 종회는 주력 부대를 이끌고 뒤따르다가 장안을 점령하고 낙양으로 진공한다. 이번 반란의 규모와 위험성은 예전 '회남삼반'을 훨씬 능가한다. 종회와 강유는 전투에 능한 장수들이었기 때문에 사마소는 험준한 도

전에 직면했다.

사마소는 종회와 같이 음험한 자는 안일하게 상대할 수 없음을 알기에 직접 출정하기로 했다. 그는 10만 대군을 이끌고 신속히 장안에 도착하여 종회에게 편지를 보냈다. "나는 10만 대군으로 장안에 진입했다. 곧 만날 것이다." 종회는 사마소가 말한 '만난다'라는 말이 쓴맛을 보여준다는 의미라는 것을 알기에 행동을 서둘렀다. 그는 생각했다. "성공하면 천하를 얻을 수 있고 실패하면 촉으로 물러나 유비처럼 될 수 있다."(『삼국지·위서·종회전』)

부하들이 반역에 반대하여 지휘에 따르지 않으면 대사를 그르친다. 종회는 이런 불상사를 막으려고 위에서 촉으로 온 장수들을 모두 구금했다. 심지어 그들을 전부 죽이고 측근을 대거 교체하려 했는데 불행히도 이 계획이 누설되었다. 그러자 구금된 장수들의 부하들이 분노하며 종회를 연합 공격했다. 갇혀 있던 장수들도 이 틈에 탈출하여 자신의 부대로 돌아가고 종회와 강유는 내분이 일어나 피살되었다. 사마소는 결국 확실하게 조위의 실권을 지켰다.

종회는 음흉하고 교활하며 배후에서 남을 모함하는 데에 뛰어났다. 기회주의자였고 위선자였다. 그의 죽음은 자업자득이다.

五

종회의 반란 사건이 평정된 후, 사마소는 성도의 형세에 주의하며 다시 소란이 생기지 않도록 살폈다. 이후 유선과 항복한 그의 대신들이 모두 낙양으로 압송되어 왔다. 사마소는 유선을 우대하여 그를 안락공(安樂公)에 봉하고 생활을 특별히 배려했다. 유선의 자손과 촉의 대신 중에 후에 봉해진 자가 50여 명이었다. 유선은 이런 대우에 매우 만족했다.

어느 날 사마소가 유선을 연회에 초대했다. 촉에서 온 대신들도 수행하여 배석했다. 의도적인지 아닌지는 모르겠지만 사마소가 촉의 음악과 춤을 연주하게 했다. 고향의 가무를 보며 촉의 옛 신하들은 자신도 모르게 망국의 상실감에 빠져 눈물을 흘렸다. 오직 유선만 전혀 아랑곳하지 않고 희희낙락 즐거워하며 웃었다. 사마소가 그 모습을 보고 가충에게 말했다. "사람이 무정하기가 이 정도에 이를 수 있구나! 제갈량이 있었더라도 오래 그를 보좌할 수 없었을 테니 강유는 말할 것도 없다." 가충은 말재간이 좋아 얼른 그 말을 받았다. "만약 유선이 이렇지 않았다면, 주상께서 어떻게 이리 쉽게 촉을 멸망시키셨겠습니까?"

얼마 후 사마소가 유선을 만나면서 문득 촉의 가무를 보던 일이 생각나 물었다. "촉이 생각나지 않았는가?" 유선은 이렇게 대답했다. "이곳이 즐거워 촉이 생각나지 않습니다." 촉의 노신 극정(郤正)은 이 말을 듣고 불가사의하다고 느꼈다. 어떻게 이런 저급한 말을 할 수 있는가? 사마소의 비웃음으로 그친 것이 아니라 촉의 대신들도 얼굴을 들지 못하게 했다. 그래서 유선을 찾아가 이렇게 말했다. "만약 그가 다시 물어보면 울면서 '선조의 묘가 촉 땅에 있어 마음으로 서쪽을 슬퍼하며 생각하지 않는 날이 없습니다.'라고 말하고 눈을 감으십시오." 유선은 알았다고 했다.

며칠이 지나 사마소는 과연 유선에게 촉을 생각하는지 또 물었다. 유선은 극정이 알려준 대로 말했다. 사마소는 이 말을 듣고 뭔가 귀에 익숙하다고 느꼈다. 예전에 그가 극정에게 물었을 때 극정이 이렇게 말한 적이 있었다. 사마소가 기가 막혀 물었다. "어찌 극정의 말과 똑같은가?" 유선은 놀라며 바라보았다. "참으로 그 말씀과 같습니다." 좌우가 모두 웃었다.

오랫동안 널리 전해진 유선의 '낙불사촉(樂不思蜀)'의 고사이다. 유선의 행동을 어떻게 보아야 할까?

하나는 그가 사리 분별을 못하는 저능아라는 시각이다. 먹고 입는 것만 탐할 뿐 나머지는 모두 뒤로 제쳤다. 감정도 없다. 마찬가지로 망국의 군주 였던 남당 황제 이욱(李煜)과 비교해보면 너무나 부족하다. 이욱은 포로가 된 후 종일 고국을 그리며 마음에 슬픔이 북받쳐 수많은 아름다운 글을 남겼다. 예를 들어「우미인(虞美人)」에서는 "봄 꽃 가을 달은 언제 지려나. 지난 일들 그 언제였던가. 작은 누각엔 지난밤 또 동풍이 불어, 밝은 달 아래 고국 땅 돌아보지 못했네.(春花秋月何時了, 往事知多少. 小樓昨夜又東風, 故國不堪回首月明中)"라고 했고「낭도사(浪淘沙)」에서는 "홀로 난간에 기대어 생각하지 마오, 끝없는 고국 강산을. 떠나오긴 쉬웠으나 다시 보긴 어려워, 흐르는 물에 꽃잎 떨어져 봄이 떠나가네. 천상과 인간 세상!(獨自莫憑欄, 無限江山. 別時容易見時難, 流水落花春去也. 天上人間)"이라고 했다. 유선의 바보 같은 '낙불사촉'이라는 말과는 차원이 다르다.

또 다른 시각은 이와 정반대이다. 유선은 민간에 전해지는 말처럼 그렇게 저능하거나 겁약하지 않고 어느 정도 능력이 있지만 망국의 군주이고 이런 멍청한 말을 했기 때문에 지금과 같은 이미지를 남겼다는 것이다. 『삼국지·촉서·선주전』배송지 주에서 인용한『제갈량집』에는 이런 내용이 있다. 제갈량이 사군(射君)에게 유선을 칭찬했는데 사군이 이 말을 유비에게 전했다. 유비가 기뻐하며 "승상이 너의 지혜에 감탄하고 뛰어나게 발전했다며 기대 이상이라고 했다. 실로 이와 같다면 내가 무슨 걱정을 하랴. 힘쓰고 힘쓰라." 제갈량은「여두미서(與杜微書)」에서도 유선을 이렇게 평가했다. "나이가 이제 18세이나 천부적으로 어질고 민첩하며 백성을 아끼고 덕을 베푼다." 이 말도 유선이 그리 모자란 사람이 아니라는 것을 설명한다.

유선이 저능아가 아니었다면 그는 왜 '낙불사촉'처럼 바보 같은 소리를 했을까? 내 생각에 여기에는 원인이 있다. 유선은 자신이 포로의 신분이며 사마소가 자신을 죽이는 것은 손바닥 뒤집듯 쉽다는 사실을 잘 알고 있었다. 자신의 목숨을 부지하려면 반드시 사마소에게 겁약하고 무능하게 보여야 했다. '낙불사촉'은 사마소에게 신경 쓰지 않아도 되는 존재로 보이도록 유선이 쏜 연막탄이었다. 당시의 정치적 환경에서 가장 현명한 선택이며, 상책이라고도 할 수 있겠다. "큰 지혜는 어리석음과 비슷하다."●라는 말이 있다. 유선은 실로 이런 사람이었다.

어쨌든 유선은 강골의 통치자는 아니었다. 그는 조국을 위해 목숨을 던지지도 않았고 진한 감정으로 천고 절창의 아름다운 글을 남긴 이욱도 아니었다. 다만 자신의 기지와 총명으로 41년간 촉한 정권을 유지하고 자신도 천수를 누렸을 뿐이다. 그는 271년 향년 65세로 사망했다.

사마소는 촉한을 멸망시켜 조위의 세력을 확장했고 조정에서 자신의 영향력을 더욱 강화했다. 이때가 264년 봄이었으니 사마소 집정은 이미 10년째였다. 10년 동안 사마소는 너무나 많은 정치 투쟁과 군사 투쟁을 겪었고 모두 승리했다. 조위 정권은 이미 서산에 지는 해처럼 운명이 다하고 있었다. 사마소의 다음 행보는 당연히 위를 교체하고 황제가 되는 것이었다.

● 『노자』 45장에 나오는 말로 원문은 '大智若愚(대지약우)'이다.

—

　249년 사마의가 고평릉 정변을 발동하고 263년 사마소가 촉을 멸할 때까지 14년 동안 사마씨 삼부자는 권력을 지키고 더 나아가 황위를 교체하기 위해 고심을 거듭해왔다. 그들은 조위 세력의 저항을 여러 차례 꺾었고 허수아비 황제 조방을 폐출했으며 도전적인 황제 조모를 죽였다. 왕릉, 관구검, 제갈탄이 일으킨 세 차례의 반란(역사에서 말하는 '회남삼반')도 모두 분쇄하고 정치·군사상의 우위를 지켰다. 사마소에 와서 조위를 교체할 수 있는 조건이 날로 성숙해졌다.

　그러나 사마소는 여전히 안정을 느끼지 못했다. 왜일까?

　그것은 바로 어떻게 하면 사회 명사들을 복종시켜 사마씨 권력을 방해할 잠재 요소들을 제거하느냐의 문제였다.

　이른바 명사(名士)란 당시의 유명한 지식인들을 말한다. 그들은 학식과 재능이 있을 뿐 아니라 그들의 정치적 취향도 사회의 주목을 받는다. 사회

남조 고분 벽화에 묘사된 죽림칠현(남경, 1960년 출토)

적으로 명성이 있는 사람들이기 때문에 그들의 언행은 사회에 큰 영향을 준다. 심지어 정치 투쟁과 연결되기도 하며 조정의 정책에 영향을 주기도 한다. 그래서 사마씨 부자는 명사의 동향에 매우 민감했다. 반드시 그들을 자신의 통제 아래에 두려고 했다.

위진 명사 중에서 가장 유명한 사람들은 단연코 '죽림칠현(竹林七賢)'이다.

'죽림칠현'은 위진 시기뿐 아니라 고대 중국의 저명한, 그리고 영향력 있는 문인 집단이다. 그들을 둘러싸고 수많은 이야기가 인구에 회자된다. 그들은 고대 중국의 가장 개성적이고, 가장 빛나는 지식인들이다. '위진풍도(魏晉風度)'*의 대표는 바로 그들이다. 죽림칠현의 형성과 분화는 사마씨

---

* 위진 명사들의 풍류와 기행(奇行)을 가리키는 말.

집단과 직접적인 관계가 있다. 조위 후기, 죽림칠현 중 가장 유명한 두 사람 혜강(嵇康)과 완적(阮籍)이 사마소의 손에 죽었다. 이 사건은 역대 사인들에게 강렬한 반향을 일으켰다.

먼저 죽림칠현에 어떤 사람들이 있는지 살펴보자.

'죽림칠현'은 혜강, 완적, 산도(山濤), 왕융(王戎), 상수(向秀), 완함(阮咸), 유령(劉伶) 일곱 명이다. 『삼국지·위서·왕찬전』 주 『위씨춘추』 인용에 따르면 혜강은 하내 산양현에 거했는데 진류의 완적, 하내의 산도, 하남의 상수, 완적의 조카 완함, 낭야의 왕융, 패의 유령과 서로 벗이 되었다. 그들은 죽림에서 노닐며 칠현이라 불렸다. 『세설신어』에도 다음과 같은 기록이 있다. "일곱 사람은 항상 죽림 아래에서 모여 마음껏 술에 취해 즐겼다."

여기서 말하는 죽림은 산양(山陽)에 있는데 지금의 하남성 휘현(輝縣), 수무(修武) 일대에 위치한다. 이들은 연령이 일정하지 않다. 가장 많은 사람은 산도이고 가장 어린 사람은 왕융으로 산도보다 스물아홉 살 어리다.

그들은 항상 모여 술을 마시고 청담(淸談)*을 나누었는데, 실제와 동떨어진 공허한 말들을 하며 이야기가 통하면 즐거워했다. 사실 그들의 정치 견해와 인생 가치관은 모두 달랐다. 그들은 정치 활동을 하지 않았고 어떤 정치 조직도 아니었다. 그저 의기투합하여 느슨하게 모인 문인 집단에 불과했다.

죽림칠현이 자주 모인 때는 바로 사마씨와 조씨의 대립이 첨예해지고 사마의가 꿈틀거리면서 조정을 농단하기 시작할 때였다. 고평릉 정변에 성공한 후 사마 세력이 주도권을 잡자 사마의는 반대파를 무자비하게 처단했

---

* 당시 현학가들이 형이상학적인 주제들을 토론하는 것.

다. 그야말로 순종하는 자는 흥성하고 거역하는 자는 망하는 형국이었다.

이런 정국의 변화는 죽림칠현에게도 필연적으로 영향을 미쳤다. 본래 이 일곱 사람은 공통된 정치 목표가 없었다. 그러나 사마씨의 권력 독점과 고압적 정책이 실시되자 아무렇지도 않게 수수방관할 수는 없었다.

정치 형세가 급박해지면서 그들은 점차 분화되어 각자 서로 다른 인생의 길을 선택했다. 구체적으로 말하자면 사마씨에 대한 태도의 문제였다. 크게 세 종류의 태도가 있었다.

첫째, 사마씨에 협력하지 않고 독립적 인격을 추구했다. 이는 혜강, 완적으로 대표된다.

먼저 혜강에 대해 말해보자.

혜강(223~262)은 자가 숙야(叔夜)로 죽림칠현의 영수였다. 『진서』 본전에서는 이렇게 평했다. "혜강은 이치를 논하는 데에 능했고 글도 잘 썼다. 감정이 고고하고 정취가 원대하며 진솔하고 현묘했다." 다재다능하여 철학, 음악, 서화에도 능통했으며 심지어 의약과 제련에도 조예가 깊었다. 실로 저명한 문학가이자 사상가, 음악가라 할 수 있다.

혜강은 외모가 출중했다. 키가 7척 8촌(지금으로는 180~190cm 사이)이었으며 기개와 도량이 남달라 사람들이 "용봉과 같은 풍채가 하늘이 내려준 듯 했다"고 여겼다. 절친한 친구인 산도는 그를 칭찬하여 "우뚝 선 모습은 한 그루 고송이 높이 솟은 것 같고 취하여 쓰러지면 옥산이 무너진 것 같다"고 했다.(『세설신어·용지(容止)』) 위진 시대엔 외모와 풍채가 출중한 사람을 높이 평가했다. 혜강은 당시 사람들이 공인하는 미남이자 비범한 기질의 명사였다.

혜강은 약 25세 때쯤 조조의 아들인 조림(曹林)의 손녀 장낙정공주와 결혼했다. 일설에는 조림의 딸이라고도 한다. 이때부터 그는 조씨 집안의 사위가 되었다. 혜강이 원하든 그렇지 않든 외부에서 볼 때 그는 조씨 가문의 사람이었다. 혜강의 마음은 정치에 참여하고 싶지 않았다. 그는 자연을 숭상하고 산림을 좋아했으며 한적하고 조용한 정취를 추구하고 초연하게 자유로운 생활을 하고 싶었다. "홀로 한 잔 술을 마시고 거문고를 한 곡 연주한다." 이것이 혜강에게는 가장 큰 인생의 기쁨이었다.

당시의 관례에는 조위 종실과 결혼한 사람에게 크든 작든 모두 관직을 수여했다. 이에 혜강은 정낙정공주의 남편, 즉 부마의 신분으로 낭중, 중산대부에 임명되었다.

낭중은 당시 궁정 시위였고 중산대부는 사안에 따라 의견을 올리는 한직이었다. 관직에 대한 그의 태도로 유추해보면 그는 이름만 걸어놓았을 뿐, 임직 기간도 그리 길지 않았다. 조위 종실과 인척인 명사였기 때문에 혜강은 자신이 사마씨의 미움을 받기 쉽다는 것을 알고 있었다. 그래서 조정을 떠나 산양(山陽)에서 20년을 거주했다.

산양은 지금의 하남성 휘현, 수무 일대이다. 남으로는 황하와 인접하고 북으로는 태항산과 맞닿았다. 산의 남측에 있어 붙여진 이름이다. 이곳은 기후가 좋고 풍경이 아름다우며 물자가 풍부하여 은거하기에 좋은 조건이다. 혜강의 친구 완적, 산도, 상수, 유령, 완함, 왕융 등이 여기로 오게 되면서 그 유명한 죽림칠현이 생긴 것이다.

目送歸鴻(목송귀홍)　　눈으로 돌아가는 기러기를 보내며
手揮五弦(수휘오현)　　손으로 오현을 연주한다.
俯仰自得(부앙자득)　　굽어보고 우러러보아도 자유로우니

游心太玄(유심태현)　　마음은 태현(太玄)에서 노닌다.

(혜강, 『증형수재입군(贈兄秀才入軍)』)

혜강은 이런 유유자적한 생활을 동경했지만 사회 현실은 그를 조용히 놔두지 않았다. 왜일까? 그가 보기에 사마씨는 조정을 장악하고 왕조 교체를 준비하고 있다. 또 동시에 명교(名教)를 선전하면서 인의도덕을 장려하고 충성과 순종을 강요한다. 유교적 이상과 현실의 부조리로 인해 강직한 성격의 혜강은 울분을 느꼈다. 뱃속 가득한 말을 토해내지 않고는 참을 수 없었다. 혜강은 공개적으로 선포했다. "『육경(六經)』을 더러운 것으로 여기고, 인의를 썩은 냄새로 여긴다."(「난자연호학론(難自然好學論)」) 혜강은 또 「석사론(釋私論)」에서도 공개적으로 "명교를 넘어 자연에 맡긴다"는 명제를 제기했다. 직접 유가의 명교를 겨냥했다. 명교의 속박을 벗어나 자연의 큰 도에 순응해야 한다는 것이다. 사마씨 권력에 대한 멸시를 보여주는 이런 행동은 너무 대담하면서도 위험하다.

혜강의 글이 발표되자 자연히 사회적 반향이 일어났다. 물론 사마씨 집단에서도 알았다. 그들은 점차 혜강이 이단 사상을 가졌으니 통제해야 한다고 생각했다. 그러나 혜강의 높은 명성과 사회적 영향력을 고려하여 일단 어느 정도 지켜보며 건드리지 않기로 했다.

문제는 그리 간단하지 않았다. 사마씨가 그를 방관했을까? 그럴 리 없다. 255년 사마소는 정권을 장악한 후 산양에서 은거 중인 혜강을 생각하고 그를 조정으로 불렀다. 혜강이 자신의 정권에 참여하여 자신에 대한 좋은 이미지를 만드는 데에 일조하기를 기대한 것이다. 혜강은 얼른 산양을 떠나 하동으로 피신했다. 소식이 끊기자 사마소도 포기할 수밖에 없었다.

3년 후 혜강이 다시 산양으로 돌아왔다.

　그러나 사정은 잠잠해지지 않았다. 2년 후 또 하나의 사건이 혜강 앞에 펼쳐졌다. 당시 조정에서 이부랑을 맡고 있던 산도가 산기상시로 발령받았다. 누구를 후임으로 데려올까 고민하다가 그는 혜강을 생각했다. 혜강에게 자신의 원래 직무를 맡기기로 결정했다. 그러나 내 생각에 산도는 사전에 사마소에게 보고하고 승인을 받았을 것이다.

　산도는 혜강과 절친한 사이이기 때문에 사마소에 대한 그의 입장을 당연히 알았을 것이다. 그런데도 억지로 혜강을 정치로 끌어들인 이유는 무엇일까? 아마도 두 가지 원인으로 보인다.

　첫째, 산도는 혜강의 높은 명성을 알고 있다. 혜강의 말과 글은 사마소도 지켜보고 있으며 통제 대상이다. 만약 또 관직을 받지 않는다면 틀림없이 사마소의 미움을 받거나, 심지어 공격을 받을 수도 있다. 오랜 친구로서 그가 혜강을 추천한 것은 그에게 퇴로를 마련해주어 혜강을 보호하려는 것이다. 친구로서의 우의를 다한 것이며 깊은 고민에서 나온 생각일 것이다.

　둘째, 사마소의 명령을 산도가 집행했다. 사마소는 생각했을 것이다. 몇 년 전 내가 청했을 때 오지 않았지. 이번에 다시 산도를 시켜 청하면 무슨 말을 할 것인가? 감히 순종하지 않다니, 설마 벌주를 받을 각오로 내 잔을 거절하겠는가?

　산도의 요청은 혜강을 난처하게 만들었다. 그는 사마씨를 미워했을 뿐 아니라 산도에게도 몹시 화가 났다. 산도는 고의로 나를 불구덩이에 밀어 넣었다. 사마씨 가족 같은 것들에게 내가 붙을 수 있겠는가? 혜강은 생각할수록 화가 나 산도에게 편지를 써 자신의 입장과 생각을 밝히기로 했다. 이 편지의 제목은 바로 「여산거원절교서(與山巨源絶交書)」이다. 거원은 산도의 자이니 산도에게 보내는 절교의 편지라는 뜻이다. 편지에서 혜강은 결연한 태도로 산도의 요청을 거절하며 자신이 관직에 들어갈 수 없는 일곱 가지 이유, 즉 '필불감자칠(必不堪者七)'을 조금도 거리낌 없이 말했다. 다음과 같은 내용이다.

나는 늦게 일어나는 것을 좋아하는데 관리들이 가만두지 않고 불러댈 테니 첫 번째 견딜 수 없는 이유이다.

금(琴)을 안고 흥얼거리고 다니며 들판에서 새를 잡거나 낚시를 하면 이졸들이 나를 막으며 함부로 행동하지 못하게 할 테니 두 번째 견딜 수 없는 이유이다.

종일 바르게 앉아 움직이지 못할 텐데 나는 몸에 이가 많아 계속 긁어야 한다. 또 관복을 입고 상관에게 절해야 하니 세 번째 견딜 수 없는 이유이다.

평소에 글을 쓰지 않고 글 짓는 일을 좋아하지도 않지만 세상엔 번잡한 일이 많아 문서가 가득 쌓여 있다. 잘 대처하지 않으면 예교를 범하고 대의를 망치게 되고 억지로 한다고 해도 오래 할 수가 없으니 네 번째 견딜 수 없는 이유이다.

문상 가는 일을 좋아하지 않지만 사람들은 이를 중요한 도리로 생각한다. 나를 용납하지 못하는 사람들에게 이미 원망을 받기도 했고 심지어 중상모략도 받았다. 비록 두려운 마음에 자책도 했지만 천성은 바꿀 수 없었다. 마음을 내려놓고 세속을 따르면 본심을 속이고 진정성에 어긋난다. 결국 비난도 칭찬도 받지 않는 일은 불가능하니 다섯 번째 견딜 수 없는 이유이다.

속된 사람들을 좋아하지 않지만 함께 일해야 한다. 때로는 빈객들이 가득 몰려와 새 떼처럼 시끄럽게 떠들고 와자지껄 먼지와 악취를 일으키며 천태만상을 내 앞에서 펼칠 테니 여섯 번째 견딜 수 없는 이유이다.

천성적으로 번잡함을 견딜 수 없으나 관가의 일은 바쁘기 그지없다. 급한 업무들이 마음을 얽매고 번잡한 세사에 근심할 테니 일곱 번째 견딜 수 없는 이유이다.

혜강은 또 자신이 관직을 맡을 수 없는 더욱 중요한 두 가지 이유, 즉 '필불가자이(必不可者二)'를 말했다.

나는 늘 탕왕, 무왕을 비판하고 주공, 공자를 경시했다. 세상에 나간 후에도 이런 말을 멈추지 않는다면 곧 알려질 텐데 예교에서는 용인할 수 없는 일이니 이것이 관직을 맡을 수 없는 첫 번째 이유이다.

나는 성격이 고집스럽고 싫은 사람을 참지 못하며 경솔히 직언을 내뱉는다. 일을 하다가 함부로 발설한다. 이것이 관직을 맡을 수 없는 두 번째 이유이다.

혜강은 마음의 울분을 쏟아낸 후 산도를 비난했다. 그는 오랜 친구의 천성도 모르고 자신을 난처하게 했다. 누추한 골목에서 자식들을 키우며 음주와 연주를 할 뿐, 절대 정치판으로 가지 않겠다는 각오를 다졌다.

이 「절교서」는 산도와의 절교만 선포한 것이 아니라 실제로는 사마소와의 협력을 거절한 선언서이다. 정치 참여를 혐오한 것은 사마소를 혐오한 것이 아니겠는가?

혜강은 편지를 쓴 후 일이 마무리되었다고 생각했다. 그러나 그렇지 않았다. 권력자의 노여움을 사고 어떻게 좋은 결과가 있겠는가?

二

혜강은 산도와 절교한 지 2년 후, 마침내 화를 입었다. 경원 3년(262) 혜강은 과연 사마소에게 죽임을 당했다. 고대 중국의 걸출한 사상가이자 예술가가 비명횡사한 것이다. 어떻게 된 일일까?

혜강의 죽음을 초래한 원인은 두 가지이다.

첫째, 여안(呂安) 사건과 관련이 있다. 혜강의 친구 중 여안이라는 사람이 있었다. 그런데 어느 날 의붓형 여손(呂巽)이 자신의 처를 술 취하게 하고 겁탈했다. 여안은 몹시 분노하여 여손을 관가에 고발하려고 했다. 혜강은 여손과도 왕래하던 사이였다. 이 소식을 듣고 화가 났으나 이 사건이 집안의 추문이고 드러낼 만한 일이 아니라서 여안에게 잠시 참으라고 권고했다. 그러나 여손은 적반하장으로 돌변하여 여안이 집에서 모친을 구타했다고 먼저 고발했다.

여손은 사마소의 측근으로 상국연을 지내고 있어 이를 믿고 두려운 게 없었다. 여손의 후안무치한 행동에 혜강은 곧바로 여손에게 절교의 편지를 썼다.

여손의 무고는 먹혀들었고 여안은 결국 변방으로 유배를 가게 되었다.

여안은 당연히 불복했다. 혜강에게 울분이 가득한 편지를 썼는데 "어려움을 떨치고 고난을 쓸어내자(披艱掃難)", "세상을 씻어내자(平滌九區)", "중원을 돌아보니 분노가 구름처럼 솟아오른다(顧影中原, 憤氣雲踊)" 등의 말이 있었다. 이런 말들은 마치 "사마소 정권을 소탕하자."라는 현실 비판 구호를 연상시켰다. 편지를 받는 사람이 혜강이었기 때문에 어쩔 수 없이 혜강도 연루되었다. 여안을 변호하려 했지만 결과적으로 공범이 되어버렸다. 두 사람은 감옥에 갇혔다.

둘째, 소인의 모함이 혜강을 사지로 몰았다.

혜강이 투옥된 후 소인배 하나가 등장하여 혜강의 죽음을 앞당겼다. 바로 종회였다. 여러분은 기억할 것이다. 앞서 위가 촉을 멸망시킬 때 반역을 일으키다 피살된 그 종회이다.

종회는 선량한 사람이 아니었다. 도량이 좁고 질투심도 극히 강했다. 사마소의 편에 붙어 그의 측근이 되었다.

그는 혜강의 명성이 높다는 것을 알고 그와 관계를 맺어 자신의 지명도를 높이려 했다.

어느 날, 혜강이 자신의 집에서 친구 상수와 쇠를 두드리고 있었다. 종회는 사람을 데리고 혜강을 방문했는데 경성의 치안을 담당하는 사예교위의 자리에 있을 때였다.

혜강은 쇠를 두드리는 데에만 열중할 뿐 종회를 쳐다보지도 않았다. 종회는 매우 난감했다. 한참을 기다려도 혜강은 자신을 상대하지 않았고 심지어 눈길도 주지 않자 할 수 없이 떠나려 했다. 혜강은 그제야 손을 멈추고 심드렁하게 물었다. "무엇을 듣고 와서 무엇을 보고 가오?" 종회도 질 수 없다는 듯이 의미심장하게 대답했다. "들은 것을 듣고 왔다가 본 것을 보고 가오." 혜강이 오만한 태도로 종회에게 모욕한 것은 사실 그가 이런 소인배를 멸시하기 때문이었다. 그러나 이 사건 후 종회는 혜강에게 복수해야겠다는 생각을 품었다.

혜강이 투옥되자 종회는 복수의 기회가 왔다고 생각하고 기회를 보아 사마소에게 말했다. "혜강은 와룡(臥龍)입니다. 절대 일어나게 만들면 안 됩니다. 지금 천하에는 우려할 만한 일이 없으나, 혜강처럼 오만한 명사들은 반드시 방비를 해야 합니다."

종회는 강태공, 공자도 명인을 죽였다는 사례를 거론하면서 말했다. "혜강, 여안 같은 사람들은 말이 삿되고 성인의 경전을 비방합니다. 이는 어떤 제왕이라도 용납할 수 없을 것입니다. 지금 혜강을 죽이지 않는다면 장차 풍속을 바로잡고 왕도를 정화할 수 없습니다."

종회는 참으로 소인배였다. 혜강을 사지로 몰아넣었을 뿐 아니라 심지어 사실을 날조하여 무고했다. "사마공께서는 혜강이 왜 친구 산도에게 절교의 편지를 썼는지 아십니까? 그는 관구검의 모반을 도우려 했는데 산도의 반대로 실패하자 분노하여 산도와 절교한 것입니다."

사마소는 이런 모함을 듣고 혜강을 반드시 죽여야겠다고 결심했다.

그렇다면 혜강의 죽음은 오직 종회의 무고 때문일까? 그렇지는 않다. 사마소도 원래 혜강을 제거하려는 생각이 있었다. 그 이유는 다음과 같다.

첫째, 사마소에게 협력하지 않겠다는 혜강의 태도 때문이다. 산도가 혜강을 자신의 후임으로 추천한 것은 최소한 사마소의 승인, 또는 동의를 거친 것이다. 그런데 혜강은 절교의 편지를 썼으니 사마소를 무시한 결과가 된 셈이다.

둘째, 혜강이 가차 없이 사마소의 약점을 지적했기 때문이다. 특히 「여산거원절교서」의 "나는 늘 탕왕, 무왕을 비판하고 주공, 공자를 경시했다."

라는 말은 사마소의 급소를 찔렀다. 사마소는 황제를 보좌하며 스스로를 자주 주공(周公)에 비유했다. 그런데 옛날 주공은 성왕(成王)을 보좌하면서 성심을 다했고 야심도 없었다. 반면 사마소는 야심을 드러내며 호시탐탐 황위를 노리고 있다. 혜강이 주공을 경시했다는 말은 사마소를 경멸한다는 말과 같다. 사마소는 이 글을 보고 분노했다고 한다. 혜강을 위험에 빠뜨린 구절이었다.

혜강의 투옥은 사회적으로 큰 반향을 일으켰다. 혜강을 동정하지 않는 사람이 없었고 혜강과 함께하겠다고 자발적으로 감옥에 들어간 사람도 많았다. 혜강이 처형되기 전, 3,000명의 태학생들이 연명으로 글을 올려 석방을 주장하며 자신들의 스승으로 임명해달라고 요구했다. 물론 사마소는 단호하게 거절했다.

경원 3년(262) 8월 혜강은 형장으로 압송되었다. 태연자약한 모습이었고 얼굴빛도 평소와 똑같았다. 그는 처형 시간이 아직 남은 것을 보고 거문고를 갖다 달라고 한 뒤 즉석에서 『광릉산(廣陵山)』 한 곡을 연주했다. 연주가 끝나자 한탄하며 "예전 원효니(袁孝尼)가 여러 번 이 곡을 가르쳐달라고 했는데 내가 가르쳐주지 않았다. 이제 『광릉산』은 이어지지 않겠구나!"라고 했다. 이렇게 일대 명사 혜강이 40세의 인생을 마감했다. 그의 죽음은 고귀한 죽음이며 후대에 천고의 깊은 울림을 남겼다.

첨언하고 싶은 말이 하나 더 있다. 혜강은 과연 사마소의 권력을 위협하는 존재였을까? 전혀 그렇지 않다. 혜강은 일개 서생에 불과했다. 기껏해야 약간의 감개를 표하고 사회를 비평했을 뿐이다. 혜강은 정치적 야심도 없었고 사마씨 정권을 뒤엎을 능력도 없었다. "홀로 한 잔 술을 마시고 거문고를 한 곡 연주한다"는 자유로운 생활을 추구했을 뿐인데 종회는 혜강을 모함했고 사마소는 혜강을 잠재적인 적으로 간주하여 그에게 억울한 죽음을 내렸다. 고대 중국의 전제 정치는 지식인들을 의심하면서 수많은 비극적 죽음을 초래했다.

『진서·혜강전』을 보면 혜강이 피살된 후, 사마소가 "잘못을 깨닫고 한탄했다"고 하는데 과연 사실인지 모르겠다. 그러나 이제 사마씨가 새로운 왕조를 열 시기가 오고 있었다. "사마소의 속셈은 행인들도 안다."라고 했지만 사마소는 사회 여론을 거의 신경 쓰지 않았다.

三

이제 완적을 보자. 완적(210~263)은 자가 사종(嗣宗)이다. 부친 완우(阮瑀)는 건안칠자의 한 사람으로 저명한 시인이자 산문가였고 음률에 해박하고 조조의 부하였다.

가정의 수준 높은 문화적 분위기 속에서, 완적은 "어려서부터 놀라운 재능과 남다른 기질이 있었으며 여덟 살에 글을 지을 줄 알았다." 사서에는 그가 "음주와 소(嘯)*에 능했으며 거문고를 잘 탔다. 흥이 오르면 홀연히 자기 육신을 잊어버렸다'고 기록되어 있다. 완적은 산문도 잘 썼지만 특히 시가 창작에 뛰어났다.

완적은 혜강과 마찬가지로 자유로운 생활을 동경했다. 그러나 사회적 현실은 그다지 안정적이지 않았고 혼란한 정국은 그야말로 피비린내 나는 전쟁터였다. 생명을 보전하기도 어려웠다. 『진서·완적전』에서 말한 바와

● 당시 명사들이 감개를 표현하기 위해 휘파람 소리를 내던 취미.

같이 "위진 교체기에 천하에 변고가 많아 명사들은 온전한 자가 적었다."

완적은 사회가 주목하는 명사였기 때문에 정치의 굴레를 완전히 벗어나기는 어려웠다. 사마소는 자주 사람을 보내 완적의 정치 성향을 살펴보게 했다. 앞서 얘기했던 그 소인배 종회도 "자주 당시의 일을 완적에게 물어 대답에 따라 치죄를 하려고 했다."

이런 위험한 정치적 환경에 처해 있었기 때문에, 완적은 조금이라도 신중하지 않으면 화를 입을 수 있다는 것을 잘 알았다. 생명을 보전하기 위해 그는 항상 긴장했고 언행을 조심했다. 사마소도 완적을 이렇게 평가했다.

> 매번 그와 대화하면 늘 심오하고 추상적인 말을 하고 시사 평론이나 인물의 장단점은 말하지 않았다. 극도로 조심했다.

겉으로는 신중했지만 내면의 두려움과 고민을 감출 수는 없었다. 그는 혼자 내키는 대로 수레를 몰고 방향도 가리지 않고 "수레바퀴의 자취 없는 곳까지 가서 문득 크게 울다가 돌아왔다." 완적은 82수의 『영회시(詠懷詩)』를 썼는데 의미가 감추어져 있어 이해하기 어렵다. 자신의 복잡한 심경을 반영한 것이다.

음주도 완적이 고통을 해소하는 좋은 방법이었다. 술 덕분에 완적은 풀기 어려운 문제를 해결하기도 했다. 언젠가 사마소가 아들 사마염을 완적의 딸과 결혼시키려고 했다. 완적은 이런 류의 신분 상승은 바라지 않았다. 어떻게 해야 할까? 술을 마시고 술로 자신을 숨겼다. 완적이 만취한 상태로 60일을 보내자 사마소도 포기했다. 완적이 죽을까 봐 두려웠을 것이다.

혼사는 잘 피했다. 그 후 더 어려운 문제가 발생했다. 반드시 완적이 직접 풀어야 했다. 무슨 일일까?

경원 4년(263) 10월 사마소는 제위 등극에 한 걸음 더 다가갔다. 사마소는 진공(晉公)에 봉해졌다.* 관례대로 사마소는 사양했지만 조정 공경대신들의 권고로 결국 이 봉호를 받기로 했다. 이 과정에서 반드시 필요한 절차가 남았는데 아름답고 감동적인 문체로 「권진표(勸進表)」를 쓰는 일이었다.

누가 「권진표」를 쓸 것인가? 정충(鄭冲)이라는 관리가 대명사 완적의 문체가 아름답다면서 완적을 추천했다. 완적은 이 소식을 듣고 몹시 괴로웠다. 누가 이런 일을 하고 싶겠는가? 어떻게 해야 할까? 그래, 또 마시고 취하자! 완적은 집에서도 마시고 친구 집에 가서도 마셨다. 이 일이 지나갈 때까지 취하고 싶었다. 그러나 마음대로 되지 않았다. 사마소가 보낸 사람이 바짝 뒤를 쫓았다. 목적을 달성하기 전까지는 그만두지 않을 기세였다.

결국 사마소가 보낸 사람은 친구 집에서 거나하게 취해 잠든 완적을 깨웠다. 그리고 「권진표」가 당장 필요하다고 말했다. 원래 완적은 술에 취하는 수법으로 속이고 넘어가려고 했으나 그 사람이 자신을 찾아온 순간 이번엔 숨을 수 없다는 생각이 들었다. 어쩔 수 없이 완적은 술에 취한 채 일필휘지로 「권진표」를 썼다. 완적은 이 글에서 자신의 진심과 어긋나는 말을 많이 적었다. 『세설신어』 기록에 따르면 「권진표」는 글이 청신하고 미려해 당시 사람들이 '신필(神筆)'이라 불렀다고 한다.

사마소는 「권진표」를 본 후 크게 기뻐하며 봉작을 받았다.

---

* 진은 사마소의 봉지로 지금의 산서성 일대이다. 공은 봉호인데 왕보다는 낮다. 사마소는 후에 봉을 올려 진왕(晉王)이 되었다.

완적은 어쩔 수 없이 「권진표」를 쓴 이후 울분과 후회로 괴로웠다. 죄책감과 중압감을 받아들이기가 힘들었다. 「권진표」가 그의 생명을 재촉했다. 「권진표」를 쓰고 한두 달 후, 눈이 내리는 밤 54세의 완적은 고통과 실망과 자책 속에서 조용히 죽었다.

완적은 일대 명사였다. 혜강처럼 위험 앞에서도 두려워하지 않고 의연한 모습을 보이지는 못했다. 고통을 내면에 감추고 방황과 고민 속에서 인생의 종극으로 걸어갔다. 완적의 형상은 대다수 고대 중국 지식인을 대표한다.

四

사마씨에 대한 죽림칠현의 두 번째 태도는 사마씨에게 몸을 던지는 것이었다. 그들은 죽림을 나와 현실 사회로 들어갔다. 산도, 왕융, 상수가 이들이다.

산도(205~283)는 자가 거원(巨源)이다. 칠현 중에 나이가 많은 편인데 경험이 많아 원숙하다고 알려졌다. 산도는 사마씨의 일파에 속한다. 사촌누나 장춘화(張春華)가 사마의의 정실부인이었기 때문이다. 촌수로 보면 산도는 사마사, 사마소의 외숙뻘 된다.

그러나 산도는 그다지 정치에 적극적이지 않았다. 40세 이후에야 벼슬길에 나왔는데 군주부, 공조와 같은 일반 직무를 맡았을 뿐이다. 사마의와 조상의 대립과 투쟁이 본격적으로 시작될 때였다. 그는 양측이 틀림없이 크게 충돌할 테니 일단 은거하면서 관망하는 것이 낫다고 판단했다. 그래서 세속을 떠나 은거를 선택했다.

후에 사마의가 조상을 죽이고 조정을 장악하자 저울의 추가 사마씨를 향해 기울었다. 사마사가 집정한 후 이런 국면은 점점 명확해졌다. 산도는 당시 형세를 냉철하게 분석했다. 사마씨의 기세는 떠오르는 해와 같아 조위를 교체하는 것은 시간문제였다. 지금 사마사가 인재를 모아 역량을 비축하고 있으니 빨리 사마씨에게 투신하는 것이 이후의 발전을 위해 기초를 쌓는 길이다. 상황 판단을 마친 후 그는 사마사의 진영에 몸을 맡겼다.

사마사는 산도를 보고 의미심장한 말을 던졌다. "여망(呂望)은 벼슬을 하고 싶었답니까?" 여망은 강태공을 말한다. 전하는 말에 따르면 그는 80세까지 벼슬을 하지 못했지만 언젠가 현명한 군주가 자신을 중용하여 큰 사업을 하길 바랐다. 그래서 위수 물가에서 종일 낚시를 했는데 진짜 낚시가 아니라 곧은 바늘에 미끼도 없었다. 현명한 군주를 기다린 것이다. 결국 주 문왕(文王)의 중용을 받아 주나라가 상나라를 무너뜨리고 건국하는 일을 도왔다. 주나라가 건립된 후 강태공은 제나라의 제후로 봉해졌다. 사마사가 이 말을 한 것은 산도를 중용하겠다는 뜻을 내비친 것이다. 강태공처럼 큰 공을 세우기를 바라는 마음이며 동시에 약간의 조롱도 있었을 것이다. 그렇게 고고한 척하더니 어떻게 왔냐고 말이다.

산도는 업무 능력이 뛰어났다. 맡은 일에 성실했고 사마사, 사마소, 사마염 삼대에 걸쳐 관직을 했으니 사마씨 정권의 든든한 조력자였다.

죽림칠현 중 정치에 참여한 사람으로 왕융도 있다. 왕융(234~305)은 자가 준충(濬沖)으로 명성이 자자한 세가 대족 낭야 왕씨 가문 출신이다. 죽림칠현 중 가장 어리다. 바람을 보고 노를 젓는다는 말처럼 왕융은 상황에 따라 태도를 바꾸는 성향이었다. 사람들은 그의 속물근성을 싫어했다. 어느 날 혜강, 완적, 산도, 유령 등이 술을 마시는데 왕융이 왔다. 완적은 고개 들어 왕융을 보더니 "속물이 또 와서 남의 흥을 깬다."라고 말했다. 왕융은 이렇게 심한 말에도 전혀 개의치 않고 희희낙락 웃으며 "여러분들 흥이 어디 다른 사람이 깰 수 있는 흥입니까?"라고 대답했다. 죽림칠현들의 대화는 매우 직설적이었다.

왕융은 기회주의적 성격이었기 때문에 사마씨의 득세 후 자연스럽게 정치에 참여했다. 관직에 오른 후에는 적당히 몸을 사리며 실제로 민감한 일에는 관여하지 않았다. 서진 후기 '팔왕의 난'이 발생했을 때 여러 왕들의 사이를 오가며 두루 원만하고 매끄럽게 처신했다. 위기를 만나면 교묘하게 잘 빠져나갔는데, 약 기운에 취한 척 발작하며 변소에 쓰러져 화를 피한 적도 있다. 위진 교체기의 격렬한 정치 투쟁 속에서 자신을 보전하려면 대단한 지혜와 모략이 필요했는데 왕융은 이 방면의 고수였다.

그의 탐욕과 인색에 대한 고사가 있다. 『세설신어·검색(儉嗇)』은 총 9조로 되어 있는데 그중 4조가 왕융의 고사이다. 왕융의 재물욕은 상상을 초월할 정도였다.

왕융은 부유하면서도 조카가 결혼할 때 겨우 홑옷 한 벌을 선물했다. 그런데 나중에 조카가 결혼한 후 옷을 다시 달라고 요구하여 돌려받았다.

또 딸이 결혼할 때 왕융이 몇만 전을 지출했었다. 그 후 딸이 처음 친정 나들이를 했는데 왕융은 딸이 돈을 안 가져온 것을 보고 낯빛이 변했다. 후에 딸이 돈을 가져오자 왕융은 다시 기분이 좋아졌다.

이런 일도 있었다. 왕융은 집에 자두나무가 있어 자두를 따 내다 팔았다. 그런데 씨까지 주기 싫어 씨를 파내고 팔았다고 한다.

왕융은 귀한 신분의 거부였다. 집과 하인, 전답, 물레방아 등등 낙양 성내에서 그와 비길 사람이 없을 정도였다. 그런데 거래 계약 장부가 너무 많아 늘 아내와 등불 아래에서 산가지●를 펼치고 계산하며 결손이 있을까 걱정했다.

왕윤의 탐욕과 인색의 일면을 볼 수 있다. 일반적으로 왕융은 타고난 수전노라고 볼 수 있다. 심지어 당시 사람들은 약으로도 고칠 수 없는 '고질병'이라고도 했다. 그런데 어떤 이들은 이를 왕융이 난세에서 화를 피하려고 자신을 위장한 수법으로 보기도 했다. 자신의 참모습을 숨겼다는 것이다. 동진의 손성(孫盛)은 이렇게 지적했다. "왕융은 재산이 많았지만 항상 부족한 것처럼 행동했다. 어떤 이는 왕융이 고의로 자신을 숨겼다고 말한다."(『세설신어·검색』 유효표 주 인용) 동진의 대규(戴逵)도 이렇게 논했다. "왕융은 위험하고 혼란한 시절에 감추고 침묵하면서 화를 면했다. 현명했기에 살아남았다."(「죽림칠현론」, 엄가(嚴可)의 『전진문(全晉文)』 수록)

내 생각에는 손성과 대규의 견해가 타당하다. 명사 왕융은 작은 이익을 탐하는 사람이 아니다. 이런 자료도 있다. 왕융이 시중을 지낼 때 남군태수 유조가 그에게 통중포(筒中布)를 50단 보내왔다. 통중포는 품질이 대단히 우수한 옷감으로 한 단은 두 장(丈)에 해당하니 매우 정중한 예물이다. 그런데 왕융은 이를 받지 않고 편지를 써 사절의 뜻을 전했다. 그는 이런 일은 분명하게 처신하면서 왜 사적인 일은 시시콜콜 따졌을까? 실제로 이런 일은 사람들에게 그가 옹졸한 수전노라는 인상을 준다. 그는 이렇게 사소한 일에나 신경 쓰고 공적인 일은 관여하지 않으면서 정치적으로 민감한 일을 피하려 했다. 이는 왕융이 자신을 보전하는 일종의 처세술이었다.

왕융의 기회주의적 성격과 인색함은 정치 투쟁이 격렬하던 시기에 화를 면하려는 책략이었다. 왕융만 그런 것이 아니라 다른 사람들도 있었다. 예

• 고대에 계산할 때 쓰는 나뭇가지.

를 들면 상수도 사마씨 정권에 참여했다.

상수는 자가 자기(子期)이다. 노장의 학문을 좋아하여 『장자』를 주해했고 혜강과 절친한 친구였다. 혜강이 쇠를 단련하는 것을 좋아하여 상수가 자주 풀무질을 했는데 서로 마음이 잘 맞아 즐거워했다. 나중에 쇠를 두드리다가 혜강이 종회에게 모욕을 주는 장면을 직접 보기도 했다. 이 일은 종회가 혜강을 모함하여 죽음에 빠뜨리는 원인이 되었다.

혜강의 죽음은 상수에게 사마씨의 무서움을 느끼게 했다. 사마소가 그와 혜강의 관계를 추궁한다면 큰 불상사가 있을 것이다. 연좌되느니 차라리 자발적으로 들어가는 게 낫다.

상수는 혜강이 피살되는 것을 보고 두려움에 벼슬길에 나아가 자신을 보전했다. 『진서·상수전』의 기록에 따르면 상수가 낙양에 들어가 벼슬을 하자 사마소가 비꼬는 말투로 "그대는 기산(箕山)의 뜻이 있다고 들었는데 어찌 여기에 오게 되었는가?"라고 물었다. 기산은 하남 등봉(登封)의 동남쪽으로, 요임금 때 허유(許由), 소부(巢父)가 은거했다는 곳이라 후에 은거하려는 마음을 기산의 뜻이라고 말하게 되었다.

상수는 어쩔 수 없이 대답했다. "소부와 허유는 지나치게 고고한 사람들이라 요임금의 마음을 헤아리지 못했으니 어찌 족히 흠모하겠습니까?" 소부, 허유 같은 사람들은 융통성이 없어 요임금이 현인을 애타게 구하는 마음을 이해하지 못했다. 그래서 은거 생활은 동경할 만한 가치가 없다는 말이다. 상수의 말에는 굴종의 쓰라림이 담겨 있다. 그러나 위세 등등한 사마소 앞에서 목숨을 보전하려면 어쩔 수 없었다. 진인각(陳寅恪)은 상수를 이렇게 평가했다. "혜강이 피살된 후 사상과 절개를 완전히 바꾸었다. 노장의 자연을 버리고 주공(周孔)의 명교를 따랐다."

그러나 상수는 벼슬을 하면서도 이렇다 할 직무는 하지 않았다. 『진서』에서 이렇게 기록했다. "후에 산기시랑, 황문시랑, 산기상시 등을 지냈지만 조정에서 직책을 맡지는 않았으니 자신을 보전했을 뿐이다. 직위에 있다가 죽었다." 이 말로 보자면 그는 관직에 있다는 명분이 필요했던 것 같다.

고대 중국에서 모든 지식인들은 정치에 참여하고자 했다. 자신들의 '치국평천하(治國平天下)'의 인생 가치관을 실현할 수 있기 때문이다. 혐오스러운 정권도 있었지만 생존과 생계를 위해 부득이하게 몸을 담았다. 이 점은 이해해야 할 것이다.

五

사마씨에 대한 죽림칠현의 세 번째 태도는 세상을 깔보고 인생을 즐기는 것이었다. 이런 유형의 대표적인 인물은 완함, 유령이다. 두 사람은 인생의 무의미함을 꿰뚫어 본 것 같다. 정치에 참여하지도 않았고 사마씨와 결탁하지도 않았다. 노장 사상을 숭상하며 자유분방을 추구했다. 약간의 관직 생활을 하긴 했지만 거의 신경 쓰지 않았고 마음 내키는 대로 행동했다. 주위의 시선에 얽매이지 않고 방종하다 보니 늘 놀랄 만한 언행이 있었다. 요즘의 말로 하자면 사람들의 주목을 받으려는 의도적인 행동이었다.

완함은 완적의 조카이다. 음악에 정통했고 비파를 잘 켰으며 술을 좋아했다. 천성이 자유분방하고 예법에 얽매이지 않는 성격이었다. 완함의 모친이 병상에 있을 때 그의 고모가 병문안 온 적이 있다. 그는 고모의 계집종을 보고 한눈에 사랑에 빠졌다. 선비족 여자였는데 고모에게 결혼하겠다고 얘기도 했다. 그러다 모친이 돌아가시자 완함은 장례를 치르고 고모도 자기 집으로 돌아갔다. 당초 고모도 계집종을 주겠다고 승낙을 했었는데 떠날 때 깜빡하고 데려갔다. 완함은 손님을 맞이하다가 그 소식을 들었다. 깜짝 놀라 손님의 말을 빌려 타고 고모를 따라가면서 너무 급해 상복도 갈아입지 못했다. 그는 고모를 만나 그 계집종을 자기 말에 태우고 돌아왔다. 그러면서 "사람은 잃어버리면 안 된다."라고 말했다. 후에 두 사람은 결혼해서 아이도 낳았다.

완함은 술을 좋아했는데 특히 여럿이 모여 마시는 것을 좋아했다. 잔도 보통 쓰는 술잔이 아니라 술을 독에 가득 담아놓고 너 한 잔 나 한 잔 하며 마셨다. 한번은 술을 마시고 있는데 돼지 몇 마리가 오더니 독에 머리를 박고 술을 먹었다. 그는 돼지를 쫓지 않고 같이 마셨다. 사람과 돼지가 같이 즐긴 일은 고금에 드물 것이다.

유령은 매일 술을 마셨는데 날이 어두워질 때까지 마셨다. 『진서』 본기의 기록을 보면, 그는 늘 작은 수레를 타고 다니며 그 위에서 맹렬히 술을 마셨다. 그러고는 하인에게 괭이를 들고 수레를 따르게 하며 말했다. "만약 내가 죽으면 나를 묻어라."

또 술에 관한 너무나 유명한 이야기가 있다. 어느 날 그가 술을 마시려는데 아내가 너무 지나치니 이제 술을 끊으라고 졸랐다. 유령은 "좋소! 내가 신에게 맹세하겠소."라고 대답했다. 그러고는 술과 고기를 준비하게 한 후 제단 앞에 꿇어앉아 축문을 읽었다. "하늘이 나 유령을 낳고 술로 이름나게 하셨습니다. 한번 마시면 한 섬이요 다섯 말이면 술이 깨니 부인의 말은 삼가 듣지 못하겠습니다." 말을 마치자 술과 고기를 가져와 크게 먹고 마셨다.

위진 명사들에게는 벌거벗는 유행이 있었다. 자신의 자유분방함을 과시하는 행동이었다. 유령도 예외는 아니어서 걸핏하면 옷을 벗었다. 한번은 손님이 왔는데 옷을 다 벗고 맞이했다. 손님이 나무라자 이렇게 말했다. "나는 천지를 집으로 삼고 가옥을 옷으로 삼는데, 그대는 왜 내 옷 속에 들어왔소?"

유령은 미친 듯이 방탕하기도 했다가 또 어떤 때는 겁약하기도 했다. 한번은 술을 많이 마시고 다른 사람과 시비가 붙었다. 상대가 주먹으로 치려 하자 유령은 황급히 말했다. "나 같은 갈비씨가 어찌 그대의 주먹을 감당하겠소?" 상대가 웃으며 그만두었다.

완함과 유령의 일탈 행위를 어떻게 평가해야 할까?

첫째, 위진 명사들의 자유분방함을 표현하는 것이다. 이는 당시에 유행한 사회적 분위기이고 긍정적으로 해석하면 정신의 자유와 인격의 독립을 추구하는 행동이다.

둘째, 얽매이지 않는 방탕한 행동으로 상대를 속이는 것이다. 실제로는 화를 피하고 자신을 보전하려는 위장술이다. 당시 사마씨가 권력을 독점하고 반대파, 심지어 무고한 사람들도 무자비하게 처단하자 지식인들이 공포를 느끼고 이런 일탈 행위를 통해 자신을 위장했다. 방탕의 배후엔 인격의 왜곡이 있었다.

죽림칠현으로 대표되는 위진 명사들은 지금과 1,000년 이상 떨어져 있다. 그들은 개성이 선명했고 권력자들을 멸시했으며 위험한 정치 환경 속에서 각종 방법으로 감정을 토로하며 생존을 추구했다. 그들은 매우 독특한 풍격을 발산했고, 중국 문화와 문인의 역사에 빛나는 점 하나를 찍었다.

죽림칠현의 두 중심인물 혜강과 완적이 세상을 떠난 후 산도, 왕융, 상수 등은 사마씨 정권에 참여했다. 이제 지식인들은 더는 위협적인 존재가 되지 않았다. 사마씨가 조위를 교체할 시기가 임박했다.

제10강

사마염, 위나라를 교체하다

一

앞서 말한 바와 같이 조조는 일찍이 세 마리의 말이 하나의 구유에서 먹는 '삼마동식일조(三馬同食一槽)'의 꿈을 꾼 적이 있다. 세 마리 말〔馬〕은 사마씨(司馬氏) 삼부자이고 구유〔槽〕는 조(曹)씨이니 조씨가 장차 사마씨에게 먹힌다는 의미이다. 이 꿈이 현실이 된다면 조조의 꿈은 불행하게도 예지몽이 된다. 사마의가 고평릉 정변을 발동하여 조위의 실권을 장악하기 시작했고 조정은 사마사, 사마소 형제에게 조금씩 잠식당했다. 이게 바로 '삼마동식일조'가 아닌가?

조위를 교체할 시기가 임박할 무렵 사마소의 나이는 이미 50여 세였다. 그 당시로 보자면 이미 노년이었다. 그는 자신의 자리를 후계자에게 물려주고 싶었다. 누가 적합할까?

전통에 따르면 일반적으로는 적장자에게 물려줘야 하는데 사마소의 적장자는 사마염(司馬炎)이다. 사마염은 236년 태어나 당시(265) 30세였다.

"관대하고 지혜로우며 어질고 후덕했다. 도량이 컸다."(『진서·무제기』) 사마소의 신하들도 이의가 없었다. 다만 사마소에게 다른 생각이 있었다. 그는 사마염보다 또 다른 아들 사마유(司馬攸)에게 관심이 더 많았다. 사마유는 사마염의 동생으로 같은 어머니의 형제였다.

사마소가 사마유에게 관심을 갖는 것에는 중요한 이유가 있다. 원래 그의 형 사마사는 아들이 없었다. 그래서 사마소는 사마유를 형에게 양자로 주었다. 사마유를 신변에 데리고 있지 않았지만 혈육의 정은 계속 느끼고 있었다. 더 중요한 이유는 사마소가 천하는 형 사마사의 것이고 자신은 잠시 맡은 것이라고 생각했다는 점이다. 그래서 그는 나중엔 이 자리를 사마유에게 돌려주겠다고 생각했다. 사마유가 형 사마사의 아들이 되었기 때문이다. 그래서 항상 사마유를 볼 때마다 자신의 자리를 어루만지며 "이것은 도부(桃符, 사마유의 아명)의 자리인데!"라고 탄식했다.

사마소는 사마유를 세우고 싶어 했고, 사마유도 총명하고 글공부를 좋아하고 글도 잘 썼다. 그러나 어쨌든 장자는 아니었다. 전통 종법제에서는 "적자를 세우는 것은 나이가 우선이니, 현명함이 아니다."라는 원칙이 있었다.

후계자를 세우는 것은 큰일이다. 그래서 사마소는 중요한 대신들 몇 사람에게 의견을 구했으나 모두 동의하지 않았다. 산도는 종법제에 입각해서 말했다. "장자를 폐하고 소자를 세우는 것은 예의에 맞지 않습니다." 가충도 말했다. "사마염은 덕행이 훌륭하니 군주의 자질이 있습니다. 바꿀 수 없습니다." 하증(何曾)과 배수(裵秀)도 거의 이구동성으로 말했다. 사마염은 "총명하고 무(武)에도 능하니 세상을 뛰어넘는 인재"이고 "남의 신하가 될 상이 아니"라는 것이었다. 많은 신하들이 한목소리로 반대하니 사마소도 어쩔 수 없이 사마염을 진왕 태자로 세웠다. 사마염이 후계자의 자격을 얻은 것이다.

고대 중국의 역사에서 태자를 세우는 문제로 투쟁이 벌어지는 일은 드물지 않았다. 이 점에서 사마소가 대신들의 의견에 따른 것은 현명했다. 사마유의 처신도 훌륭했다. 그는 자발적으로 후계자 선정 문제에서 물러났다. 사마염도 그를 후대하여 서진이 건립된 후 제왕(齊王)에 봉했다. 사마유는 군권을 갖고 조정의 중요한 대신이 되었다. 사마염의 만년에 두 사람 사이에 문제가 생기긴 했지만 그것은 훗날의 일이다.

함희 2년(265) 8월 사마소가 병으로 죽었다. 그해 12월 사마염은 많은 측근 대신들의 건의를 받아 제위에 올라 정식으로 황제가 되었다. 조위의 마지막 황제 위 원제 조환은 적극적으로 협조했다. 자신도 조씨 가문의 명운이 다했으니 물러나야 한다고 느꼈다. 그래서 조서를 내려 정식으로 퇴위를 선포했다. 조서에 다음과 같이 말했다. "진왕, 그대 가문은 대대로 황제를 보좌했으니 공훈이 하늘보다 높고 사해가 사마씨 가문의 은택을 입었습니다. 하늘이 나에게 황제의 자리를 그대에게 양보하게 했으니 부디 천명에 순응하여 사양하지 마시오!"

사마염도 황제 등극을 하며 전대의 선양(禪讓)* 관행에 따라 가식적으로 몇 번이나 사양했다. 태위 하증, 위장군 가충 등이 조정의 문무백관을 이끌고 가 수없이 권고하자 위 원제 조환의 선양을 받아들였다. 사마염은 제위에 올라 국호를 진(晉)으로 고쳤다. 역사에서 서진(西晉)이라고 하는 왕조이며 사마염이 바로 진 무제(武帝)이다. 역사는 때때로 놀랄 만큼 유사한 일이 다시 일어난다. 220년 조조가 죽자 아들 조비가 한 헌제를 끌어내

● 혈연관계가 아닌 사람에게 군주의 자리를 양보하는 것.

사마염이 위 원제의 선양을 받아 천자로 즉위하다

리고 위를 세워 황제가 되었는데, 265년 사마소가 죽자 아들 사마염이 똑같은 방식으로 즉위했다. 위 원제 조환은 차분하게 퇴위했고, 사마염은 결국 사마씨 가족의 숙원을 완성했다.

二

사마염(236~290)은 자가 안세(安世)로 서진의 개국 황제이다. 중국 역대 제왕 중에서 최상급 황제라고 할 수는 없지만 그래도 역사 발전에 공로가 있다. 그는 30세에 황제가 되었고 25년간(265~290) 재위했다. 사마염에게는 조부와 부친의 정치적·군사적 경험과 능력이 내재되어 있었다. 동시에 그는 또 위진 교체기의 격렬한 정치 투쟁 속에서 경험과 교훈을 얻어 즉위 초에는 이른바 '무위(無爲)'의 관용 정책을 실시했다.

태시 4년(268) 사마염은 조서에서 명확히 밝혔다. "황토를 길이 보위하기 위해 천하에 무위의 정치를 펼치려 한다." 무위의 정치를 국가 통치의 핵심 이념으로 삼겠다는 것이다. 무위는 도가 사상에서 말하는 개념으로 본래는 작위적인 행동을 하지 않는다는 뜻이다. 정치 이념으로서의 의미는 아무 사업도 펼치지 않는다는 것이 아니라, 주로 백성들의 생활에 관여하지 않고 조세와 부역, 대규모 토목 공사를 줄이는 것이다. 쓸데없는 일을 벌이지 않고 백성들에게 안정적인 생산과 생활 환경을 주는 것이다. 역사적으로도 국가가 보통 사회적 격변을 겪은 이후에 이런 정책을 실시해서 사회를 안정시키고 경제를 회복했다. 서한 초기 문경지치(文景之治)*의 치세에 이런 청정 무위의 정치를 실시했다.

그해 사마염은 또 치국의 기본 원칙인 다섯 가지 조령을 반포했다. 첫째는 '정신(正身)'이고 둘째는 '근백성(勤百姓)'이고 셋째는 '무고과(撫孤寡)'이고 넷째는 '돈본식말(敦本息末)'이며 다섯째는 '거인사(去人事)'이다. '정신'은 위정자 자신이 본보기가 되어 좋은 영향을 주는 것이다. '근백성'은 백성들의 생활을 돌보는 것이다. '무고과'는 사회의 노년층과 극빈층을 돌보는 것이다. '돈본식말'은 중국의 전통적 치국 이념인데 '본'은 농업을, '말'은 상업을 가리킨다. 그래서 '돈본식말'은 중농억상을 말한다. '거인사'는 인간관계를 너무 복잡하고 번잡하게 하지 않는 것이다.

조령의 정신을 현실화하기 위해 사마염이 먼저 실천했다. 예를 들면 사치를 금지한 일이다. 언젠가 사마염의 병이 낫자 대신들이 선물을 보내 축

● 문제와 경제 시기의 태평성대를 가리키는 말.

하한 적이 있다. 사마염은 이를 금지시키며 조서를 내렸다. "돌림병을 만나 목숨을 잃는 일들을 생각하면 슬퍼 눈물이 난다. 군주로서 어찌 자신의 휴식만 생각하고 백성의 고통을 잊겠는가? 앞으로는 예를 올리는 것을 금지한다."

어느 해 초봄, 사마염은 '적전(耤田)'의 예를 거행했다. 군주가 밭에 나가 직접 땅에 쟁기질을 하고 씨를 뿌리는 의식이다. 농경을 중시하는 마음을 백성들에게 시범으로 보여주는 것이다. 의식이 곧 시작될 무렵 시종이 급히 보고했다. "소를 끌 때 쓰는 푸른 줄이 끊어졌습니다. 줄 하나를 바꾸겠습니다." 사마염은 제지하며 "소를 몰아 쟁기질할 때는 한 줄로도 족하다."라고 말했다. 사마염은 또 조서를 내려 호화로운 가무연을 금지했다. 궁중의 화림원에서 거행하던 나무인형 놀이도 금지하고 각종 수렵 도구도 몰수했다.

함녕 4년(278) 태의가 사마염에게 꿩의 머리 깃으로 꾸민 귀한 옷을 헌상했는데 매우 아름다웠다. 사마염은 받지 않았을 뿐 아니라 크게 화를 내며 궁중 뜰에서 모두가 보는 가운데 이 옷을 태웠다. 그리고 궁중에서 이런 행동을 하면 반드시 문죄하겠다는 조서를 내렸다.

사마염의 이런 행동은 작위적인 감이 없지 않지만, 사회에 어느 정도 긍정적인 영향을 주었다. 아쉽게도 끝까지 추진하지는 못했고 사치는 이후 서진의 심각한 사회 문제가 되었다.

三

사마씨 가족들의 공통적인 성격은 포용을 잘 하지 못하고 원한은 반드시 갖는다는 점이다. 예를 들면 사마의, 사마사, 사마소 모두 반대파를 인정사정없이 철저하게 공격했다. 이런 방면에서는 사마염이 그들보다 나았다. 통 크게 관용을 잘 베풀었다. 『진서·무제기』에서도 "관대하고 지혜로우며 어질고 후덕했다. 도량이 컸다"고 기록했다. 한번은 사마염이 태묘에서 제사를 올리는데 태상승 허기(許奇)도 그 자리에 있었다. 그는 부친 허윤(許允)이 하후현 일에 연루되어 사마소에게 죽임을 당한 사람이었다. 대신들은 혹시 모를 돌발적인 사고를 우려하여 허기를 가까이 하지 말라고 건의했다. 그러나 사마염은 이에 개의치 않고 허기에게 재능이 있다고 칭찬하며 관직을 높여주었다. 또 사마염의 도량을 잘 보여주는 사건은 이밀(李密)의 문제를 처리한 일이다. 이밀은 촉의 관리였는데 촉이 멸망한 후 망국의 신하가 되어 벼슬길이 막히자 집에서 조모 유씨를 봉양했다. 서진이 건립된 후 진 무제 사마염은 이밀을 태자세마(太子洗馬, 도서를 관리하고 태자의 학습을 담당하는 직)로 임명하여 낙양으로 데려왔다. 진 무제는 왜 이밀을 관리로 등용했을까?

첫째, 당시 동오가 아직 강동에 있었기 때문에 향후 동오 정복을 위해 동오의 민심에 영향을 주려는 의도였다. 촉의 망국 신하에게 회유 정책을 취하면 서진의 관대한 포용력을 보여줄 수 있기 때문이다. 둘째, 이밀은 당시에 효로 이름이 난 인물이었다. 진 무제도 "효로 천하를 다스린다."라는 구호 아래 효도를 널리 장려했다. 효로 가정 관계를 유지하고 효로 군신 관계, 더 나아가 사회 질서를 유지하기 위해서였다. 셋째, 태자 교육을 위함이다. 태자로 세웠던 사마충(司馬衷)이 총명하지 않아 사마염은 보좌를 맡길 명신을 찾았다. 그러나 이밀은 출사에 뜻이 없어 정중하게 표를 올려 사양했다. 그는 「진정표(陳情表)」를 써 사마염에게 출사할 수 없는 자신의 이유를 설명했는데 그 언사가 매우 진실했다. 조모가 자신을 키워준 은혜와 자신이 조모를 돌봐야 하는 대의를 극진하게 서술하고 자신을 알아준 조정에도 감사를 표했다. 또 명을 따를 수 없는 자신의 괴로움을 토로했는데 그 감정이 완곡하면서도 절절했다.

「진정표」는 감정이 진실하고 문필이 유창하여 중국문학사에서 서정문의 대표작으로 손꼽힌다. "이밀의 「진정표」를 읽고 눈물을 흘리지 않으면 효자가 아니다."라는 말이 있을 정도였다.

이밀은 「진정표」에서 무턱대고 사마염의 뜻을 거절한 것이 아니라 자신이 충효 양면에 모두 힘을 기울였음을 표현했다. "신 이밀은 금년 44세이고 조모 유씨는 96세입니다. 신이 폐하께 충성과 절개를 다할 날은 길지만 조모를 봉양하여 보답할 날은 짧습니다."『진서·이밀전』의 기록에 따르면 사마염은 그의 「진정표」를 보고 크게 감탄했다. "선비가 이름이 난 이유는 괜한 것이 아니다!", "그 정성스러움을 칭찬했다", "조서를 멈추었다" 등의 기록이 있다.

물론 이 일도 사마염이 의도적으로 남에게 보여주려 했던 행동으로 보기도 한다. 그러나 다음의 일은 사마염의 넓은 도량과 식견을 인정하지 않을 수 없다. 어떤 일일까?

이 일은 석포라는 인물부터 말해야 한다. 석포(石苞, ?~272)는 자가 중용(仲容)이고 발해 남피(南皮, 지금의 하북성 남피현南皮縣의 동북쪽) 사람이다. 처음에는 수레를 끄는 마부에서 시작했는데 한 발 한 발 높은 자리로 올랐다. 그는 전쟁에 능하여 공을 세워 진동장군에 임명되었다. 사마씨의 황위 찬탈 밀모에 가담한 서진의 중요한 개국 공신이다. 서진 초기 대사마에 임명되었고 회남에 주둔했다.

회남은 많은 사건이 벌어진 곳이다. 일찍이 '회남삼반'이라 하는 세 번의 반란 사건이 일어났다. 동오와 거리가 가까운 전략적 요충지이기 때문에 사마소가 제갈탄의 반란을 진압하고 석포를 보내 수춘을 지키게 했다.

태시 4년(268) 석포는 11년째 수춘을 지키고 있었다. 석포의 지휘 능력이 뛰어나 병력이 강성한데 동오와 가까운 전선에서 오래 있다 보니 구설수가 생기기 시작했다. 당시 이런 노래가 나돌았다. "궁중의 큰 말이 나귀가 되었는데, 큰 돌이 나귀를 눌러 꼼짝 못 하네." 큰 말은 진 무제 사마염을 말하고 큰 돌은 석포를 말한다. 큰 돌이 말을 눌렀으니 신하가 강하고 군주가 약하다. 이럴 수 있는가? 회북 감군 왕침(王琛)은 석포와 사이가 나빴는데 이 틈을 타 사마염에게 석포가 동오와 내통한다고 보고했다. 풍수를 보는 사람도 사마염에게 동남 방향에서 큰 군사가 일어날 것이라고 말했다. 형주자사 호열(胡烈)도 표를 올려 동오에서 대규모 군사 행동을 준비하자 석포가 보루를 구축하고 수로를 파 방어 태세를 취했다고 보고했다. 이런 일련의 소식이 전해지자 사마염은 의심하지 않을 수 없었다.

사마염은 정치·경제 방면에서는 공신을 우대했지만 군사 방면에서는 매우 민감했기 때문에 장수가 독단적으로 보루와 같은 방어진을 구축하는 일은 절대 엄금했다. 중앙 정부에 위협이 되기 때문이다. 그는 석포에 대한 의심이 들자 대신 양호(羊祜)에게 말했다. "그동안 동오가 침범하면 항상 동서 양측에서 호응했는데 이번에 일부 군대만 북상하는 것이 설마 석포와 호응하는 것일까? 석포가 정녕 모반한 것인가?"

바로 이때 발생한 사건이 사마염의 의심을 가중했다. 당시 석포의 아들 석교(石喬)는 상서랑이었는데 사마염이 석교를 불렀을 때 제때에 오지 않았다. 석교가 소식을 받지 못했을 수도 있고 잘못 알았을 수도 있다. 며칠을 기다려도 오지 않자 사마염은 점점 석포가 모반했다는 증거라고 생각했다. 이에 태시 4년 9월에 "적의 형세를 예측하지 못하여 백성을 힘들게 했다"는 죄명으로 석포를 면직하고 그의 병권을 해제했다. 그리고 종실 사마망(司馬望)을 회남으로 파견하여 동오를 대비하게 했다.

석포는 사전에 이런 상황을 전해 들었다. 사실 그는 모반의 뜻이 전혀 없었다. 모든 것이 사마염의 오해라고 생각했다. 만약 일이 잘못되면 자신은 또 다른 제갈탄이 되어 큰 화를 입게 되는 것이다. 사마염의 오해를 풀기 위해 석포는 자발적으로 병권을 내려놓고 단신으로 수춘성 밖 도정(都亭)으로 가 대죄했다. 사마염은 소식을 듣고 깊이 생각했다. 만약 석포가 정말 모반을 했다면 병력을 거느리고 항거를 했거나 남쪽으로 도피했을 것이다. 지금 혼자 도정에서 관군을 기다리고 있다는 것은 그가 떳떳하다는 것을 설명한다. 사마염은 비로소 안심하고 석포를 더는 추궁하지 않았다. 후에 석포를 만났을 때 사마염은 다소 미안한 마음이 들어 석포에게 말했다. "그대의 아들 석교가 하마터면 그대 집안을 큰일 나게 할 뻔했네!"

이 사건 후 사마염은 석포를 더욱 신임하게 되어 얼마 후 사도에 임명했다. 태시 8년(272) 2월 석포는 병사했다. 사마염은 크게 상심하여 직접 장례에 참석했다.

이 일을 보면 사마염은 매우 주도면밀한 인물이며 타인을 원만하게 대하여 갈등이 격화되지 않도록 처리하는 능력이 있었다.

四

사마염은 황제의 자리에 오른 후 종실 제후와 조정 대신의 대우 문제가 매우 중요한 일이라는 것을 느끼고 분봉제(分封制)를 시행하기로 결정했다.

분봉제는 고대 중국의 중요한 정치 제도로 오래전부터 내려오던 것이다. 서주 시기에 완비된 분봉제는 한 층씩 봉을 내리는 방식으로 토지와 인구를 제후, 경대부, 사에게 분배하여 피라미드형의 등급 계단을 세우는 것이다. 진나라는 천하를 통일한 후 분봉제를 폐기하고 군현제(郡縣制)*를 시행했다. 유방은 한나라를 세운 후 진의 패망 원인을 분석하여 자제들을 왕으로 분봉하지 않았기 때문이라는 결론을 내렸다. 그리고 유씨 성의 자제들에게 분봉하여 왕으로 삼고 군국병행제(郡國竝行制)**를 실시했다. 조위 시기에 사마씨와 조씨가 10여 년간 대립하다가 왕조 교체가 이루어지자 사마염은 천하를 차지한 경험을 종합하여 결론 내렸다. 조위는 종실 황친을 각지로 보내지 않았기 때문에 중앙 정권을 지켜줄 울타리가 없었고, 정권이 위기에 처할 때 국가를 호위할 지지 세력이 없었다는 것이다.

예를 들면 조비는 황제가 된 이후 권력의 약화를 우려하여 종실을 단속하고 제한하는 정책을 취했다. 여러 형제들에게 봉작을 내리긴 했지만 명목상의 자리일 뿐 실질적이지 않았다. 모든 봉국에 100여 명의 노병만 주었고 왕은 30리를 넘어 사냥할 수 없었다. 자유롭게 모임도 갖지 못했고 사실상 봉지 내에 감금된 것과 마찬가지였다. 심지어 보통 백성이 되고 싶어도 그럴 수 없었기 때문에 조씨 종친 형제들은 불안과 공포 속에 살았다. 지방 정권이 과대하여 중앙 정권을 위협하는 국면은 형성되지 않았지만 황실이 고립무원의 병폐에 빠지다 보니 사마씨가 세력을 키울 수 있었

---

* 전국을 군현으로 나누고 중앙에서 임명한 관리가 통치하는 제도.
** 일부 지역은 분봉하고 나머지 지역을 군현제로 통치하는 제도.

고 결과적으로 조정의 대권을 빼앗겼다.

　이런 분석을 바탕으로 사마소 집정 시기에 분봉제에 대한 논의가 시작되었다. 이 제도를 갖추기 위해 사마소는 우선 오등작제를 회복시켰다. 이른바 오등작이란 공(公), 후(侯), 백(伯), 자(子), 남(男)의 다섯 등급으로 작위 등급에 따라 식읍의 수량은 차이가 있었다.

　서진이 건립된 후 사마염은 원래 오등작의 기초 위에 새로 왕작을 추가해 최상 등급에 두었다. 그 아래에는 그대로 공, 후, 백, 자, 남이니 육등급 작위제로 바꾼 것이다. 사마염은 처음 분봉을 실시할 때, 27명의 왕을 봉했는데 조환(曹奐, 원래 위 황제였다가 진류왕으로 분봉됨) 한 명을 제외하고 나머지는 모두 사마씨 종친이었다. 그러다가 몇 년 동안 계속 증원하여 나중에는 57명의 왕이 생겼다.

　왕의 권력은 컸다. 봉국 내에 자신의 군대를 보유할 수 있었다. 식읍 2만호의 땅에는 상, 중, 하 삼군을 두었으며 사병 5,000명을 받았다. 식읍 1만호의 땅에는 상·하 이군을 두었으며 사병 3,000명을 받았다. 식읍 5,000호의 땅에는 일군을 두었으며 사병 1,500명을 받았다. 왕들은 봉국 내에서 관리 선발권을 갖고 있어서 자유롭게 부하 관속을 임명할 수 있었다. 제왕 사마유(司馬攸)가 중앙 정권의 지방 통제를 강화하려고 종친 왕들의 관리 선발권을 금지하자는 건의를 올렸지만 사마염은 받아들이지 않았다.

　서진 초기 분봉을 실시한 후, 많은 종친 왕들은 자신의 봉국으로 돌아가지 않고 여전히 경성에 머물렀다. 그들은 경성의 번화함과 생활의 안락을 더 선호했다. 함녕 3년(277) 7월, 위장군 양요(楊珧)가 사마염에게 상소를 올렸다. 종친들을 번왕으로 봉한 것은 그들이 지방을 지키며 중앙을 호위하게 하려는 목적이었는데 지금 그들은 대부분 경성에 머무르고 다른 성씨의 장수들이 변경을 지키고 있다. 이들은 종실 성원만큼 신뢰할 수 없으니 지나치게 의지해서는 안 된다는 것이 양요의 주장이었다. 사마염은 양요의 건의가 타당하다고 여겼다. 이에 조서를 내려 관직을 가진 종친 왕들의 경성 체류를 금지하니 모두 자신의 봉국으로 돌아가라고 명했다. 이후 "왕들은 경성에 미련이 많아 울면서 떠나갔다."라고 기록되어 있다.

사마염의 분봉제에 대해서는 학자들의 견해가 나뉜다. 혹자는 종친이 지방에서 군사력을 갖고 자신의 세력을 키웠기 때문에 훗날 사회 동란의 원인이 되었다고 말한다. 이 문제는 객관적인 분석이 필요할 것 같다. 첫째, 서진의 왕들은 명의상 봉토를 갖고 있고 수하 관리를 임명할 수 있었다. 그러나 마음대로 관리와 백성을 통제하는 것은 아니고 행정권은 여전히 지방 관원이 관리했다. 둘째, 제후가 식읍을 받았지만, 실제로는 국가가 호구에 따라 걷은 조세 중 3분의 1을 봉록으로 받은 것이다. 분봉받은 제후가 있다고 해서 중앙의 지방 통제나 국가의 재정 수입에 큰 영향을 주지는 않았다. 그래서 서진 초기의 분봉제가 이후 사회 동란의 원인이 되었다고 보기는 어렵다.

총체적으로 보자면, 사마염은 서진 건립 초기 최선을 다해 국가를 통치했다. 무위의 정책을 시행하여 백성들의 안정적인 생활을 이끌었고 능력 있는 인재를 등용하여 능력을 발휘할 수 있게 했다. 경제가 발전하자 사회도 안정되었고 국력이 강성해져 동오의 멸망과 중국 통일을 위한 기초를 건실히 쌓았다. 당 태종 이세민은 이때의 사마염에 대해 긍정적인 평가를 내렸다. "천명을 받아 즉위하여 천하를 통치하며 널리 백성을 교화했다.", "사치를 억제하니 검약(儉約)한 풍속으로 변했으며 경박한 풍조가 그치고 순박함을 회복했다." 사마염의 이러한 공헌은 높이 평가해야 할 것이다.

제11강 천하 통일

—

　중국에는 역사의 흐름을 표현하는 말이 있다. "천하대세는 나누어진 지 오래되면 합쳐지고 합쳐진 지 오래되면 나누어진다." 이 말은 어느 정도는 타당하다. 고대 중국을 보면 통일과 분열이 교대로 등장했다.

　동한 말년, 농민 봉기와 군벌의 혼전으로 분열이 시작되었다. 적벽대전 이후 천하는 삼분되어 위·촉·오 삼국이 정립했다. 비록 분열의 국면이었지만 곧 부분적으로 통일 상태가 출현했다. 263년 조위가 촉한을 멸망시키고 280년 서진이 동오를 멸망시켰다. 삼국이 진으로 귀속되고 천하 통일이 실현되었다.

　서진이 동오를 멸하고 동한 이래 장기 분열의 국면을 끝낼 때, 이 통일 전쟁을 지휘한 인물이 바로 진 무제 사마염이다.

　서진은 건립 후 무위의 정치를 실행하면서 사회 안정과 경제 발전을 가져왔다. 이런 국면과 상대적으로, 양자강 하류에 위치한 동오는 혼란이 극심해져 엄중한 정치적 위기에 빠졌다. 사마염이 서진을 세우기 1년 전인 264년, 동오 역시 새로운 황제가 등극했다. 바로 손권의 손자 손호(孫皓)이다.

손호는 치국의 능력이 전혀 없었고 황음무도하고 잔인했다. 『삼국지』 기록에 따르면 그는 즉위 후 "포악하고 교만에 가득 차 꺼리는 것도 많았으며 주색에 빠져 사람들이 실망했다." 자신의 욕망을 채우기 위해 궁녀를 대규모로 선발했으며 대신의 딸들을 후궁으로 뽑아놓고 나중에 탈락한 사람만 시집갈 수 있도록 했다. 그의 방탕한 행동을 반대하는 신하도 있었는데 손호는 이들에게 잔혹한 형벌을 내렸다. 중서령 하소(賀邵)가 그만둘 것을 권하자 손호는 뜨겁게 달군 톱으로 하소의 머리를 잘라 죽였다. 또 상서 웅목(熊睦)이 손호의 잔폭함을 막으려고 간언하자 대로하여 칼자루의 쇠고리를 뽑아 그를 때려 죽였다.

요즘 관점으로 말하자면 손호는 변태 학대광이었다. 그는 타인을 잔인하게 괴롭히면서 쾌락을 느꼈고 고통스럽게 죽어가는 모습을 즐겼다. 때로는 대신들에게 술을 먹여 만취하게 만들기도 했다. 술에 취해 깊은 속내를 말하거나 무책임한 말을 하는 사람도 있었는데 손호는 자기가 듣고 기분 나쁘면 마음대로 죄를 물어 죽였다. 형벌도 얼굴 가죽 벗기기, 눈알 파내기, 두 발 자르기 등 잔인하기 그지없을 정도였다. 혼군의 통치 아래에서 대신들은 불안과 공포에 떨었고 백성은 민생에 전념할 수 없었으며 장수들은 서진에 투항하기 시작했다. 민심이 동요하고 국력이 날로 쇠약해졌다. 동오의 멸망 시기가 다가왔다.

비록 심각한 위기 상황이긴 하지만 그래도 동오는 강대국이었다. 군사력이 촉보다 훨씬 강력했다. 먼저 양자강은 천연의 방패였다. 강폭이 넓고 물결은 거세 건너기가 쉽지 않았다. 또 오나라는 수전에 익숙하고 각종 전선이 5,000여 척이나 있었다. 예전 조조도 수전에 익숙하지 않아 적벽에서 패전하지 않았던가. 사마염은 이 점을 잘 알고 있었기 때문에 충분히 준비한 후에 최후 공격을 감행해야 한다고 생각했다. 그러면 동오 침공을 어떻게 준비했을까?

첫째, 형주(荊州)를 지키며 건업(建業, 동오의 수도로 지금의 남경)을 견제했다. 형주는 양자강 중류에 있는 전략적 요충지로서 형주를 점령하면 강을 타고 강동을 칠 수 있다. 형주를 지키는 중임은 양호(羊祜)가 맡고 있었다.* 양호는 자가 숙자(叔子)이며 사마사의 처남이었다. 재능이 출중하고 전쟁에 능해 조정에서 신망이 높았다. 양호는 형주를 맡은 후 양양(襄陽)에서 백성들을 돌보며 부세를 경감하고 전략 물자 비축에 힘썼다. 특히 군량으로 쓸 양곡은 10년 치를 비축했다.

둘째, 전선을 제조하여 수전에 대비했다. 수전에 강한 동오를 상대해야 하기 때문에 사마염은 양자강 상류의 익주(益州)에서 전선을 제조하도록 했다. 이 일은 익주자사 왕준(王濬)이 맡았다. 왕준은 자가 사치(士治)로 지략이 많고 조직 편제에 뛰어났다. 그는 1만여 명을 징집하여 배를 만들었는데 큰 배는 길이가 120보에 달했고 2,000명을 태울 수 있었다. 배를 만들며 생긴 폐기물이 강을 따라 흘러내려가 남측 형주에 닿자 이를 본 관리가 손호에게 보고했다. "서진이 양자강 상류에서 배를 만들고 있습니다. 머지않아 강을 타고 우리를 공격할 것입니다. 신속히 증병하여 대응해야 합니다." 그러나 손호는 그 말을 듣지 않았다.

• 당시 형주에는 9개 군이 있었는데 북부 지역은 서진의 영토였고 남부 지역은 동오의 영토였다.

동오 침공 준비가 순조롭게 진행되면서 공격 개시의 목소리도 날로 높아졌다. 그중 양호가 가장 적극적이었다. 그는 사마염에게 누차 글을 올려 동오 정벌을 시작하자는 뜻을 표했다. 그러나 조정 대신들은 아직 시기상조라고 보았고 사마염도 망설였다. 후에 양호는 병에 걸려 자신에게 시간이 얼마 남지 않았다고 느꼈다. 마음이 급해진 그는 탄식했다. "천하에 뜻대로 되지 않는 일이 늘 열 중에 일고여덟이구나. 지금 하늘이 우리에게 좋은 기회를 주었건만 반드시 일이 어긋난 후에야 후회를 하겠는가?" 양호는 자신의 생전에 양자강 남북의 통일이라는 웅장한 국면을 보고 싶었다. 그는 친구인 중서령 장화(張華)가 찾아왔을 때 장화에게 말했다. "오나라의 정치는 너무나 잔혹하네. 지금 진공한다면 반드시 일거에 승리를 거둘 것일세. 그런데 만약 우리가 출병을 하지 않고 손호가 죽어 오나라에서 현명한 군주가 새로 즉위하면, 그때는 우리가 백만 대군이라도 양자강이라는 천혜의 장애물을 넘을 수 없네." 그는 장화에게 부탁했다. "그대가 반드시 나의 숙원을 풀어주게!" 그는 또 저명한 장수인 두예(杜預)를 자신의 후임으로 추천했다.

함년 4년(278) 양호가 세상을 떠났다. 이 걸출한 군사가는 비록 전국 통일의 그날을 보지 못했지만 동오 정벌에 대한 그의 공헌은 실로 사라지지 않았다. 동오가 멸망한 후 사마염은 크게 한탄하며 말했다. "이는 모두 양태부의 공로이다!"

양호의 사후에도 주전파의 주장은 약해지지 않았다. 익주에서 전선을 제조하던 왕준이 사마염에게 상소를 올렸다. 전선을 제조한 지 이미 7년이 지났으며 초기에 만든 배는 지금 사용하지 않으면 썩는다는 의견이었다. 이때 왕준은 이미 70세였다. 그도 자신의 생전에 동오의 평정을 보고 싶었던 것이다.

사마염은 망설이던 끝에 장화를 불러 바둑을 두며 생각을 정리하려 했다. 마침 이때 전쟁을 촉구하는 두예의 상소가 도착했다. 주전파였던 장화도 이 기회를 빌려 동오 정벌의 성공 가능성을 적극 피력했다. "폐하는 무에 능하시며 국가는 부유하고 병력은 강성합니다. 동오의 군주는 잔악하여 어진 대신들을 주살하고 있으니 지금이 출병의 적기입니다. 더는 주저할 수 없습니다!" 주전파의 강력한 설득에 사마염은 마침내 천하 통일을 위한 동오 정벌을 결심했다.

二

함녕 5년(279) 동오 정벌이 정식으로 시작됐다. 208년 조조의 동오 공격 이후 대규모 강남 정벌 군사 작전이었다. 사마염의 출병이 조조 때와 다른 점은 충분한 준비와 엄밀한 계획을 거쳐 사기가 높았다는 점이다.

그해 11월, 서진은 20만 대군을 출동하여 6로로 나누어 대거 동오를 공격했다. 육상으로는 5로로 진군했는데 진군장군 사마주(司馬伷)가 도중(涂中, 지금의 안휘성 저현滁縣)으로, 안동장군 왕혼(王渾)이 강서(江西, 지금의 안휘성 화현和縣)로, 건위장군 왕융(王戎)이 무창(武昌, 지금의 호북성 악성鄂城)으로, 평남장군 호분(胡奮)이 하구(夏口, 지금의 호북성 무한武漢)로, 진남장군 두예(杜預)가 강릉(江陵, 지금의 호북성 강릉江陵)으로 출격했다. 수상으로는 1로였는데 용양장군 왕준(王濬)이 수군 7만 병력을 이끌고 양자강을 따라 동하하여 건업으로 출격했다. 서진의 대군은 사기가 높았다. 끝없는 철기 부대의 행렬이 이어져 마치 성난 파도처럼 출렁이며 동

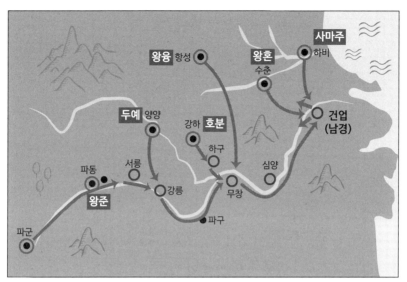

서진의 동오 정벌 경로

오를 향해 진격했다.

　동오의 황제 손호는 서진의 침공 소식을 듣고 크게 놀라 황급히 문무 대신 회의를 소집했다. 그들은 적을 격퇴할 대비책을 상의하고 병력을 나누어 서진 군사를 막기로 했다. 손호가 민심을 잃은 데다 동오는 오랫동안 전쟁에 대비하지 않았기 때문에 강력한 서진군의 적수가 되지 못했다. 얼마 후 각지 부대들의 패전 소식이 전해졌고 동오의 주요 지역이 하나씩 함락되었다. 이듬해(280) 봄, 서진의 각로 군사들이 강릉, 무창, 하구 등 요지를 차례로 점령하고 파죽지세로 동오의 심장부를 향해 진공했다.

　서진의 각로 부대 중 주력은 왕준이 이끄는 수군이었다. 그들은 양자강 상류인 성도(成都)에서 출발하여 먼저 단양(丹陽, 지금의 호북성 자귀秭歸)을 공격했다. 그런데 강에는 긴 쇠사슬이 연결되어 있고 한가운데에는 거대한 쇠침이 무수하게 설치되어 있었다. 배가 부딪히면 바닥에 구멍이 나 침몰하도록 동오군이 설치한 것이다. 이런 장애물을 뚫기 위해 왕준은 길 이 백 보 이상의 뗏목을 제작하도록 명하고 갑옷과 병기로 무장한 허수아 비를 대량으로 세워두었다. 멀리서 보면 마치 병사들이 가득한 전선 같았 다. 그리고 수영에 능한 병사들에게 물에 들어가 뗏목을 끌게 했다. 쇠침이 뗏목에 박히자 쇠침의 고정 장치도 뗏목과 함께 물에 떠내려갔다. 또 뗏목 위에 열 장 길이의 기름을 뿌린 횃불을 설치하여 쇠사슬이 나오면 횃불로 태웠다. 뜨거운 불길에 쇠사슬이 녹아 끊어졌다. 왕준의 선단은 이렇게 방 어를 뚫고 단양을 함락했고 이어 서릉(西陵), 이도(夷道)를 공격했다. 이때 두예의 군대는 이미 강릉에 도달했으며 기타 군대들도 동오의 수도인 건 업에 접근하고 있었다.

280년 3월, 왕준의 군대가 건업에 진입했다. 손호는 물러날 곳이 없자 어쩔 수 없이 항복했다. 네 군주를 거치며 57년을 이어 오던 오나라가 이 렇게 멸망했다. 반세기 넘도록 이어지던 삼국정립의 시대도 마침내 막을 내 리고 천하 통일이 이루어졌다. 진 무제 사마염이 발동한 동오 정벌은 중요 한 역사적 의미를 갖고 있다. 서진은 위진남북조 400여 년의 역사 중 유일 한 통일 왕조이다. 통일은 국가적 응집력과 민족 융합의 발전에 큰 영향을 준다. 구체적으로 다음과 같이 말할 수 있다.

첫째, 전란의 종식과 사회 안정은 경제 회복과 발전을 촉진하고 백성들 이 안정적인 환경에서 생활할 수 있게 만든다. 이것이 민심의 향배이다. 동 한 말년에서 동오의 멸망까지 100여 년 동안은 중국 고대사에서 가장 혼 란한 시기였다. 군벌의 혼전으로 백성들은 민생에 전념할 수 없었고 많은 생명이 전장에서 죽었다. 조조의 시에 "문을 나서면 보이는 것은 없고 백골

만이 들판을 덮고 있네.(出門無所見, 白骨蔽平原)"라는 구절이 있는데 당시 사회의 참상을 정확하게 반영했다. 이제 국가가 통일되고 전쟁이 감소하면서 백성들은 안정적인 생활을 할 수 있게 되었다.

둘째, 국가 통일은 교통을 발전시켜 각지의 경제·문화 교류를 활발하게 하고 중화 문명의 창신(創新)과 발전을 촉진한다. 중국이 가장 강성했던 시기는 모두 한, 당, 명, 청처럼 통일의 시기였다.

셋째, 중국은 오래전부터 다민족 국가였다. 통일은 각 민족이 평화롭게 왕래할 수 있게 해주어 민족의 응집과 융합을 촉진한다. 전란은 종종 잔인한 복수를 반복하기 때문에 민족의 공동 발전에 불리하다.

훗날 서진의 중국 통일에 대해 감격스러운 마음을 남긴 문인들이 많다. 당나라의 저명한 시인 유우석(劉禹錫)은 한 편의 시로 이 장거를 찬미했다.

王濬樓船下益州(왕준누선하익주)　왕준의 누선 익주에서 내려가니,
金陵王氣黯然收(금릉 왕기암연수)　금릉엔 왕의 기운 어둠 속으로
　　　　　　　　　　　　　　　사라지네.
千尋鐵鎖沈江底(천심철쇄침강저)　천 길 쇠사슬 강바닥에 가라앉고,
一片降幡出石頭(일편항번출석두)　항복의 깃발 한 폭 석두성에 걸렸네.
　　　　　　　　　　　　　(유우석, 「서새산회고(西塞山懷古)」)

사마염은 서진을 건립한 후 15년 만에 천하 통일의 대업을 달성했다. 사마염이 중국 역사에 미친 가장 큰 공헌이다.

三

서진은 280년 중국을 통일한 후 중요한 발전의 단계로 진입했다. 동오 평정을 축하하기 위해 진 무제 사마염은 연호를 태강(太康, 280~290)으로 바꾸었다. 천하가 통일된 후 경제 질서의 회복과 생산의 발전을 위해 진 무제는 일련의 적극적인 정책을 시행했다.

태강 원년, 서진 정부는 점전(占田), 과전(課田), 호조 법령(戶調法令)을 반포하여 생산을 발전시켰다. 점전이란 농민들이 법률상 정해진 토지를 점유하도록 허가하는 것이다. 남자는 1인당 70묘를 점유할 수 있고 여자는 1인당 30묘를 점유할 수 있다. 과전은 농사를 감독하고 심사한다는 의미로, 정부가 농민들에게 징수하는 논밭의 조세와 수확물을 말하기도 한다. 규정은 이러하다. 정정(正丁, 16~60세) 남자는 50묘당 징수하고 여자는 20묘당 징수한다. 차정(次丁, 13~15세, 61~65세) 중에서도 남자는 절반을 감세하여 25묘당 징수하고 여자는 면제한다. 과전의 조세는 얼마일까? 1묘당 여덟 되를 납부하고 50묘가 되면 네 섬을 냈다. 그 외에도 서진 정부는 호조제(戶調制)를 반포했다. 즉 가구 수에 따라 실물을 징수하면서 정정 남자가 호주가 되면 매년 견 3필과 면 3근을 납부하고 부녀와 차정 남자가 호주가 되면 그 절반을 납부했다.

그렇다면 이 점전제를 통해 농민이 규정된 토지를 얻을 수 있도록 국가가 보장해주었을까? 그렇지는 않다. 점전은 단지 국가가 규정한 숫자일 뿐이다. 농민이 토지를 점유하는지 아닌지는 국가가 신경 쓰지 않았다. 하지만 과전의 숫자는 고정되어 있어서 어떤 상황에서도 내야 하는 조세와 실물은 줄어들지 않았다. 강제성이 있었다.

점전제를 긍정적으로 평가하자면 농민과 토지의 결합을 촉진했다는 의미가 있다. 농민들의 토지 개간과 이용을 어느 정도 촉진했고 국가가 통일되고 사회가 안정된 상황하에서 사회 경제의 발전에 영향을 주었다.

그러나 점전제의 문제점도 명확했다. 농민이 점유하는 토지가 일정하지 않아 점전의 수량이 각기 다른데도 과전의 수치는 고정되어 있으니 토지가 적은 농민들은 부담이 클 수밖에 없었다. 이렇게 볼 때 점전제는 이상적인 면이 너무 많아 사회적 빈부 불균형의 문제는 근본적으로 해결할 수 없었다.

점전제의 규정에 의하면 관원들은 품급에 따라 전지를 점유했다. 당시 품급은 9품으로 나누었는데 1품은 50경을 점유하고 품급당 5경씩 차등을 두어 9품은 10경을 점유했다. 귀족 관료는 친족들까지도 혜택을 주었는데 많게는 9족, 적게는 3족까지 해당됐다. 1품 관료부터 9품 관료까지는 전객(佃客, 소작농)을 15호에서 1호까지 둘 수 있고 의식객(衣食客, 노비에 준하는 하인)을 3인에서 1인까지 둘 수 있었다. 이런 혜택을 음(蔭)이라고 했는데 이들은 정부에 조세를 납부하지도 않았다. 이렇게 볼 때, 귀족 관료와 농민은 경제 방면의 구분도 천양지차였다.

진 무제 사마염은 동오의 평정 전후 시기에 생산 발전 정책들을 실시하여 사회를 안정시켰다. 예를 들면 북방에서는 빈번한 전쟁으로 노동력이 부족했다. 촉이 멸망한 후 서진 정부는 촉인들의 중원 이동을 유도하여 북방으로 오는 촉인들에게 2년간 곡식을 공급해주고 20년간 요역(徭役)을 면제했다. 동오가 멸망한 후에도 오인들이 북방으로 올 수 있도록 우대 정책을 펼쳐 20년간 요역을 면제했다. 또 농업 인구 증가를 위해 조혼을 장려하여 17세 이상 미혼 여성들에게는 관청에서 배필을 주선했다. 진 무제는 "요역을 줄이고 농업에 힘쓸 수 있는" 조령을 여러 차례 내려 농민의 부담을 줄이고 농업 생산을 발전시켰다. 급군태수 왕굉(王宏)은 지역 경제 발전에 성과가 많아 진 무제의 표창을 받고 대사농에 발탁되기도 했다.

서진 태강 시기에는 왕조의 통일과 전쟁의 감소에 진 무제 사마염의 경제 발전 정책이 더해지면서 사회 안정과 경제 번영의 국면이 출현했다. 역사에서는 이를 '태강지치(太康之治)'라고 한다. 『진서·식화지』에서는 "이때 천하가 무탈하고 부세가 고르게 실시되어 백성들이 각자의 직무에 기꺼이 전념했다."라고 했으며 『진기(晉紀)·총론』에는 다음과 같은 내용이 있다.

> 태강 시기에 천하의 글이 같은 문자를 쓰고 수레는 같은 궤(軌)●를 썼다. 우마가 들판에 가득했고 넘치는 양곡이 논밭에 가득했다. 행려가 묵을 초막이 있었고 바깥문은 잠그지 않았으며 백성들은 만나도 가족처럼 대했다.

이뿐 아니라 심지어 "천하에 가난한 이가 없었다."라는 기록도 있다. 이런 기록들이 과장된 면도 있겠지만 국가의 통일이 가져온 사회적 안정은 틀림없는 진실일 것이다.

애석하게도 좋은 시절은 길지 않았다. 사마염은 성공에 도취하여 점차 자만하고 나태해졌다. 진취적인 성향은 사라지고 사회 풍조가 날로 쇠퇴했다. 조정 내부에도 문제가 생기고 '태강지치'의 국면은 점차 멀어져갔다.

● 수레가 지나는 일정한 폭의 길.

제 12 강

무너지는 사회 풍조

一

사마씨 가족 중 진 무제 사마염은 가장 큰 성과를 남긴 인물이다. 선조 사마의, 사마사, 사마소는 조위 왕조를 교체하기 위해 고지를 향해 끊임없이 등반했다. 사마염은 이 사업을 계승하여 결국 진나라를 세우고 제위를 점령했다. 치국의 방책을 발휘하여 공적이 탁월했고 특히 동오를 평정하여 천하를 통일한 것은 사마씨 가문이 중국 역사를 위해 세운 가장 뛰어난 공헌이다.

그러나 이런 성과를 뒤로 하고 사마염도 점차 교만과 나태에 빠지기 시작했다. 검약을 실천하던 생활은 사치와 부패에 물들었고 이런 분위기는 점차 아래로 퍼져 서진의 사회 풍조가 날로 무너지기 시작했다. 관료 대신들은 경쟁하듯 부정한 방법으로 부를 축적했고 사회에 만연한 부정부패는 걷잡을 수 없이 심각해졌다. 서진은 역사상 가장 부패한 정권으로 타락했다.

서진의 사회 풍조는 낙수처럼 속절없이 무너졌는데 그중 다음의 세 가지가 특히 두드러져 사회의 유기적 순환을 마비시켰다.

　　첫째, 사치와 부패의 풍조. 서진 통치 집단의 부패는 황제부터 시작되었다. 진 무제 사마염의 부패 양상은 무엇보다 호색(好色)으로 표현된다. 이 두 글자는 사마염에게만 국한된 것이 아니라 중국 역사상 대부분 황제에게 공통된 문제일 것이다. 그러나 그는 자신만의 호색의 특징이 있었다.

　　먼저 민간에서 궁녀를 대거 선발했다는 점이다. 미녀를 선발하여 궁녀로 착출한 것은 동오를 평정하기 전부터 시행된 일이다. 태시 9년(273) 공경 이하 관원의 여식은 입궁하여 궁녀 선발을 준비하라는 명령이 내려왔고 이듬해 또 일반 관원과 보통 가정의 여식을 선발하여 입궁시키라는 명령이 하달됐다. 아울러 은닉하는 자는 불경죄로 처벌한다는 규정이 생겼다. 미녀를 선발하여 궁녀로 착출하기 위해 "천하에 결혼을 금지한다"는 명령을 내리고 환관을 각 주, 군으로 보내 강제로 미녀를 징집했다. 미혼 여성들은 이를 피하려고 용모를 추하게 꾸미고 옷차림도 남루하게 입는 일이 벌어졌다. 선발된 미녀들이 궁중에 들어올 때 "궁중에서 목놓아 울어 그 소리가 바깥에도 들렸고 행인들이 슬프고 괴로워했다"고 한다. 대신 호분(胡奮)의 딸 호방(胡芳)이 선발되어 입궁했는데 울음이 그치지 않아 좌우에서 달랬다. "울지 마라. 황제가 들으면 너에게 좋을 것이 없다." 호방은 이렇게 대답했다. "저는 죽음도 두렵지 않은데 황제라고 두렵겠습니까?" 부친 호분은 요절한 아들이 하나 있었는데 딸도 선발되어 입궁하자 슬프게 탄식했다. "나는 자식이 둘 있는데 아들은 이미 구천(九泉) 아래로 떠났고 딸은 또 구천(九天) 위로 가는구나!"

　　사마염의 호색 일화에는 또 양거(羊車)를 타고 침소를 찾은 일도 있다.

양거를 타고 침소를 정하다

동오가 멸망하기 전에도 진 무제의 후궁에는 빈, 비, 궁녀 수천 명이 있었다. 그러나 이에 만족하지 않고 동오를 멸망시킨 후 동오의 궁녀 수천 명을 낙양으로 데려왔다. 궁녀가 너무 많으니 사마염은 매일 밤 침소도 확정하기 어려웠다. 그래서 양이 끄는 수레에 앉아 궁중을 돌아다니다가 양이 지쳐 멈추면 그곳에 있는 궁녀의 처소로 들어가 밤을 보냈다. 황제의 은총을 받아 높은 신분을 얻고 싶은 궁녀들은 문 앞에 양이 좋아하는 대나무 잎과 소금물을 뿌려 양을 유인하곤 했다.

일국의 군주로서 사마염이 이 정도로 미색에 빠져 황당한 행각을 벌인 것은 참으로 불가사의하다. 음탕하고 방종한 생활에 젖어 정사를 돌보지 않는 동안 그의 집정 능력은 현저히 떨어졌고 결과적으로 국가적 불행의 씨앗이 되었다.

윗물이 맑아야 아랫물이 맑다고 한다. 황제 본인이 이렇게 황음무도하고 방탕한 생활을 하면서 아랫사람을 단속할 수 있겠는가? 황실의 인척과 관료 대신 들에게도 사치와 방탕의 풍조가 퍼지기 시작했다.

식탐이 강해 음식에 빠진 인물이 있었다. 예를 들면 하증(何曾)은 조정 삼공을 지내며 많은 재물을 끌어모으고 집도 궁전처럼 화려하고 사치스럽게 꾸몄다. 그는 식탐이 많아 하루에 먹는 데 쓰는 비용이 1만 전에 달했다. 때로는 한없이 풍성한 음식을 앞에 두고도 "젓가락을 가져갈 만한 음식이 없다"고 했다. 그의 아들 하소(何劭)는 시중, 상서를 지냈는데 부친보다 더 사치스러웠다. "의복과 장신구는 새것 헌것 할 것 없이 높이 쌓였고, 음식은 반드시 사방의 진미를 갖추었다." 매일 먹는 데에 쓰는 비용만 2만 전에 달했으니 부친의 곱절을 넘었다.

또 왕제(王濟)라는 대신도 매우 사치를 부렸다. 한번은 사마염이 그의 집에 방문했는데 앞에 와 시중드는 시녀만 100여 명이었다. 모두 화려한 능라채단 복장으로 손에는 각양각색의 음식을 들고 있었다. 식사 때에도 사마염이 새끼돼지찜을 먹다가 처음 느끼는 오묘한 맛이라 그 이유를 물었다. 왕제가 즐거워하며 "이 돼지는 사람의 젖을 먹여 키우고, 도살된 뒤에 다시 사람의 젖으로 쪄서 익힙니다."라고 했다. 사마염은 그 말에 크게 놀랐다. 사마염은 왕제가 너무 심하다고 느꼈는지 "얼굴빛이 바뀌더니 식사를 마치지 않고 돌아갔다"고 기록되어 있다.

관료 대신과 황실 인척 들이 엄청난 치부를 하면서 서진 상류층들에게는 서로 부를 겨루는 풍조가 성행했다. 석숭(石崇)이 대표적이다. 그가 왕개(王愷)와 부를 겨룬 고사는 세간에 널리 알려졌다.

석숭은 서진의 개국 공신 석포(石苞)의 아들이다. 석포는 황실의 신임을 받아 존귀한 지위를 누렸다. 석포는 임종하기 전에 아들들을 불러 모아 재산을 배분해주면서 석숭에게는 주지 않았다. 석숭의 모친이 그 이유를 물었더니 석포가 대답했다. "이 아이는 어리지만 후에 자신의 능력으로 얻을 수 있을 것이오." 석포는 왜 이렇게 말했을까? 석숭의 비범한 능력을 보았기 때문이다. 이 아이는 영민하고 꾀가 많아 지금 재산을 주지 않더라도 틀림없이 치부의 능력이 있다고 생각한 것이다.

자식을 아는 것은 아비만 한 사람이 없다고 했던가. 석포의 말은 사실이었다. 석숭은 높은 관직에 올랐을 뿐 아니라 재물도 크게 모았다. 형주자사로 있을 때 석숭은 부하들을 강도로 위장시켜 형주를 왕래하는 상인들의 재물을 약탈하고 자신이 강점했다. 자사는 한 주(州)의 최고위 장관이다. 그런데도 도적단을 조직하여 백주의 노략질을 감행하고 자신은 형주 암흑가 조직의 두목이 되었다. 관리이자 비적인 신분으로 석숭은 큰 재부를 모았다. 고대 중국에 관리이자 상인인 사람은 자주 있었지만 관리이자 비적인 사람은 드물었다.

석숭은 고대 중국에서 보기 드문 부호였다. 서진 사람들은 호화, 사치, 과시를 자랑스럽게 생각했는데 석숭은 그중에서도 대표적인 인물이었다. 집에는 처첩과 시녀로 북적거렸고 재물은 산처럼 쌓여 있었으며 화려하게 치장된 가옥은 눈부실 정도였다. 산수 지형에 따라 사방 수십 리의 원림을 짓고 '금곡원(金谷園)'이라 했다. 그곳엔 그림처럼 우아한 풍경 속에 시냇물이 흐르고 화려한 정자와 누각 사이로 진주, 마노, 호박, 서각, 상아가 널려 있었다. 그야말로 사치의 끝이라 할 수 있다. 그는 고아한 취향이 있어서 자주 문인 묵객들과 금곡원에서 연회를 하며 시사를 만들었는데 이 모임을 '금곡이십사우(金谷二十四友)'라 했다.

석숭의 집은 뒷간까지도 평범하지 않았는데 몹시 사치스럽고 화려했다. 내부에는 방문객들을 위해 각종 향수와 방향제를 비치했고 비단옷을 입은 10여 명의 아름다운 시녀들이 시중을 들기 위해 공손히 서서 대기했다. 볼일을 마치고 나면 시녀들은 손님에게 입고 있던 옷을 벗고 새 옷으로 갈아입게 했기 때문에 사람들은 뒷간에 가는 것도 불편하게 생각했다. 한번은 대신 유식(劉寔)이 석숭의 집을 방문했는데 뒷간에 갔더니 진홍색 모기장과 깔개, 방석이 설치되어 있고 시녀들이 향수를 들고 시중을 들었다. 유식은 소박한 생활로 이름난 인물이라 지금까지 본 적 없는 광경이었다. 그는 자신이 잘못 들어온 줄 알고 황급히 나가 석숭에게 웃으며 말했다. "미안하네. 내가 잘못 알고 그대의 침실로 갔네." 석숭이 아니라며 다시 말해주자 유식은 "나는 이런 곳엔 갈 수 없네."라며 다른 곳에 있는 뒷간으로 갔다.

석숭의 이런 사치는 황실 인척들의 질투와 불만을 일으켰다. 그와 부를 겨뤄보겠다는 사람도 있었는데 바로 왕개였다. 왕개도 평범한 사람은 아니었다. 그의 누나는 사마염의 모친 왕태후였고 가세가 높고 재산이 많아 스스로 천하제일의 거부라 자부했다. 그는 석숭을 무시하며 한번 겨루어 망신을 주어야겠다고 생각하고 있었다. 사서의 기록에 따르면 왕개의 집은 식사 후 조청물로 솥을 씻었는데 석숭이 이를 듣고 밀랍을 땔감으로 썼다고 한다. 왕개가 40리 길이의 자주색 천으로 가림막을 만들어 골목을 가리자 석숭은 50리 길이의 비단으로 가림막을 만들었다. 또 석숭이 이겼다. 왕개가 적석지(赤石脂)*로 담장을 칠하자 석숭은 후비들의 처소에 사용하는 산초향 도료로 담장을 칠했다.

---

* 붉은색 고령토로 만든 약재.

진 무제는 외삼촌이 수모를 당하자 은밀히 왕개를 지원했다. 그가 석숭을 꺾고 황실 인척의 자존심을 세우도록 몰래 두 자 높이의 산호수를 보내주었다. 세상에 보기 드문 보물이었다. 그러나 왕개가 이 산호수를 석숭에게 보여주자 석숭은 갑자기 철여의를 던져 산호수를 부쉈다. 산호수가 산산조각 나자 왕개는 대로하여 크게 야단을 쳤다. 그는 석숭이 질투심에 자신의 보물을 부쉈다고 생각했다. 석숭은 조금도 개의치 않고 "이건 진귀한 물건이 아닙니다. 제가 지금 배상하겠습니다."라며 집 안의 산호수를 전부 내오라고 명했다. 서너 자 높이의 산호수가 한둘이 아니었고 가지가 무성하고 눈부신 광채가 났다. 왕개의 두 자 산호수 쯤은 차고 넘쳤다. 왕개는 눈이 어지러울 지경이었고 부끄럽고 난감하여 결국 패배를 인정했다.

왕개와 석숭의 재부 경쟁은 대대로 널리 알려진 유명한 고사로 서진 사회의 병폐를 생생하게 반영한다. 사치 대결이 거상들 사이의 일이었다면 넘어갈 만하지만 고위 관료들이 이런 일에 열중하고, 심지어 일국의 군주인 진 무제 사마염도 가담했다는 것은 정상이 아니다.

서진 시기에는 부귀한 이들이 거만과 허세를 자제하지 못하고 재미로 사람을 죽이는 일까지 자행되었다. 인격이 상실된 시대였다. 왕개는 황제의 외삼촌이라는 특권을 이용해 더욱 거리낌이 없었다. 『진서·왕개전』의 기록을 보면 그는 빈객을 초대한 연회에서 항상 기녀에게 음악 연주로 흥을 돋도록 했는데 피리를 불다가 음이 틀리자 그 자리에서 그 기녀를 죽인 일이 있었다.

왕개는 또 연회에서 미녀들이 술을 권하도록 했는데 만약 빈객이 마시지 않거나 남기면 권주하던 미녀를 그 자리에서 죽였다. 미녀의 무고한 죽음이 두려워 술을 못 마시지만 억지로 다 마시는 사람도 많았다. 진 무제의 사위 왕돈(王敦)은 성품이 잔인한 인물이었다. 그는 왕개의 연회에 초대받아 가서 고의로 술을 마시지 않았다. 술을 권하던 미녀가 사색이 되어 몸을 떨며 애원했지만 냉혈 동물 왕돈은 끝까지 마시지 않았고 미녀는 죽었다.

석숭도 살인을 유흥으로 생각하는 잔인한 인간이었다. 『세설신어·태치(汰侈)』의 기록을 보면 석숭도 빈객을 연회에 초대해 미인에게 술을 권하게 했는데, 빈객이 마시지 않으면 그 여인을 죽였다. 한번은 왕돈과 그의 사촌 형 왕도(王導)가 함께 석숭의 연회에 참석했다. 왕도는 원래 술을 마시지 못했으나 석숭의 살인이 두려워 어쩔 수 없이 강제로 마셨다. 그러나 왕돈은 그러지 않았다. 원래 술을 잘 마시면서도 기어코 마시지 않았다. 결국 석숭이 연속으로 세 사람을 죽일 때까지 계속 마시지 않았다. 왕도가 질책하자 왕돈은 모질게 말했다. "그가 자기 집 사람들을 죽이는데 형님과 무슨 관계입니까?"

미인을 죽여 술을 권한다는 이야기는 사실 너무나 섬찟하다. 그런데 역사 기록에 다소 차이가 있다. 『진서·왕돈전』에는 석숭이 아니라 왕개의 일로 되어 있고 『세설신어·태치』에는 석숭의 일로 되어 있다. 후대의 학자들은 아마도 전해지는 과정에서 등장인물에 혼동이 있었던 것으로 본다. 그러나 왕개든 석숭이든, 우리는 이제 그들의 살인죄를 추궁할 수 없고 다만 이렇게 말할 수는 있을 것이다. 왕개, 석숭, 왕돈 이들은 모두 양심이 소멸된 냉혈 동물이며 이런 극단적인 이기심과 냉혹함은 부패한 서진 사회의 산물이라고.

사치를 숭상하는 사회 현상에 대해 당시 의식 있는 인사들은 모두 심각한 우려를 표했다. 대신 부현(傅玄)은 조정에 상소를 올려 이렇게 비판했다. "사치로 낭비함이 하늘의 재앙보다 심합니다."(『진서·부현전』) 그는 이런 의견도 올렸다.

> 옛날 요임금은 움막에서 살았으나 지금 백성들은 다투어 자신의 집을 꾸밉니다. 옛날 신하들은 좋은 음식물이 없었으나 지금은 평범한 상인들도 산해진미에 염증을 냅니다. 옛날엔 사람이 많고 땅이 적어도 비축된 바가 있었던 것은 절제했기 때문입니다. 지금은 사람이 적고 땅이 커도 부족함을 걱정하는 것은 사치하기 때문입니다!

二

둘째, 금전 숭배의 풍조. 사마염의 용인과 비호를 받으며 서진의 부호 관료들은 사익 추구에 몰두하며 탐욕스럽게 민간의 재물을 착취했다. 금전은 그들에게 가장 가치 있는 대상이 되었다. 돈이 있으면 안 되는 일이 없었다.

우선 황제인 사마염 본인이 가렴주구와 매관매직으로 금전을 축적하는 전형이었다. 한번은 사마염이 사예교위(당시 경성 지역의 감찰관) 유의(劉毅)에게 물었다. "나는 한나라의 어느 황제와 비교할 수 있겠는가?" 사마염은 자신이 한 고조 유방이나 무제 유철, 광무제 유수 등 유명한 황제들과 비슷할 것이라 생각했으나 유의의 대답은 뜻밖이었다. "폐하는 환제(桓帝), 영제(靈帝)와 비교할 만합니다." 사마염은 기분이 나빴다. 이 두 황제의 통치 시기는 동한의 정국이 가장 혼란했던 때였다. 사마염은 시큰둥한 말투로 물었다. "내가 어찌 그들과 비슷한가?" 유의는 두려워하지 않고 직언을 했다. "예전 환제 때 매관을 했던 일이 있으나 환제는 그 돈을 국고에 귀속시켰습니다, 폐하는 지금 매관으로 얻는 돈을 개인 주머니에 넣으십니다." 사마염은 대답하기 어려워 난감해하다가 겨우 이렇게 말했다. "경의 말이 매우 옳다. 환제 때는 경처럼 직언을 하는 신하가 없었지만 나는 경이 있으니 내가 그들보다 훌륭하다는 방증일세."

황제가 나서서 매관으로 축재하는 행동은 자연히 대신 관료들에게 선례가 되었다. 예를 들면 대신 왕융(王戎, 죽림칠현의 일원)은 조정의 부패와 공무보다 축재에 열중하는 대신들을 보며 자신도 "적극적으로 금전을 모았으며 끝을 몰랐다"고 한다. 그는 재산이 풍족했지만 언제나 부족하다고 느꼈고 매일 상아로 만든 산가지를 들고 손익을 계산하며 결손을 걱정했다.

왕융은 재물욕이 심해 자신의 딸이 시집갈 때 지출한 비용도 딸과 사위에게 요구할 정도였다. 딸이 처음 친정에 인사 왔을 때 돈을 지참하지 않은 것을 보고 왕융은 "낯빛이 변했다." 후에 딸이 돈을 가져오자 노래를 불렀다고 한다. 또 집에 자두나무가 있어 "자주 내다 팔면서 남들이 씨를 얻을까 봐 항상 씨를 파냈다"는 일화도 사람들의 비웃음을 샀다.

대신 화교(和嶠)는 가산이 풍족하고 재물이 왕후와 비슷할 정도였다. 그는 각별히 돈을 좋아해 돈만 보면 사족을 못 쓰면서도 인색함이 심해 '전벽(錢癖)'이라는 소리를 들었다.

왕제(王濟)도 돈을 좋아했는데 "땅을 사 마장(馬場)을 만들고 돈으로 그곳을 채워 사람들이 '금구(金溝)'라고 했다." 그가 만든 마장은 말을 타며 활 쏘는 연습을 하는 곳이었는데 양편에 낮은 담장이 있었다. 왕제는 동전을 꿰어 담장에 둘렀다고 한다.

서진의 권세가들은 돈에 탐닉하면서도 스스로는 청렴하다고 여기며 '돈[錢(전)]'이라는 말을 하려고 하지 않았다. 예를 들어 왕연(王衍, 왕융의 사촌 동생)은 특히 위선적인 사람이었는데 절대로 돈이란 말을 입에 담지 않았다. 그의 처 곽씨가 그에게 이 말을 하게 하려고 시녀를 시켜 침상 주위에 돈을 가득 쌓아 내려오지 못하게 했다. 왕연은 이를 보고 "아도물(阿堵物)*을 치워라!"라고 소리쳤다. 후에 이 '아도물'이란 말은 돈을 칭하는 말이 되었다.

서진은 고대 중국에서 금전 숭배가 가장 심한 시대였다. 돈은 본래 물품 유통의 매개체이지만 서진에서는 무소불위의 신성한 물건이 되었다. 문인들은 사회의 부패한 풍조에 통렬히 한탄하며 시대를 비판하는 글을 썼다. 그중 노포(魯褒)가 쓴 『전신론(錢神論)』은 이 방면의 대표작으로 모두가 돈만 바라보는 사회의 추악한 현상을 신랄하게 풍자했다.

노포는 서진 남양 사람으로 자는 원도(遠道)이다. 그는 이름을 감추고 『전신론』을 지어 타락한 서진 사회 풍조를 비판했다.

서진 시기의 돈은 원형 안에 네모[方(방)]난 구멍[孔(공)]이 있는 형상이라 노포는 돈을 '공방(孔方)'이라고 호칭하며 탐욕스러운 사람에겐 "친근하기가 형과 같다"고 했다. 그래서 후에 돈을 '공방형'이라고 하는 말이 여기에서 생겼다. '공방형'은 돈의 대명사가 되었으며 조롱과 비난의 의미가 담겨 있다.

돈의 성격에 대한 노포의 논술은 매우 예리하다. 그는 돈의 위력과 관료, 귀족 들의 돈에 대한 탐욕을 실감나게 묘사했다.

잃으면 가난해지고 얻으면 부유해진다. (……) 덕이 없어도 존경받고 권세가 없어도 사람들이 몰린다. 권문세가에 들어갈 수 있고

---

* '이것'을 뜻하는 구어체 단어.

입궐도 할 수 있다. 돈이 있는 곳이면 위험했다가도 안락해지고 죽을 목숨도 살아난다. 돈이 없는 곳이면 귀한 몸도 천해지고 산목숨도 죽는다. 이런고로 분쟁과 변론은 돈이 아니면 이길 수 없고, 힘없어 앞길이 막힌 자는 돈이 아니면 뽑히지 않는다. 원수와 원한도 돈이 아니면 풀리지 않고, 아름다운 명성도 돈이 아니면 전해지지 않는다. 낙양의 귀인들과 길 가는 세도가들이여! 집 안의 공방형을 한없이 사랑하는구나.

또 이런 구절도 있다.

내 손을 꼭 붙잡고 늘 나를 품에 안는다. 능력도 따지지 않고 연륜도 묻지 않는다. 빈객은 바퀴살처럼 붐비고 대문 앞은 시장처럼 북적인다. 속담에 "돈은 귀가 없지만 은밀히 남을 부릴 수 있다."라고 하니 어찌 빈말이겠는가? 또 "돈이 있으면 귀신도 부린다."라고 하는데 하물며 사람이야 어떻겠는가?

고로 이렇게 말한다. 군주도 재물이 없으면 신하가 오지 않고 군주가 상을 내리지 않으면 신하는 가지 않는다. 세간에 "조정에 돌봐주는 이가 없으면 논밭으로 돌아가는 것이 낫다."라고 하는데 설령 누가 돌봐준다고 해도 집에 돈이 없으면 발 없이 달리려 하고 날개 없이 날려 하는 것과 무엇이 다르랴?

노포의 비평은 날카롭고 깊이가 있다. 돈은 서진 사회의 강력한 지렛대가 되었다. 사람들은 거리낌 없이 돈을 얘기하고, 돈을 아끼고, 돈을 탐하고, 돈을 모았다. 조야의 모든 사람들이 돈만 바라보았으며 모든 것을 돈으로 바꿀 수 있었다. 맹자는 "위와 아래가 이익을 다투면 나라가 위태로워진다."라고 했다(『맹자·양혜왕』). 만약 이런 현상이 사회의 보편적 풍조가 되면 그 국가는 틀림없이 문제가 생긴다. 금전 숭배 심리가 확산되면서 서진의 사회 문제는 악화일로를 걸었고 정치 위기도 심각해졌다.

예로부터 배금주의 풍조가 사회에 조장되면 전통적 윤리 도덕이나 애국애족의 민족정신이 사라지고, 이로 인해 시민 의식의 타락과 미래에 대한 불투명한 전망이 야기된다. 서진이 바로 전형적인 사례이다.

三

셋째, 공허한 청담(淸淡)의 기풍. 서진은 황제부터 관료까지 모두 무분별한 배금주의와 향락주의에 빠져 국가와 사회를 위한 일에는 철저히 무관심했다. 당시 사회에는 공허한 청담의 기풍이 만연하여 "관직에 있어도 공무를 돌보지 않았고 어떤 일을 맡아도 일하려는 마음이 없었다."(『진서·유담(劉惔)전』) 관료들은 실제 업무에 관심이 없었고 일을 맡아도 열심히 하지 않았다. 모든 일에 그저 대충이었지만 날마다 이들은 청담에 열중했다.

청담은 다른 말로 '담현(談玄)', '현언(玄言)'이라고도 하는데 위진 시기 등장했던 사회 조류이다. 현실에서 벗어난 추상적인 문제들을 전문적으로 토론하는 것이다. 예를 들면 유(有)와 무(無), 재능과 덕성, 명교와 자연 등의 주제이다. 만약 지식인들이 이런 문제들을 연구하면서 추상적인 이론이나 담론을 토론한다면, 이런 대화는 정치 형세와 상관없고 고상한 흥취도 있을 뿐 아니라 수준 높은 사상으로 이어질 수도 있다.

그런데 문제는 서진에서 청담이 사회 풍조가 되어 고위직 관료들도 이런 공허한 문화에 빠졌다는 점이다. 그들은 명사(名士)로 자처하면서 여유롭게 주미(塵尾)*를 흔들며 의젓하게 청담을 나누었다. 예를 들면 낭야의 대족 왕연(王衍)은 자타가 공인하는 청담의 영수였는데 황문시랑, 중령군, 상서령을 역임하고 직위도 높았지만 실무는 전혀 돌보지 않았다. "입은 세상의 일을 전혀 말하지 않았고 오로지 현허(玄虛)의 말만 우아하게 읊을 뿐이었다." 그는 평소에 옥 자루의 주미를 들고 "신묘하게 현언을 잘했다"고 하는데 그와 함께 자주 청담을 나눈 사람으로는 악광(樂廣)이 있었다. 『진서·악광전』에는 다음과 같은 내용이 있다. "악광과 왕연은 모두 세사(世事)의 밖에 마음을 두고 있어 당시에 명성이 높았다. 고로 천하에 풍류를 말하는 사람들은 왕연과 악광을 최고라고 칭하였다." 세사의 밖이라는 것은 공무 이외의 일을 생각한다는 것이다. 그들은 공무를 등한시했다.

이런 사회 풍조하에서 많은 이들은 본업에 대한 능력이 아니라 청담에 능하다는 이유로 관리가 됐다. 예를 들면 완첨(阮瞻)은 욕심이 없고 거문고를 잘 탔으며 청담에 뛰어났지만 관리의 자질은 전혀 없었다. 그러나 어느 날 사도 왕융이 완첨에게 물었다. "성인은 명교를 귀히 여기고 노장은 자연을 밝히는데 그 주지는 어떻게 다르오?" 완첨이 대답했다. "어찌 다르겠습니까[將無同(장무동)]" 대답이 애매모호하고 명확하지 않았다. 왕융은 그의 간명한 대답을 높이 평가하여 그를 연(掾)에 임명했다. 당시 사람들이 이를 '삼어연(三語掾)'이라고 했는데 연은 관청의 관리이고 삼어는 세 글자라는 뜻이니 세 글자로 관리가 되었다는 말이다. 완첨은 말을 잘해서 딱

---

* 청담가들이 손에 들던 깃털 부채 모양 먼지떨이의 일종.

세 글자로 관직에 올랐다.

　더 심한 경우도 있었다. 어떤 사람은 세 글자도 많다고 여겼다. 위개(衛玠)는 완첨을 비웃으며 "한 글자면 관직을 얻는 데에 충분하지. 굳이 세 글자를 써야 했는가?"라고 했는데 완첨은 더 허세를 부리며 "만약 천하가 모두 우러러보는 사람이면 말을 안 해도 관직을 얻었을 텐데 뭐하러 한 글자씩이나 쓰겠는가?"

　서진 시기 사람들은 함축적이고 추측하기 어려운 말로 자신의 고상함과 학문을 과시하는 경향이 많았다. 그러나 어떤 이들은 실질을 회피하고 공허하고 무심한 태도로 직무를 그르쳤다.

　공허한 담론이 말로만 그친다면 다행이지만 청담에서 시작하여 극단적인 방종으로 나가는 황당한 사례도 있었다. 그들은 매일 술을 마시며 심지어 머리를 산발하고 벌거벗기도 했다. 이들은 고위 관료이면서도 세상사를 조롱하고 법도를 무시했다. 예를 들어 호무보(胡毋輔)는 낙안태수로 있을 때 "주야로 술에 취해 있었으며 군의 사무를 돌보지 않았다."

　또 사곤(謝鯤)이라는 사람은 관리에 임명된 후 여전히 "방종하며 구애받지 않았다." 이웃집 예쁜 처녀를 보고 희롱하다가 결국 "처녀가 베 짜던 북을 던져 이 두 대가 부러졌다." 당시 사람들이 이를 보고 "방종이 그치지 않더니 유여(幼輿, 사곤의 자)의 이가 부러졌다."라고 말했다. 사곤이 그 말을 듣고는 길게 휘파람을 불며 "그래도 내 휘파람을 못 불게 할 수는 없지."라고 말했다.

　관리들이 현실의 실제 문제를 처리하지 않고 종일 공허한 담론에 매달리며 술에 취해 방종하는 풍조는 틀림없이 국가에 엄중한 결과를 가져온다. 각종 문제와 갈등은 해결되지 않고 도리어 점점 더 심각해졌다. 서진이 멸망할 때 대신 왕연도 피살되었는데 그는 죽음을 앞두고 이렇게 탄식했다. "오호, 우리들이 비록 옛사람만 못하지만 만약 예전에 공허한 것을 숭상하지 않고 힘써 천하를 바로잡았다면 오늘에 이르지 않았으리라." 이것이 이른바 '청담오국(清談誤國)', 즉 청담이 나라를 망쳤다는 담론이다.

그러나 나는 이렇게 생각한다. 청담은 단지 표면적인 현상이다. 사인들의 청담은 주로 철학적이고 추상적인 말들인데 이것들이 나라를 망칠 수는 없다. 관료들이 일은 안 하고 공허한 논쟁에 빠져 업무 효율이 떨어진다고 해도 역시 나라를 망치거나 멸망시키지는 않는다. 내가 볼 때, 서진이 멸망한 근본적인 원인은 정치의 부패가 야기한 사회 동란이다. 관원들의 청담은 정치 부패의 표현이다. 표면이지 근본은 아니다. 진 무제 사마염과 조정 대신들에게 서진 멸망의 책임이 있다.

진인각은 이른바 '청담오국'론을 분석하는 글에서 다음과 같이 말했다.

> 만약 자연 속에서 은일하며 현묘한 청담을 했다면 국가와 민생에 무익했을지라도 나라를 망치지는 않았을 것이다. 청담이 나라를 망쳤다는 말은 조정의 집정자들, 즉 정치를 책임진 고위 관료들에게 해당한다. 그들이 허무를 숭상하고 입으로 심원한 소리만 하면서 세사를 돌보지 않았기 때문이다.

또 이런 말도 있다.

> 청담이 나라를 망쳤다는 말은 서진 멸망의 원인 중 하나이다. 당시 서진 정계는 일면 명교와 자연은 다를 게 없다고 하면서 동시에

사치와 향락에 빠져 있었다. 명사와 고위 관료가 한 몸이 되었으니 동란의 불씨가 이런 풍조 속에서 싹텄다. 이 풍조는 서진이 멸망하지 않았다면 멈추지 않았을 것이다.

(『진인각 위진남북조사 강연록』, 귀주인민출판사 2007년판)

진인각의 분석은 매우 타당하다.

서진의 멸망에는 여러 가지 원인이 있다. 진 무제 사마염이 교만에 빠져 나태해지고 사회 풍조가 악화된 것도 중요한 원인의 하나이다. 물론 사마염의 문제는 여기에 그치지 않았다. 재위 기간 중 저지른 더 많은 실책이 서진 동란의 화근이 되었다.

제 13 강

태자 책봉의

수수께끼

───

진 무제 사마염은 공과가 뒤섞인 황제이다. 그는 황제가 된 후 치국에 힘써 검약을 제창하고 경제를 발전시켰다. 동오를 멸하고 중국을 통일한 사업은 중국의 역사 발전에 큰 공헌을 했다. 그러나 그는 천하 통일 이후 교만과 나태로 향락에 빠져 사회 풍조의 타락을 야기했다. 그뿐 아니라 사마염은 재위 기간 중 또 하나의 중대한 실책을 범했는데 정신이 온전하지 않은 아들을 태자로 세웠다는 점이다. 태자는 지능이 낮고 능력이 현저히 부족했지만 훗날 황제로 등극했다. 그 결과는 짐작할 만하다. 조정에 큰 화가 생기고 천하에 동란이 일어나고 사마씨의 강산은 무너졌다. 이 사람은 바로 사마염의 아들이자 역사상 백치 황제로 칭해지는 진 혜제 사마충(司馬衷)이다.

사마충(259~307)은 자가 정도(正度)로 진 무제 사마염의 아들이며 서진의 제2대 황제이다. 사마충은 아홉 살 때 황태자가 되었고 290년 즉위했다. 태자가 된 후 즉위할 때까지는 23년의 시간이 걸렸으며 황제가 되었을 때는 이미 32세였다. 이 기간 동안 서진 왕실 내부에서는 사마충의 황제 가능 여부를 둘러싸고 격렬한 논쟁과 각축이 진행되었지만 결국 사마충은 황제의 보위에 앉았다.

먼저 사마충이 황제의 자격이 있었는지 말해보자. 그건 문제가 없다고 말해야 할 것이다. 사마충은 사마염의 차남이었다. 장남 사마궤(司馬軌)가 있었지만 두 살 때 죽었기 때문에 사마충이 실질적 장남이라 태자로 세울 때 별 이견이 없었다. 하지만 사마염이 크게 실망한 것은 태자의 기본 자질이 너무나 부족하다는 점이었다. 너무 어리석었고 놀기만 좋아하고 공부를 싫어했으며 바보 같은 말만 했다. 가장 전형적인 것은 다음의 두 가지 일이다.

어느 해 여름이었다. 사마충은 시종과 화림원(華林園, 황궁 내의 화원)에 가서 놀았다. 그들이 연못가를 걸어갈 때 개구리 울음소리가 들려왔다. 사마충은 신기하여 시종에게 물었다. "저것은 관가를 위해 우는 것인가? 사가를 위해 우는 것인가?" 시종은 질문이 기괴했지만 대답하지 않을 수 없어 이렇게 말했다. "관가에서 우는 것은 관가를 위해 울고, 사가에서 우는 것은 사가를 위해 웁니다." 사마충은 이 말을 듣고 마치 이해했다는 듯 고개를 끄덕였다.

또 어느 해 큰 흉년이 들었을 때였다. 양식을 구하지 못해 도처에 아사한 백성들이 넘쳐났다. 사마충도 이 일을 알고 주위 사람들에게 말했다.

백성들이 쌀이 없어 굶주린다고 하는데 왜 그들은 고기죽을 먹지 않는가?

좌우에서 이 말을 듣고 웃지도 울지도 못했다. 재난을 당한 백성들이 밥도 못 먹는데 어디서 고기를 구한단 말인가? 사마충이 어느 정도 어리석고 혼미한 상태인지 알 수 있다.『진서·혜제기』에는 "그 무지몽매함이 이와 같았다."라고 기록되어 있다.

사마충과 관련된 글은 거의 대부분 이 고사를 인용하면서 그가 백치라는 것을 설명한다. 이 이야기는『진서·혜제기』의 마지막 부분, 글이 곧 끝나가는 지점에 있는데 그가 언제 한 말이라는 설명은 없다.『자치통감(資治通鑑)』에는 원강 9년(299) 8월 기사에 있는데 이때 사마충은 이미 41세였다. 이 나이에 이런 말을 했다면 정말 일반적인 바보가 아니라 심각한 수준의 저능아다. 그러나 사마충의 일상생활을 보면 그는 글쓰기와 언어 표현이 정상적이었으며 정상적으로 자녀도 생육했다(매우 총명한 아들이 있었다). 내 생각에 이런 말들은 태자이던 10여 세 무렵 아무것도 모르고 천진난만할 때 입에서 나오는 대로 했을 것이다. 마흔이 넘은 어른이 이런 말을 하기는 어렵다.

그러나 어쨌든 사마충의 상태는 부친 사마염을 깜짝 놀라게 했다. 어떻게 아들을 똑똑하게 만들 것인가? 사마충이 아홉 살에 태자가 된 후, 사마염은 조정의 대신들을 태자의 스승으로 초빙해 가르치게 했다. 그러나 교육은 제대로 이뤄지지 않았고 대신들은 모두 오래지 않아 사직했다.

사마염은 이 아이에게 회의가 들었다. 심지어 "대통(大統)을 받들지 못할 것"이라는 생각도 들었다. 이에 자신의 생각을 사마충의 생모 양황후(양염楊艶)에게 말하고 새로운 태자를 세우자고 했다. 태자 교체는 황후와 그녀의 가족의 지위에도 영향을 미치는 일이었기 때문에 그녀는 단호히 반대했다. "적자는 장자인지 아닌지를 따지는 것이지, 현명한지 아닌지를 따지지 않습니다. 이는 선조로부터 내려오는 교훈인데 어떻게 쉽게 바꿀 수 있습니까?" 천년 넘게 내려온 전통을 사마염도 잘 알고 있었기 때문에 더 말하지 못하고 침묵할 수밖에 없었다.

양황후는 사마염이 망설이고 있는 것을 보고 적극적으로 행동했다. 부인으로 봉받은 자신의 외사촌 동생 조찬(趙粲)을 불러 잠자리에서 황제를 설득하라고 귀띔했다. 두 여인의 적극적인 권유로 사마염은 마침내 자신의 아들을 믿기로 했다. 아마 지금은 너무 어려서 그렇지, 어른이 되면 똑똑해질 수도 있다고 생각했다. 이렇게 사마염은 태자를 바꾸려는 생각을 완전히 접었다.

사마충은 과연 정말 백치 황제였을까? 학계에는 이에 대해 여러 가지 견해가 있다. 중국사회과학원 역사연구소 연구원 류츠(劉馳)는 「진혜제백치변(晉惠帝白痴辨)」(『육조사족탐석(六朝士族探析)』, 중앙광파전시대학출판사 中央廣播電視大學出版社, 2000년이라는 제목의 논문을 썼는데 의학적 개념으로 사마충을 연구한 내용이다. 논문에 따르면 백치(白痴, idiocy, IQ 20~34)는 가장 중증의 지능 박약(amentia) 상태인데 사마충은 이에 해당되지 않는다고 한다. 백치보다 경증은 치우(癡愚, imbecile, IQ 35~49)이고 더 경증은 우둔(愚鈍, moron, IQ 50~70)인데 사마충은 정신병학에서 말하는 우둔에 비교적 부합하며 지능 박약의 가장 경증에 해당한다는 것이다.

그러나 지금 백치 황제 사마충이라는 말이 익숙하고, 그가 총명하지 않은 것은 사실인 만큼 일단 이렇게 부르기로 하겠다.

이런 인물이 태자가 되고 황제가 되었으니, 과연 이 일은 훗날 어떤 결과를 가져왔을까?

二

　태시 8년(272) 사마충이 13세가 되었다. 사마염은 아들이 저능하니 그를 보좌할 수 있는 야무진 비를 찾아주려고 했다. 당초 사마염은 총명한 데다 외모도 출중한 진북대장군 위관(衛瓘)의 딸을 데려오려고 생각했다. 그러나 양황후가 반대했다. 그녀는 가충(賈充)의 딸을 비로 맞아야 한다고 주장했다.

　가충은 어떤 인물일까? 가충(217~282)은 자가 공려(公閭)로 사마씨 가문의 최측근 대신 중 한 명이다. 그런데 사마염은 왜 가씨 집안과의 결혼에 반대했던 것일까?

　언젠가 양황후도 사마염에게 물은 적 있다. "폐하는 왜 가씨 집안과의 결혼을 싫어하십니까?" 사마염은 그때 이렇게 말했다. "내가 듣기로 위관의 딸은 다섯 가지 장점이 있다는데 성품이 현숙하고, 자식을 많이 낳으며, 미모가 훌륭하고, 키가 크고, 얼굴이 흰 것입니다. 그런데 가충의 딸은 다섯 가지 단점이 있는데 질투가 심하고, 자식을 적게 낳고, 외모가 추하고, 키가 작고, 얼굴이 검은 것입니다." 양황후가 그 말을 듣고 대답했다. "귀로 듣는 것은 헛되고 눈으로 보는 것은 진실합니다. 폐하는 그런 진실하지 않은 말을 귀담아듣지 마십시오. 가충은 우리 집안에 공로가 크고 폐하께도 공덕이 있습니다. 폐하는 제발 세 번 생각한 후에 행하십시오." 양황후의 이 말에 사마염은 더 할 말이 없었다. 과연 어느 집 딸을 맞아야 좋을까? 이때 가충의 집안에서 황상이 태자비를 뽑으려 한다는 것을 알고 은밀히 계책을 세웠다. 그들은 자기 집 딸이 사마충에게 시집가길 원했다.

　가충의 집안은 왜 이렇게 적극적이었을까? 첫째, 사마충이 자기 집 딸을 맞이하면 후에 황후가 될 것이니 가씨 집안은 자연히 황실의 인척이 된다. 한 사람이 득도하여 신선이 되면, 집에서 키우던 개와 닭도 함께 승천한다고 하지 않던가! 누가 이런 일을 마다하겠는가?

둘째, 1년 전쯤 서북 지역 소수 민족들이 난을 일으켰는데 조정에서는 가충을 보내 진압하기로 결정했다. 가충은 가고 싶지 않았다. 왜냐하면 서북 지역은 지대가 높아 춥고 위험했으며 일단 조정을 떠나면 세력을 잃기 쉽기 때문이었다. 그래서 그는 황급히 낙양을 벗어나지 않을 좋은 방법이 없는지 알아보았다. 이때 그의 측근인 중서감 순욱(荀勖)이 의견을 냈다. "지금 황상이 태자비를 선발하고 있습니다. 만약 나리의 따님이 태자와 맺어진다면 혼사를 명분으로 경성에 머무를 수 있지 않습니까?" 순욱은 직접 황제에게 이 일을 건의하겠다고 했다. 그는 과연 자신의 친구이자 가충의 측근인 풍담(馮紞)을 불러 함께 황제 사마염을 알현하고 가충의 딸이 얼마나 훌륭한지, 그리고 그녀가 입궁하면 반드시 태자를 잘 보좌할 것이라는 등의 얘기를 적극적으로 말했다.

동시에 가충의 처 곽괴(郭槐)도 발 벗고 나섰다. 곽괴는 본래 매우 인색한 성격이었으나 딸을 태자에게 시집보내기 위해 양태후에게 엄청난 금은보화를 선물로 보내며 청탁했다. 재물에 마음이 혹한 양태후는 황제를 잘 설득하겠다고 승낙했다. 이에 사마염의 주변에서는 가충의 측근들과 양태후가 번갈아가며 가충의 딸이 얼마나 현숙하고 단정한지, 재능과 미모가 얼마나 뛰어난지 쉴 틈 없이 설명했다. 사마염은 지치고 정신이 없어 머리가 아픈 지경이 되어 결국 가충의 딸을 태자빈으로 받아들이기로 결정했다.

태시 8년 2월 사마충의 아내로 가충의 딸을 맞는다는 조서가 내려왔고 가충은 서북 지역으로 가지 않게 되었다.

그런데 앞에서 사마염은 가충의 딸에게 다섯 가지 단점이 있다고 했다. 즉 질투가 심하고, 자식을 적게 낳고, 외모가 추하고, 키가 작고, 얼굴이 검은 것이다. 사마염이 가충의 딸에 대해 어느 정도 알고 있음을 보여주는데 이런 단점은 황실에서 태자빈을 선발할 때 받아들이기 어려운 기준이다. 설마 사마염이 주변인들의 설득에 못 이겨 자신의 생각을 바꾸고 이 혼사를 받아들였을까? 그 정도로 귀가 얇았을까?

그렇지 않다. 만약 다른 원인이 없고 주변인들의 설득만 있었다면 사마염은 생각을 바꾸지 않았을 것이다. 그러면 어떤 원인이 있어서 사마염은 가충의 딸을 태자빈으로 받아들였을까? 이는 자신과 가충의 특수한 관계에 따른 정치적인 이유이다.

가충은 "날카로운 글재주가 있으며 윗사람의 뜻을 살필 줄 알았다"는 평가를 받았고, 상황에 따른 임기응변에 능한 인물이었다. 사마소가 집권할 당시 여러 차례 뛰어난 책략을 건의하여 공을 세웠다. 예를 들면 제갈탄의 반란 때 제갈탄을 낙양으로 불러 직무를 해제시키자고 제안한 사람이 가충이었다. 사마소는 이 제안을 받아들였다. 후에 어린 황제 조모가 기병하여 사마소를 공격할 때도 가충이 수하를 이끌고 가 조모를 죽였다. 사마소가 만년에 왕위를 사마유에게 물려주려 하자 가충은 "사마염은 적자이며 덕행도 뛰어나 군주의 자질이 있습니다. 바꾸면 안 됩니다."라고 진언했다. 사마소가 임종할 때 사마염이 부친에게 후사를 자문하니 사마소가 특별히 가충을 가리키며 "너를 알아주는 사람은 가공염(가충의 자)이다."라고 말한 적도 있다. 이처럼 사마염이 순조롭게 왕위를 계승할 수 있었던 것은 가충의 적극적인 조력 덕분이었다. 사마염은 이런 일들을 잊지 않고 있었다.

사마염은 이해관계를 저울질한 후 앞으로도 조정은 가충의 지지가 필요하다고 판단하고 가충의 딸을 태자비로 결정했다. 여기까지 말하고 나니 고대 중국의 결혼에 대한 상념이 떠오른다. 정치·경제적 이해관계 때문에 고대 중국의 수많은 혼인들은 이렇다 할 애정 없이 이루어졌다. 평민 백성들은 '부모의 명과 중매인의 말'로 결혼했고 황실 귀족들은 정략을 판단하여 결혼했다. 엥겔스는 이런 말을 했다. "기사와 남작, 왕공 들에게 결혼은 정치적인 행위이며 새로운 연합으로 세력을 넓힐 수 있는 기회이다. 결정에 영향을 주는 것은 가문의 이익이지 개인의 희망이 아니다."(『가정, 사유제와 국가의 기원』, 『마르크스 엥겔스 선집』 제4권)

사마염은 태자를 세울 때 중대한 실책을 했을 뿐 아니라 태자빈을 간택하며 더 심각한 실책을 했다. 훗날 이는 사실로 증명되었다.

三

원래의 태자빈 간택 방안은 가충의 작은 딸 가오(賈午)를 들이는 것이었다. 가오는 12세로 인물도 나쁘지 않았다. 그런데 생각지도 못한 일이 발생했다. 키가 너무 작아 혼례 예복을 입을 수 없었다. 할 수 없이 가오의 언니 가남풍(賈南風)으로 교체되었다. 이때 가남풍은 15세로 키는 동생보다 조금 컸고 사마충보다 두 살 많았다. 이렇게 일이 어긋나면서 가남풍이 황태자비가 되었다.

가남풍이 입궁하자 사마염이 보러 갔다. 면전에서 자세히 보니 너무나 실망스러웠다. 키는 작고 코는 하늘을 향해 들렸으며 피부는 검고 용모는 추했다. 전반적으로 흉상이었다. 어쩌면 이렇게 못생길 수 있는지, 궁녀들의 미모에 익숙했던 사마염은 한숨을 쉬며 후회했다. 뭔가 불길한 예감을 느끼기도 했다. 그러나 나무는 이미 배가 되었고 물은 엎질러졌다. 사마염은 조부나 부친에 비해 성격이 유하고 단호함이 부족하여 태자와 태자비를 세우면서 명백한 실책을 범했다. 이 점은 서진의 쇠퇴를 가져오는 중요한 원인이 되었다.

가남풍이 태자비가 되었다. 사마염이 죽고 사마충이 황제가 된다면 가남풍은 자연히 황후가 된다. 미숙하고 저능한 사마충이 과연 무사히 황위에 등극할 수 있을까? 사마충의 즉위를 둘러싸고 여러 이익 집단들이 격렬한 각축을 벌이면서 다음과 같은 몇 가지 일이 발생했다.

첫째, 새로운 황후를 세우는 일이었다. 사마충의 태자 지위가 안전할지, 그가 순조롭게 황제가 될 수 있을지 가장 걱정한 사람은 사마충의 모친 양황후였다. 그녀는 아들이 당당하게 제위를 잇고 자신도 당당하게 황태후가 될 수 있기를 진심으로 바랐다. 그러나 아쉽게도 그녀는 명이 짧았다. 37세의 양태후는 중한 병을 얻어 목숨이 경각에 달렸다. 이때 그녀가 가장 많이 생각한 일은 사마충의 황태자 지위를 어떻게 보전하는지의 문제였다. 당시 사마염은 호부인(胡夫人)을 총애하고 있었는데 양태후는 자신의 사후 그녀를 황후로 세울까 봐 심히 걱정스러웠다. 그녀가 황후가 된다면 태자의 지위가 불안하기 때문이다. 그래서 그녀는 사마염을 불러 그의 다리를 베고 눈물을 흘리며 간절히 말했다. "저는 남은 날이 많지 않습니다. 숙부 양준(楊駿)의 딸 양지(楊芷)는 인품이 단정하고 용모가 출중하니 폐하께서 그 아이를 입궁시켜 저 대신 폐하를 모시게 하시면 첩은 편히 눈을 감을 수 있겠습니다." 사마염은 감동하여 그 자리에서 승낙했다. 사마염처럼 아내의 말을 잘 들었던 황제는 아마 별로 없을 것이다.

양태후가 죽은 후 사마염은 양지를 궁으로 맞아들였다. 양지는 과연 말투와 태도에 기품이 있고 행동이 반듯하면서도 대범했다. "아름다움이 초방(椒房, 후비의 처소)에 빛나, 심히 총애를 받았다." 사마염은 크게 만족하여 2년 후(276) 그녀를 황후로 세웠다. 또 한 명의 양황후가 생긴 것이다. 양지는 황후가 된 후 사마염을 설득해 부친 양준과 숙부인 양요(楊珧), 양제(楊濟)에게 높은 관직을 내리고 궁에서 근무하게 했다. 이에 조정에서는 양준을 중심으로 하는 외척 세력이 형성되면서 양씨 삼형제가 실권을 쥐게 된다. 이 세 사람을 부르는 '삼양(三楊)'이라는 호칭이 생겼다.

둘째, 사마충의 능력을 시험했다. 새로운 황후는 사마충의 이모였는데 그녀가 사마충의 신변에 있으면서 사마충의 태자 지위도 안전해졌다. 그러나 사마충의 정무 능력이 어느 정도인지, 과연 대를 이어 황제가 될 수 있는지의 문제는 조야의 관심거리였다. 사마충이 아둔하고 황제의 자질이 없다는 것은 누구나 알고 있었다. 그래서 태자를 교체해야 한다는 목소리가 날로 높아졌고 사마염과 가까운 대신들은 면전에서 이런 의사를 밝히기도 했다.

언젠가 중서령 화교(和嶠)가 사마염에게 완곡하게 말한 바 있다. "태자께서는 선인들의 순박한 풍격을 갖고 계십니다. 하지만 지금 세상의 도는 허위와 거짓으로 타락하여 태자께서 이 가업을 감당하지 못할 것 같습니다." 이 말은 사마충이 후계자에 적합하지 않다는 말과 같다.

또 상서령 위관도 비슷한 말을 했다. 그는 사마충이 황제의 직을 수행하지 못할 것이라 생각했지만 감히 말할 수 없었다. 그러다 어느 연회에서 주변에 사람이 없을 때 취한 척하며 사마염 앞에 무릎 꿇고 말했다. "신이 폐하께 올리고 싶은 말이 있습니다." 사마염은 말했다. "위공은 염려 말고 말하시오." 위관은 우물쭈물하며 말을 더듬다가 결국 아무 말도 하지 못하고 손으로 사마염의 자리만 쓰다듬으며 한탄했다. "이 보좌가 너무나 애석합니다!" 사마염은 곧 그의 생각을 알아차리고 말을 막았다. "위공, 너무 많이 마셨소! 취했구려!" 위관은 그 말을 듣고 술에 취한 몸짓으로 비틀거리며 갔다.

두 노신의 말은 확실히 사마염에게 아들의 능력을 확인할 필요가 있다는 생각을 하게 했다. 그래서 그는 사마염을 시험하기로 했다.

어느 날 사마염은 태자와 관련된 사무를 담당하는 장홍(張泓)을 불렀다. 몇 가지 문제가 적힌 시험지를 태자에게 전달하고 작성이 끝나면 다시 가져오게 했다. 사마충은 장홍이 준 시험지를 받아 읽어보고 놀라 멍하니 서 있었다. 그가 답할 수 있는 수준이 아니었다. 읽기도 어려우니 답안 작성은 말할 것도 없었다. 이때 가남풍이 "외부인에게 부탁하여 답안을 만듭시다."라고 의견을 냈다.(『진서·후비전』) 그리고 얼른 다른 사람을 불러와 대신 답안을 작성하게 했다. 학문이 높은 사람이라 옛글에서 근거를 인용하며 의견을 논증한 글을 썼다. 마치 학술성이 강한 논문 같아 너무 심도 있고 수준 높은 답안이 되었다.

장홍은 그 글을 본 후 난감한 표정으로 말했다. "태자의 학문은 황상과 대신들도 모두 알고 있습니다. 이 답안은 인용이 많고 완벽할 정도로 뛰어나 황상께서 한번 보시면 다른 사람이 썼다는 것을 금방 알 것입니다. 이건 너무 위험합니다. 차라리 일반적인 말로 생각을 쓰는 것이 좋겠습니다." 가남풍은 그 말이 타당하다고 생각하여 장홍에게 말했다. "그렇다면 자네가 대신 수고해주게. 잘 써서 일이 성사되면 자네도 우리와 함께 부귀영화를 누릴 수 있을 것이네." 질문 자체가 원래 어렵지 않은 문제였기 때문에 장홍은 곧 답안을 작성했고 가남풍은 이를 사마충에게 베껴 쓰도록 했다. 사마충은 지능이 부족했을 뿐 글을 베껴 쓰는 일은 가능했다. 사마염은 막후에서 벌어진 일은 알지 못하고 답안을 받아 읽어보더니 꽤 조리 있고 쓸 만한 솜씨라고 생각하며 기뻐했다. 사마충은 답안을 노신 위관에게 전해 주어 보게 했다. 위관은 태자사부(태자의 스승)를 지낸 바 있기 때문에 태자의 수준을 너무나 잘 알고 있었다. 그는 답안을 보고 태자의 실력이 언제 이렇게 늘었는지 의아했다. 생각할수록 의심쩍었다. 그는 얼굴이 굳어졌고 아무 말도 하지 못했다. 그러나 진 무제의 눈치를 보던 많은 대신들은 태자가 크게 성장했다고 만세를 외치며 축하했다.

가남풍의 부친 가충도 당시 현장에서 모든 과정을 지켜봤다. 가충은 집으로 돌아와 가족들에게 말했다. "오늘 정말 아찔했다. 위관 이 늙은이가 하마터면 우리와 태자의 앞길을 끊어버릴 뻔했다." 후에 가남풍도 이 사실을 알고 노신 위관을 미워하며 반드시 복수하겠다고 다짐했다.

이번 시험 사건을 통해 사마염은 태자의 성장을 보며 희망이 있다고 생각되어 화교, 순욱 등 대신들에게 말했다. "태자가 근래 학업에 큰 발전이 있었으니 그대들도 가서 만나보게. 세상의 일도 같이 이야기할 겸." 이에 몇몇 대신들이 사마충을 찾아갔는데 그중 순욱은 가남풍의 측근이었다. 그는 사마충을 적극적으로 칭찬하면서 그가 사리에 밝고 견식이 넓다며 높이 평가했다. 화교는 성격이 솔직하고 거짓말을 못하는 인물이라 사마염에게 "태자는 예전과 똑같습니다. 발전이랄 게 없습니다."라고 말했다. 사마염은 그 말을 듣고 크게 실망하여 화를 내며 자리를 떴다.

셋째, 영리한 사마휼(司馬遹) 이야기이다. 본디 산속에서는 산이 잘 안 보이는 법이다. 사마염의 마음에는 이미 사마충이 차기 황제로 확정되었고 이는 번복할 수 없는 사실이었다. 오래지 않아 또 새로운 일이 생겨 사마염은 확신을 굳혔다. 무슨 일일까? 그는 사마충의 아들이 매우 총명하다는 것을 알게 되었다.

이 아이가 사마휼이다.

이 아이는 가남풍의 소생이 아니다. 가남풍은 아들을 낳은 적이 없다. 사마휼에 대해 말하려면 사마염부터 이야기를 시작해야 한다. 일찍이 사마염은 아들이 점점 자라자 남녀지사를 가르쳐야겠다는 생각으로 후궁의 재인 사구(謝玖)를 보냈다. 본래는 사구에게 성교육 선생의 역할을 요구한 것인데 왕래가 빈번해지자 두 사람이 가까워졌다. 그리고 사구가 임신을 하고 아들 사마휼을 낳았다. 후에 가남풍이 입궁하면서 사구를 질투하자 사구는 할 수 없이 아들을 후궁으로 데려갔다. 사마휼이 서너 살이 될 때까지 사마충은 자기에게 아들이 있는지도 몰랐다. 하지만 사마염은 이 아이에게 계속 관심을 갖고 있었다. 어느 날 사마충은 부친을 뵈러 갔다가 낯선 아이들이 놀고 있는 것을 보았다. 사마염이 그중 한 아이를 가리키며 "이 아이가 너의 아들이다."라고 말하자, 사마충은 기쁘면서도 놀랍고 어리둥절한 모습이었다. 사마휼은 몹시 총명하여 진 무제는 매우 예뻐했고 늘 신변에 데리고 다녔다.

궁중에서 밤에 불이 난 적이 있다. 사마염이 누대에 올라 불난 곳을 바라보는데 막 다섯 살이 된 사마휼이 그의 옷자락을 당기며 방으로 들어가자고 재촉했다. 사마염이 이유를 물었더니 사마휼이 이렇게 대답했다. "심야에 화재가 났으니 불의의 일을 대비해야 합니다. 불빛에 군주의 모습이 보이면 안 됩니다." 다섯 살 아이가 이 정도 식견을 가진 것을 보고 사마염은 놀라움을 금치 못했다.

또 한번은 사마휼이 진 무제를 따라 돼지우리를 구경하다가 이렇게 말한 적이 있다. "돼지가 이렇게 살쪘는데 왜 돼지를 잡아 장수들에게 먹이지 않고 양식을 낭비하나요?" 사마염은 이 말이 옳다고 여겨 돼지를 잡아 군대에 부식으로 제공하라고 하명했다. 그는 자신에게 이렇게 총명한 손자가 있다는 사실이 자랑스러웠다. 나이만 어렸지, 어른이나 다름없었다. 그는 사마휼의 등을 두드리며 말했다. "이 아이가 틀림없이 우리 집안을 일으킬 것이다."

사마염의 마음에는 희망이 생겼다. 태자 사마충이 비록 지금은 많이 부족하지만 손자가 이렇게 똑똑하니, 장래에 사마충의 태자가 되어 사마씨의 천하를 다시 살릴 것이라고.

내 생각에 일국의 군주이자 최고 통치자로서 사마염의 생각은 너무 단순하고 유치하다. 생각해보자. 우선, 멍청한 사마충이 순조롭게 제위에 오르고 원만하게 국정을 돌볼지도 미지수인데 그다음 세대의 일을 생각한다는 것은 무리가 아닌가? 그리고 또 가남풍이 사마충의 정실이고 사마휼은 아무리 똑똑해도 서출인데 가남풍이 순순히 그를 태자로 세우겠는가?

사마염은 태자를 세우고 태자비를 선출하는 일에 너무 큰 착각과 오판을 범하면서 서진 왕조의 미래에 내란의 씨를 심었다.

넷째, 사마유(司馬攸)를 몰아낸 일이다. 진 무제 사마염은 사마충을 자신의 후계자로 세운 것이 옳다고 판단한 후, 다른 어떤 의견도 받아들이지 않았다. 모든 걸림돌을 제거하고 자신의 생각을 실현시키려고 했다. 그러나 노신 장화(張華)와 대화하다가 그는 조야를 뒤흔든 큰일을 저지르고 말았다.

우선 서진의 명신 장화에 대해 소개할 필요가 있다. 장화는 자가 무선(茂

先)인데 학식이 넓고 시문에 뛰어나며 저작 『박물지(博物志)』가 널리 전한다. 그의 말은 항상 대의에 입각하면서도 솔직한 편이기 때문에 조정에서 신망이 높았고 삼공의 자질을 갖췄다는 평가를 받았다. 그러나 그는 여러 번 실각하여 좌천을 겪었기에 직위는 그리 높지 않았다.

태강 3년(282) 어느 봄날, 사마염은 당시 상서를 맡고 있던 장화에게 물었다. "그대 생각에는 100년 후에 누구에게 후사를 맡기는 게 좋겠는가?" 사마염의 생각은 이미 사마충으로 정해져 있었다. 그는 다만 장화에게 다시 확인과 인증을 받고 싶은 것이었다. 장화는 조금도 주저하지 않고 대답했다.

후덕하면서도 가장 가까운 분은 제왕(齊王)만 한 이가 없습니다.

제왕은 사마유를 말한다. 장화의 말은 덕망으로 봐도 사마유가 가장 훌륭하고, 황실과의 관계로 봐도 사마유가 가장 가까우니 천하 대사는 사마유에게 맡기는 것이 가장 적합하다는 의미이다.

사마염은 장화가 이렇게 말할 줄은 생각도 하지 못했다. 이는 장화 한 사람의 생각이 아니라고 그는 단정했다. 장화의 말은 적지 않은 대신들이 사마충을 인정하지 않는다는 것을 보여준다. 사마염의 안색이 삽시간에 어두워졌다. 다시 한번 사마유를 생각하니 상황이 몹시 심각하다고 느껴졌다.

사마유는 누구인가? 그는 사마염의 친동생이며 동일한 어머니의 소생이다. 예전 사마사에게 아들이 없어, 부친 사마소가 아들 사마유를 형인 사마사에게 양자로 보내 대를 잇게 했었다. 사마유는 총명하고 책을 좋아했으며 글도 잘 썼다. 『진서』에는 "어질고 공평했으며 현자를 가까이하고 베풀기를 좋아했다. 경서를 즐겨 읽고 글을 잘 써 세상에 모범적이었다."라고 평가했다. 일찍이 사마소가 사마유를 마음에 두고 그에게 제위를 물려주려 했으나 대신들이 적자가 아니기 때문에 전통에 위배된다는 이유로 극력 반대하여 사마염이 황제가 된 것이다.

서진이 건립된 후 사마유는 능력이 출중하고 명망도 높아 사마충과 자주 비교되었다. 두 사람은 숙부와 조카로 항렬도 달랐지만 재능의 차이는 더 컸다. 그야말로 한 사람은 하늘 위였고, 또 한 사람은 땅바닥이었다. 사마염은 생각할수록 마음이 불안했다. 아들 사마충이 후계자가 되기에는 변수가 너무 많았고 사마유의 능력이 너무 탁월했다. 그는 심경이 복잡해 갈피를 잡기 힘들었다.

태자비 가남풍을 지지하던 신하들이 사마염의 마음을 간파하고 그에게 방법을 제시했다. 사마유는 제왕이니 경성을 떠나 제 땅으로 보내버리면 된다. 사람이 떠나면 차가 식는 법. 그의 세력이나 영향력도 자연히 소멸되지 않겠는가? 사마염은 좋은 방법이라고 생각했다. 그해 12월 사마염은 조서를 내려 먼저 사마유를 대사마, 도독청주제군사로 승진시키고 곧 청주로 부임하라고 하명했다.

조서가 내려지자 조정 내외에서 소란이 일어났다. 사마유가 비록 차기 황제는 아니지만 그래도 가장 이상적인 보정대신인데 왜 경성에서 내보내는 것인지 대신들은 납득하지 못했다. 이에 명을 거두어달라는 상소가 분분히 올라왔지만 사마염은 단호히 거절했다.

이듬해 정월 사마염은 다시 사마유에게 경성을 떠나 봉국으로 떠나라고 재촉하면서 사마유를 지지하는 대신들을 면직했다. 사마유는 자신을 대하는 형의 태도를 보면서 분노와 체념을 동시에 느꼈다. 마음의 우울이

깊어지면서 사마유는 오래지 않아 중병을 얻어 피를 토하고 죽었다. 향년 36세였다.

사마유가 죽은 후 사마충의 후계자 등극은 구도가 잡혔다.

태강 11년(290) 4월, 진 무제 사마염이 죽고 태자 사마충이 32세의 나이로 즉위하여 혜제가 되었다. 가남풍은 황후가 되었다.

사마충이 태자가 되었다가 다시 황제로 즉위하기까지 23년의 시간이 걸렸고 여러 정치 세력들이 치열한 대립과 각축을 벌였다. 이 과정에서 우리는 후계자 선정은 조정의 운명이 걸려 있고, 국가와 사회에 큰 영향을 주는 대사라는 점을 분명히 보았다. 서한 초기 한 고조 유방(劉邦)이 적자를 폐하고 서자를 세우려고 한 적 있었다. 그가 조왕 여의(如意)를 태자로 책봉하려 하자 대신 숙손통(叔孫通)이 간언을 올렸다. "태자는 천하의 근본입니다. 근본이 흔들리면 천하가 요동을 칩니다. 어찌 천하를 갖고 농담을 하십니까?" 유방은 결국 비판을 받아들여 태자를 바꾸려던 생각을 접고 서한 초기의 안정 국면을 이끌었다. 사마염도 대신들의 의견을 받아들여 최소한의 업무 능력이라도 갖춘 태자를 세웠다면 좋았을 것이다. 그러나 사마염은 어떤 의견도 듣지 않았다. 단독으로 결정하고 돌아보지 않고 밀어붙였다.

사마염의 판단 착오는 과연 서진 왕조의 파멸로 이어지는 화근이 되었다.

제14강

가후의 정권 농단

—

중국 역사상 어린 황제가 친정을 할 수 없어 모후나 황후가 섭정을 한 일은 적지 않았다. 예를 들면 서한 유방의 처 여후(呂后)가 아들 한 혜제 유영(劉盈)을 도와 집정한 일도 있었다. 여성의 정치사를 보면 어떤 이는 상당한 업적을 남겨 역사적으로 호평을 받기도 했고, 어떤 이는 심각한 막장 정치로 암흑기를 남기기도 했다. 지금 얘기할 가남풍은 정치 전면에 나섰던 여성 중 가장 잔인하고 악랄한 인물이었다.

290년 진 무제가 55세로 세상을 떠난 후 아들 사마충이 제위에 올랐으니 바로 진 혜제였다. 그러나 그는 지능에 심각한 문제가 있었고 국가를 관리할 능력이 없었기 때문에 대권은 자연스럽게 가후에게 넘어갔다. 이로부터 서진은 하루도 편할 날이 없었고 조정의 권력 투쟁은 더욱 심화되었다. 황후 가남풍은 잔인한 수단과 비열한 인품으로 역사에 이름을 남겼다.

지금부터 가남풍이 얼마나 잔학무도한 도발과 이간질로 무고한 사람을 탄압하며 서진 정국을 마비시켰는지 말할 것이다. 그러나 이는 절대 '여성화근론'을 말하려는 의도는 아니다. 과거에 이런 역사학적 관점이 있었던 것은 사실이다. 국가의 동란과 쇠망을 여성과 연결시켜 마치 그 여성들이 재앙의 근원인 것처럼 보는 관점이다. 예를 들면 하의 걸(桀)왕, 상의 주(紂)왕, 서주의 유(幽)왕, 이 세 명의 망국 군주 신변에 각각 말희(妺喜), 달기(妲己), 포사(褒姒)라는 여성들이 있어서 국왕들이 미색에 빠져 결국 왕조가 멸망했다고 보는 것이다. 이런 고루한 관점은 오래전부터 학계의 비판을 받았다. 루쉰(魯迅) 같은 사람은 다음과 같이 말했다.

> 나는 예전부터 왕소군이 변방으로 가서 한나라를 도왔다거나 목란이 종군하여 수나라를 보위했다는 말을 믿지 않았다. 또 달기가 은나라를 망치고 서시가 오나라를 망치고 양귀비가 당나라를 어지럽혔다는 등의 말도 믿지 않는다. 고대 중국의 남권 사회에서 여성은 절대로 그렇게 큰 힘이 없었다. 흥망의 책임은 남성에게 돌려야 한다. 그러나 고대 남성 작가들은 대체로 패망의 대죄를 여성에게 미루는 경향이 있었다. 이야말로 전혀 의미 없고 쓸데없는 남자들이다.
>
> (『차개정잡문(且介亭雜文)·아금(阿金)』)

사회 동란이나 왕조의 전복은 정치 제도, 사회 환경 등의 방면에서 원인을 연구해야 한다. 남자든 여자든 봉건 전제 시대의 개인은 사회에서 일정한 세력과 지위를 점하고 적당한 상황에 처해 있을 때 인성의 약점과 어두운 면이 부각된다. 마치 세균도 온도가 적당한 환경에서 번식하는 것처럼.

가남풍은 특수한 정치 환경에서 등장하여, 자신의 음험하고 추악한 인격을 천하에 폭로했다.

가남풍이 사람들에게 준 첫 번째 인상은 질투심이 극도로 강한 여성이라는 점이다. 질투라는 것은 타인이 나보다 뛰어날 때 생기는 증오와 시기의 감정이다. 만약 질투심을 이성의 범위 안에서 억제할 수 있다면 사회와 타인에게 피해를 주는 일은 없을 것이다. 그러나 그 반대라면 문제는 달라진다. 가남풍이 그러했다. 그녀는 자신보다 강하고 뛰어난 모든 것을 증오했다. 272년 태자비가 된 후 그녀는 사마충을 어떤 여성에게도 접근하지 못하게 했다. 『진서·후비전』에는 가남풍을 이렇게 묘사했다. "질투가 강하고 모략과 속임수가 많았다. 태자는 두려워하면서도 현혹되어 후궁들 가운데에 총애를 받은 이가 드물었다." 자신의 지위를 확고하게 다지기 위해 그녀의 질투심은 변태적으로 발휘되어 태자의 후궁을 죽이기도 했다. 언젠가 가남풍은 사마충의 후궁이 임신했다는 말을 듣고 극도의 분노로 정신을 잃고 창을 그녀의 배에 던졌다. 비는 그 자리에서 피범벅이 되어 쓰러졌고 태아는 유산되었다. 잔혹하기가 이루 말할 수 없었다.

진 무제는 소식을 듣고 대로하여 가남풍을 폐위하고 당시 막 완공된 금용성(金墉城, 낙양성 서북쪽에 위치하며 이후 폐비의 거소로 사용되었다)에 가두려고 했다.

무제가 태자비를 폐위하려 하자 조정에는 큰 파문이 일었다. 무제의 후궁 조찬(趙粲)은 평소에 가남풍과 왕래가 많았던 터라 무제에게 청원했다. "태자비 가씨는 나이가 아직 어리고 질투심은 원래 여인의 천성이라 나이가 들면 좋아질 것입니다. 폐하께서 굽어 살펴주시기 바랍니다."

진 무제의 황후 양지도 나섰다. 사마충은 그녀의 사촌 언니 양염의 아들인데 가남풍이 폐위되면 사마충의 태자 위치도 불안해진다. 그래서 그녀도 사마염에게 청원했다. "가비의 부친 가충은 국가의 공신이고 가비는 친딸입니다. 우발적으로 범한 잘못이니 관용을 베풀어야 합니다." 여러 사람들의 설득에 사마염은 결국 생각을 바꿨다.

질투심이 강한 사람은 의심이 강한 경우도 많다. 이 사건이 지나간 후 황후 양지는 가남풍에게 행동거지를 조심하라고 여러 번 주의를 주었다. 가남풍은 황후가 배후에서 자신을 도와준 것은 알지 못하고 황후가 의도적으로 황제에게 자신을 폄훼한다고 생각했다. 그래서 황후에게 감사하지도 않았고 도리어 점점 더 그녀를 증오했다.

가남풍은 왜 이렇게 질투심이 강할까? 연구할 만한 가치가 있다. 아마도 다음과 같은 세 가지 원인이 있을 것이다.

첫째, 주관적 원인으로 그녀의 추한 용모 때문이다. 가남풍의 외모에 대해 『진서』에는 두 구절의 자료가 있다. 하나는 "추하고 키가 작고 검다(醜而短黑)"이고 또 하나는 "키가 작고 검푸른 피부이며 눈썹 뒤에 상처가 있다(短形靑黑色, 眉後有疵)"이다. 이런 외모 때문에 가남풍은 어느 정도 열등감이 있었고 열등감은 또 강렬한 질투심으로 이어졌을 것이다.

둘째, 객관적 원인으로 환경의 자극 때문이다. 가남풍은 15세에 궁으로 들어왔다. 사방을 둘러보면 모두가 선녀처럼 아름다운 여인들뿐이다. 사춘기의 나이에 그녀들과 자신을 비교하며 더욱 비참했을 수도 있다. 이런 환경에서 생활해야 했기 때문에 자격지심이 커졌고 경쟁심이 강한 성격 때문에 질투심이 더 기형적으로 팽창했을 가능성이 있다.

셋째, 유전적 원인 때문이다. 가남풍의 모친 곽괴(郭槐)는 전형적인 악녀였고 질투와 의심이 심했다. 한번은 유모가 곽괴의 세 살짜리 아들을 데리고 가충에게 간 적이 있다. 가충이 허리 숙여 아이를 다정하게 어루만지는 장면을 곽괴는 두 사람이 신체를 접촉한다고 오해했다. 그녀는 질투심에 불타 앞뒤 정황을 물어보지도 않고 유모를 매질하여 죽였다. 아이는 유모를 찾으며 먹지도 마시지도 않다가 얼마 후 죽었다. 후에 곽괴는 또 아이를 낳아 젖먹이 기간에 다시 유모를 구했다. 언젠가 가충이 아이의 머리를 쓰다듬을 때 유모가 가충을 향해 웃은 적이 있는데 곽괴는 또 유모가 가충을 유혹한다고 여기고 변명의 기회도 주지 않고 유모를 때려 죽였다. 아이도 경기를 일으키다 죽었다.

가남풍은 이런 모친 밑에서 자라면서 유년기부터 영향을 받지 않았을까?

물론 이 세 가지가 가남풍의 질투를 설명하는 절대적인 이유는 아니다. 한 사람의 인품을 결정하는 주요 원인은 역시 그 자신의 도덕적 품성과 자질이라 할 것이다.

二

가남풍이 만약 성격이 편협하고 질투심이 강하기만 했다면 서진의 정국까지 혼란에 빠지지는 않았을 것이다. 더욱 엄중한 문제는 그녀가 권력을 쥐고 흔들려는 정치적 야심이 강했다는 사실이었다.

가남풍은 자신의 정치적 목적을 실현하기 위해 먼저 장애물을 제거해야 했다. 그렇다면 누가 그녀의 장애물일까? 바로 양황후 일가였다.

276년 양지가 황후에 오른 이후 양씨 집안의 세력이 조정에서 강해졌다. 양준 삼형제는 조정의 중요한 요직을 독점하며 자신의 측근과 일파 들을 곳곳에 배치했다. 이들을 '삼양'이라 했다.

290년 봄 진 무제가 심한 병에 걸려 자주 의식을 차리지 못했다. 양준은 이를 틈 타 더 적극적으로 노신들을 쫓아내고 자신의 측근을 대거 조정으로 데려왔다. 나중에 무제가 병이 호전되어 눈을 뜨고 주위를 돌아보니 대부분이 낯선 얼굴들이라 크게 노한 적이 있다. 그때 무제는 양준에게 크게 화를 내며 소리쳤다. "그대는 어쩌면 이렇게 할 수 있는가?"

양준의 권력 독점을 막으려고 사마염은 중서성에 밀령을 내려 자신의 사후 여남왕 사마량(司馬亮)과 양준이 공동 보정대신이 되라고 명했다. 사마량이 양준을 견제하게 만들려는 의도였다. 사마량은 사마의의 넷째 아들로 사마염의 숙부였으니 항렬이 매우 높다. 양준은 사마염이 밀령을 내린 것은 알았지만 구체적인 내용은 몰랐기 때문에 자신의 권력을 뺏길까 두려웠다. 그는 급히 중서성에서 조서를 찾아 집으로 가져갔다. 빌린다고 말하고 가져갔지만 돌려주지 않고 계속 감추어두었다. 중서감 관원들도 문책이 두려워 반환을 재촉했지만 양준은 고집을 피우며 돌려주지 않았다. 그러다 며칠 후 무제의 병이 위중해졌다. 의식이 혼미하고 정신을 차리지 못했다. 양황후가 상황을 살피다가 양준을 단독으로 보정대신에 명하자고 무제에게 말했다. 이때 황제는 이미 말을 할 수 없었고 그저 고개만 끄덕일 뿐이었다. 양황후는 주위 사람들에게 큰 소리로 말했다. "그대들도 모두 보았지? 황상도 동의하셨다!" 그리고 중서성 장관을 불러 유조를 쓰게 하여 양준을 태위, 태자태부, 도독중외제군사, 시중, 녹상서사에 임명했다. 행정권과 군사권을 한 사람에게 집중시킨 것이다. 보정대신 문제도 더는 사마량을 거론하지 않았다. 유조를 쓰고 나서 다시 사마염에게 보였는데 사마염은 또 아무 말도 하지 않았으니 통과된 셈이었다. 이틀 후 사마염은

55세의 나이로 죽었다.

　이야기가 조금 더 있다. 사마염이 임종 직전에 마지막 힘이 잠깐 돌아왔던 모양이다. 갑자기 눈을 번쩍 뜨더니 "여남왕 왔느냐?"라고 물었다. 여남왕은 사마량을 말한다. 좌우에서 "오지 않았습니다."라고 하자 사마염은 그 말을 듣더니 다시 눈을 감고 숨을 멈추었다. 이때 사마염은 말은 못했지만 속으로는 알고 있었을 것이다. 사마량이 오지 않았으니 조정의 대권은 틀림없이 황후 일가에게 넘어갈 것이라고. 게다가 아들은 지능이 부족하고 며느리는 선량하지 않다. 조정에 한바탕 피비린내 나는 격전이 벌어질 것이다! 누구를 원망하랴? 봉건 시대 어느 왕조가 후계자 경쟁, 권력 투쟁의 소용돌이 속에서 광기 어린 살육이 없었던가?

　사마염이 죽은 후 조정의 대권은 곧 외척 양준에게 넘어갔다. 새로 즉위한 혜제 사마충은 능력이 너무 부족하다 보니 허수아비나 다름없었다. 황후 가남풍은 양씨 집안에 장악된 조정을 보고 강한 경쟁심을 느끼며 승부수를 던지기로 했다.

　양씨 집안은 다년간 조정에서 세력을 키우며 측근들을 요소요소에 배치해놓았기 때문에 판세를 뒤집기는 쉽지 않았다. 가남풍은 이들을 견제할 수 있는 세력은 오직 사마씨 가족뿐이라고 생각했다. 이에 그녀는 여남왕 사마량에게 군사를 이끌고 낙양으로 와 양준을 토벌해달라고 요청했는데 의외로 사마량은 응답하지 않았다. 그래서 가남풍은 다시 사람을 형주로 보내 초왕 사마위(司馬瑋)에게 출병을 요청했다. 사마위는 사마염의 다섯째 아들로 당시 20세, 혈기 왕성한 나이였다. 사마위도 양준의 전횡에 대해 일찍부터 불만이 많았기 때문에 흔쾌히 동의했다. 영평 원년(291) 2월 사마위가 병력을 이끌고 낙양에 도착했다.

가남풍은 사마위의 군사를 보자 마음이 든든해져 속히 양준을 제거하기로 결심했다. 3월 그녀는 혜제를 움직여 조서를 내렸다. 양준이 모반을 하여 대죄를 면할 수 없으니 처단하라는 명이었다. 동시에 사마위에게 군사를 이끌고 양준의 가택을 포위하도록 했다.

양준은 가택이 포위되어 독 안에 든 자라 신세가 되자 최후의 순간을 준비했다.

황궁에 있는 양준의 딸 양태후도 출궁이 금지되어 어떤 조치도 취할 수 없는 상황이었다. 그녀는 급한 나머지 사람을 시켜 비단에 "태부 양준을 구하는 자에게 포상한다"고 쓰고 화살에 묶어 궁중 바깥으로 쏘게 했다. 막연히 구원병을 기다리는 방법밖에 없었다. 그런데 하필 가남풍의 측근이 이 글을 발견하고 가남풍에게 전달했다. 가남풍에게는 호재였다. 양태후가 양준과 공범이라는 근거가 필요했는데 제 발로 총구에 날아온 셈이었다.

사마위의 군사들은 결국 맹렬한 기세로 양준의 가택 안으로 쳐들어갔다. 삽시간에 내부는 쑥대밭이 되었고 양준은 병사들에게 살해되었다. 가남풍은 양준의 일가 삼족을 참수하라고 명했다. 이때 죽은 자가 수천 명에 달했다.

가남풍은 양준을 죽였지만 아직 끝나지 않았다. 다음은 황태후 양지를 처리할 차례였다. 사실 양태후는 가남풍을 보호한 적이 있다. 예전 사마충의 후궁이 임신하자 가남풍이 창을 던져 유산시켰을 때의 일이다. 무제가 진노하여 그녀를 폐위하려 할 때 양태후가 나서서 변론해주어 겨우 막았다. 그러나 가남풍은 도리어 양태후가 자신을 모함했다고 여기며 복수하고 있다.

양태후를 처리하는 일은 간단했다. 혜제를 움직여 조서를 내리고 양준

가남풍이 시어머니 양황후를 폐하다

과 반란을 공모한 죄로 태후를 영녕궁에 구금하라고 하명했다. 얼마 후 가
남풍은 또 혜제에게 양태후를 서인으로 강등시킬 것과 양준의 처 방씨의
참수형을 요청했다. 혜제는 방씨가 죄가 없다고 생각하여 승낙하지 않았
다. 그러나 많은 대신들이 가남풍의 의사를 따라 법대로 처리해야 한다고
요구하자 어쩔 수 없이 동의했다. 방씨가 처형되던 날 황태후 양지는 모친
을 끌어안고 통곡하며 호소했다. "머리카락을 자르고 머리를 조아렸다"고
기록되어 있다. 머리카락을 자르고 꿇어앉아 머리를 땅에 계속 찧으며 빌
었던 것이다. 그녀는 황태후의 존엄을 버리고 자신을 '첩'이라 칭하면서 모
친을 살려달라고 울었다. 그러나 가남풍은 조금도 주저하지 않고 방씨를
죽였다. 그리고 황태후를 냉궁에 구금한 후 태후의 시종 십여 명을 모두 철
수시키고 일체의 음식 공급을 끊었다. 결국 양태후는 냉궁에서 아사했다.

미신을 믿었던 가남풍은 양지가 저승에서 선제에게 자신의 죄상을 고할까봐 장례를 치를 때 얼굴이 아래로 가도록 매장했고 등 위에는 저주를 방지하는 각종 부적과 약물을 올려두었다.

三

양씨 외척 일가의 세력을 제거한 후 가남풍은 일단 만족감을 느꼈다. 하지만 조정에 직접 간여하려는 자신의 목적은 아직 달성되지 않았다. 왜냐하면 당시 조정을 이끄는 두 보정대신이 모두 자신의 사람이 아니었기 때문이다. 한 명은 태재 여남왕 사마량이다. 그는 양준을 토벌할 때 겁약하여 출병하지 않았지만 항렬이 높다는 이유로 양준이 죽은 후 조정의 요청으로 낙양에 왔다. 또 한 명은 녹상서사 위관인데 가남풍이 더 큰 원한을 품고 있는 사람이었다.

그 이유는 앞서 말한 바 있다. 예전에 위관은 사마충이 태자의 자질이 부족하다고 생각하여 연회에서 술 취한 척하며 사마염에게 황제의 좌석을 어루만지면서 "이 보좌가 너무나 애석합니다!"라고 한탄했다. 사마충을 태자로 세운 것이 잘못된 결정이라는 의미이다. 후에 그는 또 사마충의 시험지 사건 때도 이상하다며 미심쩍은 태도를 보인 적이 있다. 이때의 일을 생각하면 가남풍은 참을 수 없었다. 만약 황상이 위관의 의견을 따랐다면 사마충의 태자 자리는 진작에 물 건너 갔을 것이다. 그녀가 위관을 깊이 증오하는 이유였다.

지금 위관은 또 보정대신의 위치에 있다. 가남풍은 생각할수록 화가 나이 두 늙은이를 제거하기로 결정했다.

어떻게 처리할 것인가? 역시 자신의 주무기인 이간질로 도발하고 갈등을 조장하는 수법을 썼다. 가장 이용하기 좋은 상대는 사마위였다. 나이도 어리고 경쟁심도 강한 데다 무모한 용기가 넘쳤다. 사마위도 양준이 죽은 뒤 순순히 자신의 영지인 형주로 돌아가려 하지 않았다. 그 나름대로 큰 공을 세운 입장이라 조정의 요직을 기대하고 있었다. 여남왕 사마량은 그를 "괴팍하고 살인을 좋아하는" 위험 분자로 생각하고 빨리 형주로 돌아가라고 재촉했다. 위관도 적극적으로 이에 동의했다. 사마위는 이들의 태도에 불만이었다. 필요할 때는 이용하고 필요가 없어지니 내보내려 한다는 생각이 들었다.

가남풍은 이런 상황을 알고 적절한 기회라고 생각했다. 그녀는 먼저 판을 짰다. 여남왕 사마량과 위관이 권력 찬탈을 기도했다고 무고한 후, 혜제에게 요청하여 초왕 사마위에게 조서를 내려 두 사람을 체포하게 했다.

원강 원년(291) 6월 초왕 사마위는 밀조를 받은 후, 사건의 전후 맥락은 살피지 않고 심야에 군사를 이끌고 가 두 사람의 가택을 포위했다. 여기엔 두 사람에 대한 사마위의 개인적 감정도 작용했다. 여남왕 사마량은 전혀 대비가 없었기 때문에 어떤 저항도 할 새 없이 속수무책으로 체포되었다. 그는 자신을 둘러싼 병사들의 난도질에 그 자리에서 죽었고 집 안에 있던 사람들도 전부 살해되었다.

같은 시간, 평생 조정에 충성을 바친 노신 위관도 살해되었으며 자손 중 아홉 명이 함께 변을 당했다.

다음 날 조정의 여론은 들끓었다. 하루 사이에 두 명의 보정대신이 비명횡사했는데 모두 사마위의 소행이었다. 대다수의 사람들은 사마위가 저지른 무모한 살인이 모반을 위해 일으킨 병란이라고 생각했다. 가남풍이 막

후에서 모든 것을 기획했다고는 아무도 생각하지 못했다.

대신 장화가 건의했다. "사마위가 군사를 이끌고 두 노신을 살해했습니다. 틀림없이 조서를 위조하여 함부로 살인했을 것입니다. 모반을 기도한 사건이니 씻을 수 없는 죄입니다. 정국의 안정을 위해 속히 천하에 알리고 그의 군사를 해산시켜야 합니다."

가남풍은 기회를 포착하는 능력이 뛰어났다. 사건이 진행되는 형세를 보니 사마위도 이 기회에 제거할 수 있다고 판단했다. 이에 혜제에게 보고했다. "초왕 사마위가 병력을 이끌고 난을 일으킨 것은 죄상이 크고 심합니다. 그를 죽여 천하에 사죄해야 합니다." 혜제는 자신의 능력으로 시비를 가리기 어려웠다. 가남풍의 말만 듣고 곧장 조서를 내려 초왕을 체포하고 사형에 처하라고 명했다. 형이 집행될 때 젊은 사마위는 눈물을 흘리며 감형관 유송(劉頌)에게 말했다. "나는 황상의 조서를 받고 행동했네. 사직을 위한 일이라고 생각했으나 지금은 천고의 죄인이 되었다네. 나도 선제의 자손이지만 지금 이런 억울한 누명을 쓰고 죽네. 그대들이 나의 억울함을 풀어주게." 유송은 그의 유언을 듣고 소리 죽여 울었다.

음험한 가남풍의 기획하에 초왕 사마위는 이렇게 차도살인(借刀殺人)•의 도구가 되었고 희생양이 되었다. 어떻게 보면 그도 불쌍한 운명의 피해자였다.

가남풍은 비열한 수단으로 초왕 사마위를 이용해 태부 양준을 제거한 후, 또 차도살인의 방식으로 여남왕 사마량, 노신 위관을 제거했다. 또 죄악의 불씨를 남에게 전가하여 초왕 사마위까지 처단했다. 일거양득이 아

• 『삼십육계』에 나오는 말로 남의 칼을 빌려서 사람을 죽인다는 뜻.

니라 삼득, 사득인 셈이다. 이렇게 짧은 시간에 조정의 대신, 노장 네 명
이 죽었다. 서진 역사상 유례없는 대살육 사건이 벌어지며 가남풍의 시대
가 열렸다.

가남풍은 자신에게 방해가 되는 장애물을 모두 제거하고 자신의 권력욕
을 실현했는데 그녀는 무엇을 하고 싶었던 것일까? 역사적으로 거의 모든
황실 외척들은 비슷하다. 일단 조정의 실권을 장악하면 바로 집안을 일으
키는데, 말하자면 가족 성원들을 조정의 요직에 발탁하는 것이다. 이것이
바로 외척 전권이다. 가남풍도 권력을 잡자 바로 자신의 가족들을 발탁했
다. 사촌 오빠 가모(賈模)는 거기사마에서 산기상시로 승진했고 다시 시중
으로 승진했다. 외숙 곽창(郭彰)은 상서, 우위장군에 임명되었고 조카 가밀
(賈謐)은 비서감, 시중이 되었다. 이 몇 사람 중 곽창과 가밀이 가후의 권력
을 믿고 횡포를 자행했기에 당시 사람들이 이들을 '가곽(賈郭)'이라고 했다.

四

가남풍은 강한 질투심뿐 아니라 음란하고 방탕한 기질로도 유명하다.
그녀가 보기에 남편 사마충은 늘 멍하게 있는 백치인 데다 남녀의 정도 모
르고 그녀의 욕망을 채워줄 능력도 없었다. 그래서 그녀는 일찍부터 태의령
정거(程據) 등과 사통했다. 그리고 미소년을 데려와 음란 행각을 벌이면서
수하에 전문적으로 미소년을 물색하여 그녀에게 제공하는 사람도 두었다.

이런 일화도 있다. 낙양성 남쪽에 어떤 하급 관리가 있었는데 외모가 시
원스럽고 호쾌한 미남이었다. 원래 형편이 어려운 사람이었는데 어느 날 갑
자기 몹시 화려한 복장으로 왔길래 동료들은 그가 도둑질을 했다고 생각했

다. 상관도 그가 의심스러워 공개적으로 해명을 하라고 요구했다. 그도 자신을 변호하기 위해 자기가 겪은 특별한 일을 사람들에게 이야기했다. 어느 날 그는 길을 가다가 한 노파를 만났는데 노파는 그에게 이런 부탁을 했다. "우리 집에 큰 병을 앓는 사람이 있는데 무당이 성남에 사는 젊은이를 찾아 사악한 기운을 쫓아야 한다고 말했습니다. 제가 보니 당신은 선량한 사람이니 선행한다는 마음으로 저와 같이 가줄 수 있습니까? 일이 끝나면 반드시 중히 사례하겠습니다." 노파의 말투가 진실해서 그는 그러겠노라고 승낙했다. 수레를 타자 그녀는 장막을 내리고 대나무 상자에 그를 넣었다. 10여 리를 가고 여러 개의 문을 지난 후에야 상자에서 나올 수 있었다. 고개를 들고 바라보니 마치 선계의 궁궐처럼 화려하고 눈부셨다. 이곳이 어디인지 물었더니 누군가가 "여기는 천상이다."라고 대답했다. 그는 위엄에 눌려 감히 더는 물어보지 못했다. 사람들이 그를 데려가 따뜻한 물에 씻겼는데 처음 느껴보는 향기가 물에서 났다. 목욕이 끝나자 아름다운 의복을 입혀주고 각종 산해진미가 차려진 방으로 갔다. 술과 음식을 풍족히 먹고 나서 문득 한 여인을 만났는데 나이는 대략 35~36세쯤이고 키가 작고 검푸른 피부에 눈썹 뒤에 상처가 있었다. 그는 여기에 며칠간 머물며 그녀와 환락의 시간을 보냈다. 떠날 때 그녀는 귀한 의복을 비롯해 여러 가지 선물도 주었다.

사람들은 이 이야기를 듣고 이 여자가 바로 황후 가남풍이라는 것을 알았다.

이 무렵 미소년들이 실종되는 사건들이 자주 일어났는데 사실 대부분 가남풍이 궁중으로 데려가 음욕을 즐긴 후 비밀리에 죽이고 매장한 것이었다. 낙양성 남쪽에 사는 이 하급 관리는 외모도 출중하지만 성격도 시원하고 말솜씨가 좋아 가남풍의 특별한 은총으로 요행히 목숨을 건졌던 것 같다.

이렇게 가남풍은 조정을 장악하고 가정에서도 백치 황제를 지배했으며, 기분 내키는 대로 미소년들을 데려와 욕구를 채우고 있었다. 그렇다면 그녀는 근심이 없었을까? 그렇지는 않았다. 험난한 정치 환경 때문에 그녀는 화산 입구에 앉아 있는 것처럼 언제 무슨 일이 일어날지 몰라 늘 불안했다. 게다가 이 문제는 차치하고라도 일단 그녀는 아들이 없었다. 여성이 아들에 의존하던 시대였기 때문에 아들이 없는 그녀는 명실상부한 황태후가 될 수 없었다. 그리고 지금의 태자 사마휼은 그녀의 소생이 아니었다. 사마충과 후궁 사구 사이에서 태어났다고 말하지만 선제 사마염이 아이를 총애했던 일을 생각해보면 혹시 사마염과 사구 사이에서 태어난 것은 아닐까? 궁중에서 일어난 모든 일을 분명하게 아는 사람은 아무도 없다.

사마휼은 점점 성장하고 있는데 사마염은 이미 죽었고 사마충은 저능한 사람이라 사마휼에게 정식 교육을 시키지 못했다. 그는 이미 어린 시절 그렇게 총명하고 귀엽던 사마휼이 아니었다. 고집이 세고 성격이 강해 얽매이는 것을 싫어했으며 책을 읽지 않았다. 또 어디서 배웠는지 모르지만 자주 궁중에 물건을 늘어놓고 장사를 했다. 그는 외부에서 물건을 떼다가 하루 종일 소리 지르며 팔았는데 궁중 사람들이 모두 질색을 했다. 그러나 가남풍은 태자의 상태가 자신에게는 호재라고 생각했다. 그가 태자답지 못한 행동을 할수록 그를 폐위할 명분이 강해지기 때문이었다.

이에 그녀는 또 계략을 꾸미기 시작했다.

제
15
강

팔
왕
의

난

—

가남풍은 가만히 있지 못하는 성격이었다. 계략으로 정적들을 살해하고 조정을 장악한 후 또 몇 년 지나자 새로운 일을 벌이려고 계획했다. 그녀는 아들을 낳지 못하고 딸만 몇 명 낳았다. 지금 태자는 사마충의 후궁 사구의 소생이기 때문에 가남풍은 태자를 매우 싫어했다. 장래에 당당하게 황태후의 자리에 오르려면 자기의 아들이 있어야 했다. 그녀는 결국 아들을 만들어냈다. 어떻게 만들었을까?

우선 동생의 아들을 데려왔다. 가남풍은 여동생 가오(賈午)가 아들을 낳았다는 소식을 듣고 급하게 자신이 임신한 것처럼 꾸몄다. 배가 점점 커지고 출산과 육아에 필요한 용품을 준비하자 주변에서는 가후의 출산이 임박했다고 생각했다. 가남풍은 얼마 후 가오의 아들을 데려와 자기가 아이를 낳았다고 선포했다.

그러고 나서 계략을 꾸며 태자를 폐위했다. 가남풍은 아들이 생기자 이

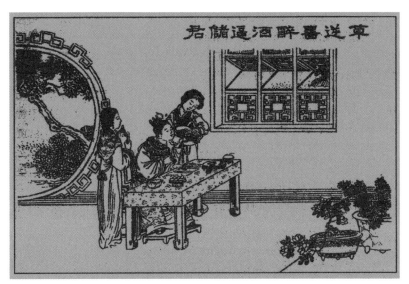
君儲逼酒醉書逆草
사마휼에게 술을 먹이고 글을 베껴 쓰게 하다

제 태자 사마휼의 존재가 거슬렸다. 그래서 태자를 폐위하는 절차를 서둘렀다. 많은 이들이 그녀에게 태자를 교체하는 것은 조정의 대사이며 자칫하면 대란을 일으킬 수 있으니 함부로 해서는 안 된다고 간언했으나 그녀는 듣지 않았다.

사마휼을 폐위하기 위해 그녀는 계략을 세웠다.

원강 9년(299) 12월, 그녀는 거짓으로 혜제의 병이 위중하니 사마휼에게 들어와 위문하라고 명했다. 사마휼이 서둘러 입궁하자 가남풍은 궁녀를 보내 다른 방에 들게 하고 술을 내려 마시게 했다. 사마휼은 주량이 약해 많이 마시지 못했다. 이를 본 궁녀가 재촉했다. "황상께서 하사하신 술입니다. 설마 술에 독이 있다고 의심하여 마시지 않는 겁니까?" 사마휼은 어쩔 수 없이 계속 마셨다. 취기가 올랐지만 궁녀의 재촉으로 어느덧 세 말을 마셨고 결국 인사불성이 되도록 취했다. 이때 가남풍은 사람을 보내 미리 써놓은 글 한 편을 사마휼에게 베껴 쓰게 했다. 글의 내용은 대략 이러했다. 폐하(사마충을 말한다)와 황후께서는 응당 물러나셔야 합니다. 만약 그러지 않으시면 제가 장차 두 분을 내려오시게 할 것입니다. 저는 어머니와 이미 기일도 정했으니 때가 되면 함께 행동할 것입니다.

그야말로 터무니없는 허황된 소리였다. 궁녀는 계속 사마휼을 재촉했다. "빨리 쓰십시오. 황상께서 기다리고 계십니다." 사마휼은 당시 술에 취해 머리가 아프고 글의 내용도 이해하지 못한 채 비몽사몽간에 베껴 적다가 그대로 잠들었다. 가남풍이 글을 받아 보니 완전히 마무리되지 않았기에 태자의 필적을 모방하여 나머지 부분을 채웠다. 사마휼은 이렇게 가남풍이 판 함정에 완벽히 걸려들었다.

가남풍은 사마휼이 베껴 쓴 글을 사마충에게 보여주며, 어전 회의를 소집하여 태자의 처리 문제를 논의하게 했다. 사마휼이 쓴 글을 보면서도 납득하지 못하는 대신들이 많았다. 사마휼이 대체 왜 이런 터무니없는 말을 썼단 말인가? 가남풍은 다시 환관을 시켜 황제 사마충의 조서를 대신들에게 보여주었다. "사마휼이 이와 같은 글을 썼으니 사약을 내린다!"

사실 모두 가남풍이 꾸며낸 일이라는 것을 대신들도 알고 있었다. 장화, 배위(裴頠)는 사마휼의 글은 앞뒤가 맞지 않으며 이치에도 합당하지 않아 많은 의문이 있으니 필적을 대조하여 신중히 처리해야 한다고 건의했다. 가남풍을 옹호하는 대신들은 즉각 사마휼을 죽여야 한다고 했다. 양측이 팽팽하게 맞서며 늦은 밤까지 논쟁을 벌였으나 결론이 나지 않았다. 가남풍은 장화의 단호한 태도를 보고 계속 끌다가 일을 그르치면 낭패라고 판단하고, 한발 양보해 태자를 서인으로 강등시킬 것을 제안했다. 그래서 사마휼은 태자에서 폐출되어 구금되고 그의 모친 사구도 함께 구금하기로 했다.

사마휼은 서인이 되어 금용성으로 보내졌다. 이곳은 폐비들이 구금되는 곳이었다. 얼마 후 가남풍은 사람을 보내 사구를 살해했다. 다음은 사마휼의 차례였다. 그녀는 사마휼을 죽이지 않으면 후환이 있을 것 같아 하급 관리를 하나 매수했다. 이 관리는 자신이 태자와 황제 암살을 공모했다고 자백했다. 엄청난 사건이었기 때문에 죄를 묻지 않을 수 없었다. 사마휼은 허창으로 압송되어 유폐되었다. 어느 정도 시간이 지난 후 가남풍은 사마휼을 죽이기로 했다. 그녀는 태의에게 독약을 제조하게 하여 심복인 환관 손려(孫慮)를 시켜 허창으로 보냈다. 그를 독살할 셈이었다. 사마휼은 허창에 온 뒤 누군가가 자신을 해칠까 두려워 식사도 직접 만들고 외부 음식은 먹지 않았다. 손려는 사마휼을 감시하던 유진(劉振)에게 명하여 그를 별원으로 옮기고 굶겼다. 굶주린 사마휼에게 독약을 먹이려 했으나 그가 먹지 않자 약 빻는 절구로 때려 죽였다. 이때 사마휼은 23세였다.

사마휼은 무고하게 죽었다. 황실에서 태어나 타고난 총명함을 후에는 잃었지만 자신도 모르게 정치 투쟁의 소용돌이에 휘말렸다. 가남풍에게 눈엣가시 같은 존재였으니 죽음을 피하기 어려운 운명이었다.

가남풍은 음모를 꾸며 정적을 제거하는 능력이 탁월했다. 이번에도 모략으로 자신의 뜻을 이루었다.

"불의를 자주 행하는 자는 반드시 스스로 망한다."라는 말이 있다. 가남풍은 음흉하고 위험한 여인이었다. 날마다 어떻게 하면 암투를 벌여 남을 해칠까 생각했다. 남의 아이를 데려와 자신의 아들로 만들고 모략과 중상으로 태자 사마휼을 죽음에 빠뜨리면서, 스스로는 뛰어난 솜씨였다고 생각했다. 그러나 너무나 교활하고 잔인한 짓이었고 결국 천하의 분노를 일으켰다.

二

　우선 가남풍의 행태에 참지 못하고 분연히 그녀와 싸우려고 일어난 사람은 태자 사마휼의 두 측근, 사마아(司馬雅)와 허초(許超)였다. 그들은 지금의 형세를 이렇게 분석했다. 지금 장화 등 노신들이 불의에 맞서서 사마휼의 목숨을 보호하고 있지만 그들도 자신의 안전 때문에 과감한 행동은 하지 못한다. 가장 의지할 수 있는 세력은 우군장군으로 있는 조왕 사마륜(司馬倫)이니 그에게 가후를 처치해달라고 요청하는 것이 가장 현실적이다.

　사마륜은 사마의의 아홉째 아들로 사마염의 아홉째 숙부이고 항렬이 높다. 성취욕이 강하고 야심이 있어 늘 정치적으로 활약하고 싶어 했으나 능력은 평범했다.

　사마아의 설득이 계속되자 사마륜은 결국 자신이 나서겠다고 승낙했다. 그러나 막 기병하려고 할 때 사마륜의 심복 손수(孫秀)가 의견을 냈다. "태자 사마휼은 고집이 세고 사납습니다. 태자의 자리를 되찾으면 틀림없이 남에게 통제받으려 하지 않을 것입니다. 게다가 장군께서 가후와 가까운 사이라는 것은 누구나 알고 있습니다. 장군께서 태자의 복위를 도와주더라도 절대 진심으로 고마워하지 않을 것입니다. 그러니 먼저 움직이지 마시고 관망하다가 가남풍이 태자를 죽이면 태자 살해의 죄명으로 가후를 처단하십시오. 이렇게 하면 화를 피하는 동시에 대권도 쉽게 독점할 수 있습니다." 손수의 계책은 정확하게 형세를 꿰뚫어 보고 있었다. 사마륜은 타당하다고 여기고 그의 의견을 받아들여 잠시 행동을 멈추었다. 손수는 가후가 빨리 태자를 죽이게 만들려고 사람을 시켜 궁중에 유언비어를 퍼뜨렸다. 누군가가 가후를 해치고 태자를 복귀시키려 한다는 내용이었다. 가후는 궁중에 떠도는 말을 듣고 서둘러 태자 사마휼을 사지로 몰아야겠다고 결심했다.

300년 3월, 가남풍은 사마휼을 처치하고 자신의 목적을 달성했지만 이는 결국 자신의 최후를 앞당기는 화근이 되었다.

사마휼이 피살되었다는 소식이 전해지자 사마륜은 즉각 가남풍을 주살하기 위해 군사를 일으켰다.

4월 초사흘 밤, 사마륜은 최고사령관의 신분으로 궁중 숙위군을 향해 명령을 내렸다. "가황후가 우리 가문의 태자를 살해했으니 죄가 크고 극악하여 용납할 수 없다. 곧장 궁으로 진격하여 황후를 폐출하라!" 그는 성지를 위조하여 궁문을 열고 제왕 사마경(司馬冏)에게 100여 명의 병사를 이끌고 후궁으로 가 가남풍의 궁전을 포위하게 했다. 가남풍은 갑자기 자신의 면전에 나타난 사마경을 보고 물었다. "그대는 왜 여기에 왔는가?" 사마경은 위압적인 목소리로 소리쳤다. "황상의 조서를 받들어 너를 잡으러 왔다!"

가남풍은 "황상의 조서는 응당 나를 통해 내려지는데 그대는 무슨 조서를 받았는가?"라고 되물었다. 그러나 그녀는 삼엄하게 무장한 군사들이 두려웠기 때문에 고분고분히 사마경을 따라갈 수밖에 없었다. 진 혜제 사마충의 처소인 동당에 왔을 때 가남풍은 멀리서 사마충을 향해 소리쳤다. "폐하께서 나를 폐위하는 것은 폐하 스스로 폐위되는 것과 같습니다!" 그녀는 고개를 돌려 사마경에게 말했다. "누가 주도하여 거사를 한 것인가?"

당시 대장군, 녹상서사를 맡고 있던 양왕 사마동(司馬肜)도 가남풍 토벌 작전에 참여했기에 사마경은 "양왕과 조왕이다!"라고 대답했다. 가남풍은 그 말을 듣고 깊은 회한에 빠진 듯 말했다. "개를 묶을 때는 목을 묶어야 했건만 나는 반대로 꼬리를 묶었으니 어찌 해를 당하지 않을 수 있겠는가!" 자신이 예전에 조왕 사마위와 여남왕 사마량을 죽이면서 조왕, 양왕을 함께 죽였어야 했는데 그때 가장 큰 위험 요소를 제거하지 못해 지금 곤경에 처했다는 말이다. 사실 가남풍은 아직도 자신이 저지른 비정하고 부도덕한 죄행 때문이라는 것을 깨닫지 못하고 있었다. 상대가 누구였더라도 가남풍은 합당한 죗값을 치러야 했을 것이다.

음모와 계략에 뛰어난 가남풍이지만 무장한 병사들 앞에서는 저항할 힘이 없었다. 그녀는 포박된 채로 끌려가 금용성에 갇혔고 후에 조왕 사마륜에 의해 죽임을 당했다. 44세의 나이였다.

여기서 가남풍의 이야기는 끝난 셈이다. 하지만 가남풍에 대한 평가는 아직 몇 마디 첨언이 필요하다. 가남풍에 관련된 기록은 대부분 『진서·혜가황후전』에 있다. 그런데 『진서』 전체를 통독해도 그녀를 좋게 말하는 내용은 찾을 수가 없고, 후인들의 말도 대부분 비난과 질책 일색이다. 확실히 가남풍은 외모부터 내면적 성향까지 긍정적인 면이 하나도 없고, 너무나 많은 악행을 저질렀기 때문에 모든 추악한 이미지가 한 몸에 집중되어 있다. 지금 가남풍에 대한 우리들의 기본 평가도 비슷하다. 그러나 좀 더 냉철한 시각으로 가남풍을 보면 진지하게 생각해볼 만한 문제들이 몇 가지 발견된다.

첫째, 특수한 생활 환경이 그녀의 선택과 행동을 결정했다는 점이다. 290년 가남풍이 황후가 되었을 때, 당시 백치 황제 사마충은 지능이 낮아 친정을 할 수 없었고 외척 양씨 집안이 황태후와의 관계를 이용해 조정을 농단하며 위세를 떨치는 상황이었다. 『자치통감』에서는 양준을 "엄하고 자잘하며 독단적이고 괴팍하다", "소인을 가까이하고 군자는 멀리하며 권력을 독점하고 마음 내키는 대로 행동했다"고 평가했다. 이런 국면에서 가남풍이 양준 일가를 주살한 것은 사실 사마씨 가문의 황권을 지키는 일이었다. 만약 양준의 전횡에 순응했다면 천하의 주인이 바뀌었을 것이며 가남풍의 목숨도 위험했을 것이다. 이런 시각으로 본다면 가남풍이 양준 일가를 공격한 것은 어느 정도 이해할 수 있을 것 같다. 다만 수법이 너무 잔인했고 사마충은 전혀 어쩔 수 없는 무능한 천자였다.

둘째, 가남풍에게 일말의 긍정적인 면이 없는 것은 아니었다. 291년 그녀가 양준과 조정의 대신들을 주살한 후 8년 정도는 큰 동란 없이 사회가 평온했다. 그러다 299년 가남풍이 순조로운 황태후 등극을 위해 아들을 데려오면서 다시 변란이 시작된 것이다. 이 몇 년 동안을 역사는 "조야가 조용했다.", "천하가 평안했다."라고 기록했다. 이렇게 보면 가후의 전횡 기간 전체가 엉망진창은 아니었던 것 같다.

셋째, 가남풍의 음탕한 행실에 대한 기록은 허구의 성분이 있었을 것이다. 가남풍은 부정적인 이미지가 강했기 때문에 남권 중심의 사회에서 그녀를 좋게 말하긴 어려웠다. 게다가 『진서』는 당나라 사람들이 편찬했는데 당시 문풍의 영향을 받아 문학적 색채가 농후했고 황당한 미신의 요소도 많았다. 이 점에 대해서는 오대 시기에 편찬된 『구당서·방현령전』에서도 지적했다. "사관이 대부분 문학 취향의 사인들이라 그릇된 사소한 일들을 즐겨 채집했고, 기이한 소문을 폭넓게 담았다. 평론한 내용도 색정적인 애기를 다투어 적으며 독실(篤實)함을 추구하지 않았으니 이로 인해 학자

들의 비난을 받았다." 다소 편파적인 말이긴 하지만 가남풍에 대한 기록에
과장이 있었음은 충분히 가능한 일이다.

三

가남풍이 사마위를 낙양으로 불러 양준 일가를 주살한 사건을 기점으
로 서진 역사상 유명한 동란인 '팔왕(八王)의 난'이 시작되었다.

중국 역사에서 황가 종실이 참여한 군사 동란은 세 차례 발생했다. 하나
는 서한의 '칠국(七國)의 난'이고 또 하나는 서진의 '팔왕의 난', 나머지 하
나는 명대 초기 '정난(靖難)의 변'이다. 이 세 차례의 동란은 모두 중앙 정
권의 소유권을 둘러싸고 벌어졌다. 말하자면 중앙 정권을 차지하려고 싸운
것이다. 서한의 '칠국의 난'과 명대 초기 '정난의 변'은 기간이 비교적 짧았
지만 '팔왕의 난'은 약 16년(291~306) 동안 지속되어 진행 기간이 길었고
참전한 종실 제후들의 수도 많았다. 사회적·경제적 피해는 유례가 없을 정
도로 심각했으며 계급 모순과 민족 모순이 전면적으로 폭발하여 결국 서
진의 멸망으로 이어졌다.

팔왕의 난이 진행된 10여 년 동안 해마다 전쟁이 벌어진 것은 아니다.
이 동란은 크게 두 단계로 진행되었다. 첫 번째 단계는 앞서 말한 바와 같
이 291년 3월 초왕 사마위가 낙양에 입성하여 양준을 살해한 일부터 6월
사마위가 피살된 일까지이다. 이 석 달 동안 두 명의 대신 양준, 위관이 죽
었고 두 사마 여남왕 사마량과 초왕 사마위가 죽었다. 팔왕 중 두 왕이 죽
은 것이다. 두 번째 단계는 원강 9년(299)부터 시작됐다. 이 동란은 첫 번
째 단계보다 규모도 컸고 참여한 종실 제후도 많았으며 전쟁도 더 치열했

다. 이 동란의 주인공은 조왕 사마륜이었다. 그는 조정의 대권을 독점하기 위해 가남풍을 제거하면서 노신 장화, 배위도 살해했다.

사마륜은 야심이 많았다. 자신의 항렬(사마의의 아홉째 아들)이 높고 가후를 처단하는 데에 큰 공을 세웠다는 점을 내세웠다. 그는 자신이 부친 사마의에 비교할 수는 없지만 최소한 형들인 사마사, 사마소에 뒤지지 않는다고 자부했다. 형들이 조정의 대권을 장악한 것처럼 자신도 그렇게 해야 한다고 생각했다. 얼간이 같은 종손 사마충은 안중에도 없었다.

사마륜은 자신의 권력과 위세를 과시하기 위해 자기 자신에게 대도독, 독중외제군사, 상국 등 수많은 작위를 내렸다. 이 모든 것은 그가 황제에 즉위하기 위한 사전 작업이었다. 그는 황제가 되기 위해 준비하는 동시에 만일의 사태를 철저히 대비했다. 많은 사람들이 자신을 주시하고 있다는 것도 잘 알고 있었다.

가장 안심할 수 없는 상대는 회남왕 사마윤(司馬允)이었다. 사마윤은 진무제 사마염의 아들로 회남왕에 책봉되었고 진동대장군을 맡고 있었다. 299년 가남풍이 정권을 농단할 때 사마윤은 병력을 이끌고 낙양에 들어왔다. 그는 사마륜이 조정을 장악한 현 상황에 불만이 많았다. 그래서 그에게 협력하지 않고 병을 이유로 칩거하며 비밀리에 결사대를 양성하고 있었다. 사마륜은 황제에 등극하려면 반드시 먼저 사마윤을 제압해야 한다고 생각했다. 그래서 사마윤의 군권을 빼앗기 위해 그를 태위에 임명했다. 태위는 지위는 높지만 실권은 없는 자리였다.

사마윤은 사마륜의 의도를 간파하고 임명을 받아들이지 않았다. 사마륜은 자신의 계략이 통하지 않자 곧 사람을 보내 사마윤에게 "대역무도하니 면직에 처한다"고 선포했다. 사마윤은 정면으로 맞섰다. 즉각 봉국에서 대동한 700여 명의 사병으로 사마륜의 상국부를 포위하고 선전 포고를 했다. 이 사병들은 회남군에서 선발된 검객들로 신체가 강인하고 싸움에 뛰어났다. 사마륜은 이들을 막지 못하고 하마터면 난사된 화살에 맞아 죽을 뻔했다. 다행히 그의 아들이 병력을 이끌고 와 사마윤의 군사를 제지했다. 사마륜의 아들이 황제의 조서를 사칭하며 성지를 받으라고 요청하자 사마윤은 계략인 것을 모르고 수레에서 내렸다. 이때 병사들이 벌 떼처럼 달려들어 그는 순식간에 살해되었다. 사마윤이 죽자 상국부에서의 전투도 끝났다.

　사마륜은 요행히 승리를 거두었지만 이후 종실 제후들을 더욱 경계하여 그들을 낙양성 밖으로 내보냈다. 떠나는 도중에 피살된 사람도 있었다.

　영강 2년(301) 정월, 사마륜은 황제에 등극할 시기가 무르익었다고 판단하고 정식으로 제위에 올랐다. 진 혜제 사마충은 태상황으로 추대하되 금용성으로 이송하고 연금하여 자유를 박탈했다. 그리고 사마륜은 친위병을 이끌고 위풍당당하게 황궁 남문으로 입궁하여 태극전에 올라 정식으로 황제에 즉위했다.

　사마륜은 인심을 포섭하기 위해 관직과 작위를 대규모로 베풀었다. 일가와 측근 들을 일률적으로 승진시키고 각지에서 천거한 현량(賢良), 효렴(孝廉)들을 별다른 절차 없이 임용했다. 16세 이상의 태학생들도 모두 임관되었다. 등급을 뛰어넘어 승진된 관료들이 부지기수였으며 심지어 사마륜의 하인들도 작위를 받았다. 이 1년은 중국 역사상 관원이 가장 많았던 시기였다. 매번 조회 때면 관모에 담비 꼬리 장식을 단 문무 관원들이 정전 내외를 빽빽이 메울 정도였다. 사마륜은 조정에서만 관원을 남발한 것이 아니라 지방에서도 대거 관직과 작위를 내렸다. 제후로 봉해진 사람들이 너무 많아 미처 관인을 만들지 못하고 흰 목판에 관명을 적어 대신했다.

위진 시기 황제 주위의 시종관들은 담비 꼬리로 장식한 관모를 썼다. 그러나 사마륜이 임명한 시종관이 너무 많아 국고에 비축된 담비 꼬리가 부족하자 개 꼬리로 이를 대체하는 상황에 이르렀다. "담비 꼬리가 모자라 개 꼬리로 잇는다."라는 말이 당시에 농담으로 유행했다. 후에 '구미속초(狗尾續貂)'는 지나치게 남발한다는 의미의 성어가 되었다.

사마륜은 관직과 작위를 남발하면 사람들의 환심을 얻을 수 있다고 생각했지만, 이 일은 오히려 많은 갈등을 일으켰고 사람들의 반감을 샀다.

四

사마륜은 쓸데없는 일을 벌이는 바람에 인심을 잃었고 3개월이 채 못 되어 또 다른 공격을 받았다. 이때 그를 무너뜨리기 위해 일어난 사람은 제왕 사마경(司馬冏)이었다.

사마경은 사마유의 아들이자 사마소의 손자이다. 당시 허창에 주둔하고 있었는데 낙양에서는 가까운 거리였다. 그는 제후들에게 연락하여 함께 사마륜을 토벌하기로 했다. 성도왕 사마영(司馬穎), 장사왕 사마예(司馬乂)가 응답했다. 하간왕 사마옹(司馬顒)은 처음엔 지지하지 않았다가 후에 생각이 바뀌어 가담했다. 이들이 연합한 군사는 규모가 엄청났다. 성도왕 사마영의 군대만 해도 20만이 넘었다.

사마륜은 세 왕이 기병했다는 소식을 듣고 매우 당황하여 긴급히 부장들에게 대응을 지시했다. 양측은 수 개월 동안 교전했다. 승부는 나지 않았지만 사마륜 측이 일부 전선에서 승리하며 다소 우세했다. 그러나 사마륜 쪽에서 포상의 불공평 문제로 내분이 일어나자 성도왕 사마영이 반격해 전세를 뒤집었다. 사마륜의 군대는 패퇴해 낙양성 안에서 방어에 집중했고 세 왕의 연합군은 낙양성을 포위했다. 사마륜은 부하들과 대책을 논의했는데 성을 나가 남쪽으로 도망치자는 의견도 있었고 동쪽으로 도망쳐 바다를 건너자는 의견도 있었다. 수뇌부가 망설이며 결정하지 못하는 사이에 부하들의 반란이 일어났다. 대세가 이미 기울었다고 판단한 그들은 궁내로 진입해 사마륜을 퇴위시키고 혜제 사마충을 낙양으로 데려왔다. 이후 세 왕의 연합군이 물밀듯 낙양으로 들어왔고 사마륜은 금용성으로 압송되어 구금되었다가 얼마 후 살해되었다.

이제 여덟 왕 중 세 명이 죽었다. 사마량, 사마위, 사마륜이다.

이번 사건에서 가장 적극적으로 활약한 사람은 제왕 사마경이었다. 제일 먼저 군대를 이끌고 낙양으로 들어왔으며 혜제 사마충을 복위시켰다. 그는 자신의 공이 크다고 자부하며 조정에서 대사마의 신분으로 보정대신 역할을 했다. 사마영과 사마옹은 각자 자신의 봉지로 돌아갔다.

그러나 사마경은 황실을 부흥시킨 공을 활용해 더 큰 정책과 사업을 펼치지 못하고 조정의 대권을 독점하며 사리사욕을 채웠다. 그는 조정에서 자신의 입지를 다지는 한편, 수백 가구의 민가를 철거하고 자신의 호화 대저택을 지었다. 스스로 황제처럼 행동하며 전횡을 휘둘렀고 여색에 빠져 정사를 방치하며 자신의 측근만 등용하여 인심을 잃었다. 그러다 새로운 정치 투쟁이 또 촉발되었다. 형세가 심각해지자 많은 이들이 은퇴하여 칩거했다. 누가 이런 위험한 환경에서 목숨을 걸고 싶겠는가?

당시 장한(張瀚)이라는 사람이 있었다. 그는 고향이 오(吳, 지금의 강소성 소주蘇州) 지역이었는데 제왕 사마경의 수하에서 근무하고 있었다. 장한은 이때 낙양에 있었는데, "가을바람이 이는 걸 보고 오 땅의 고채국과 농어회가 생각나 '인생의 귀한 것은 마음의 만족을 얻는 것이니, 어찌 수천 리 떠나와 명예와 작위를 구하겠는가?'라고 말하고 수레 채비를 명하여 귀향했다."『세설신어·식감(識鑒)』의 기록이다. 장한의 말은 핑계였다. 그는 낙양의 형세가 일촉즉발의 위기라는 것을 감지하고, 이곳을 피하는 것이 상책이라고 판단한 것이다.『진서·장한전』에는 "얼마 후 사마경이 패퇴하여 사람들은 모두 그가 선견지명이 있다고 말했다."라고 기록되어 있다.

과연 영녕 2년(302) 11월, 하간왕 사마옹은 사마경을 토벌한다는 격문을 써 그의 죄상을 조목조목 열거하며 그의 모든 직무를 해제하고 성도왕 사마영이 정치를 보좌한다는 내용을 선포했다.

사마경은 당연히 격분했고 양측의 결전이 벌어졌다. 낙양에서 사흘 동안 치열한 전투가 계속되었는데 결국 사마경이 패하여 피살되었다.

이제 여덟 왕 중 네 명이 죽었다. 사마량, 사마위, 사마륜, 사마경이다. 사마경을 공격할 때 장사왕 사마예가 최후의 방어선을 뚫고 가장 큰 공을 세웠기 때문에 사마예는 자신의 전공을 내세워 조정의 대권을 장악했다.

사마예가 조정을 장악하자 또 나머지 제후들이 강하게 반발했다. 태안 2년(303) 8월 하간왕 사마옹, 성도왕 사마영이 연합하여 장사왕 사마예를 토벌하기 위해 기병했다. 사마옹은 도독 장방(張方)에게 명하여 정병 7만을 이끌고 함곡관에서 낙양으로 진격했고, 사마영은 대군 20여 만을 움직여 황하를 건너 낙양으로 진격했다. 그러나 사마예가 적절히 방어하여 연합군도 효과적으로 공략하지 못했다.

이듬해 정월, 낙양성 안에 거주하고 있던 동해왕 사마월(司馬越, 팔왕 중 가장 마지막에 등장했다)은 사마예가 오래 버티지 못할 것이라고 판단하여 황실 호위군 일부와 손잡고 사마예를 생포한 후 사마옹의 부장 장방에게 넘겼다. 결국 사마예는 화형을 당했다. 향년 27세였다. 장사왕 사마예가 죽은 후 성도왕 사마영이 승상이 되었다. 그러나 그는 여전히 자신의 봉지인 업성(鄴城, 지금의 하북성 임장현臨漳縣 서쪽과 하남성 안양시安陽市 북쪽 일대)에 거하며 황태제의 신분으로 정사를 주관했다(그는 진 무제의 열여섯 번째 아들이다). 그 바람에 서진 왕조의 정치 중심이 일시에 업성으로 이동했다.

동해왕 사마월은 성도왕 사마영의 집권에 강한 불만을 느껴 군사를 이끌고 북상하여 업성을 공격했다. 그러나 사마영의 군대에 패퇴하자 자신의 봉지인 동해(東海, 지금의 산동성 담성현郯城縣 일대)로 달아났다. 사마월은 군사를 일으킬 때 낙양에서 혜제를 데려왔었는데 전투에 패하면서 사마영에게 빼앗겼다. 후에 하간왕 사마옹이 다른 세력과 연합하여 업성을 공격하자 성도왕 사마영은 혜제를 대동하고 낙양으로 달아났다가 나중에 다시 장안으로 갔다.

영흥 2년(305), 동해왕 사마월이 또 산동에서 군사를 일으켜 관중으로 진격하여 하간왕 사마옹을 격파했다. 광희 원년(306), 사마월은 혜제를 다시 낙양으로 복귀시켰으며 사마영, 사마옹을 차례로 죽였다. 대권이 사마월의 수중에 넘어가면서 팔왕의 난은 끝났다.

이제 여덟 왕 중 일곱 명이 죽었다. 사마량, 사마위, 사마륜, 사마경, 사마예, 사마영, 사마옹이다. 마지막까지 남은 동해왕 사마월이 최후의 승리자가 되었다.

五

팔왕의 난은 서진 역사상 전무후무한 왕실 내부의 처참한 대학살 사건이다. 참여한 제후들은 사실 매우 가까운 친척들이다. 여남왕 사마량과 조왕 사마륜은 각각 사마의의 넷째, 아홉째 아들이고 하간왕 사마옹과 동해왕 사마월은 각각 사마의의 동생 사마부(司馬孚)와 사마규(司馬馗)의 손자이다. 초왕 사마위와 장사왕 사마예와 성도왕 사마영은 각각 진 무제 사마염의 다섯째, 여섯째, 열여섯째 아들이다. 그들은 각자의 이익을 위해 반목하여 원수가 되었고 공존할 수 없는 세력이 되었다. 친족의 정마저 저버렸으니 조식의 「칠보시」에서 읊은 내용과 같다.

> 本是同根生(본시동근생)　　본래 같은 뿌리에서 났건만
> 相煎何太急(상전하태급)　　졸여댐이 어찌 이리 급한가!

그렇다면 도대체 어떤 원인이 있었기에 16년에 달하는 이런 골육지간의 혼전이 발생했을까? 지금 학계에는 이에 대해 다양한 의견이 있다. 나는 이렇게 생각한다. 고대 중국은 천하를 자기 집안의 일로 생각하는 사람들이 사회를 통치했기 때문에 사회의 안정에 황제의 역할이 지나치게 컸다. 황제를 통제할 수 있는 어떤 제도도 없었기 때문에 만약 황제가 독단적으로 행동하며 제 역할을 하지 못하면 그 사회 전체가 재앙을 맞이했다.

여기서 당 태종과 『진서(晉書)』에 대해 언급할 필요가 있다.

당 태종은 중국 고대사에서 역사의 교훈을 매우 중시한 황제이다. "역사를 거울로 삼으면 흥망과 교체의 이치를 알 수 있다."라는 말은 그가 한 말

이다. 당 왕조가 건립된 후 사관이 설립되고 저명한 학자들이 모여 여러 편의 역사서를 편찬했는데 '이십사사(二十四史)'의 하나인 『진서』도 그중 하나이다. 『진서』의 편찬 과정 중에 당 태종은 사마염이 천하를 얻었다가 다시 잃는 역사에 매우 흥미를 느껴서 직접 그의 전기를 쓰고 '제(制, 평론)' 도 덧붙였다. 사마염의 공과에 대해 자신이 평론을 가한 것이다.

당 태종은 사마염의 과실을 두 가지로 거론했다. 첫째는 "치세에 안주하며 위기를 망각했다"는 점이다. 즉 천하를 통일한 후 성취감에 취해 향락과 부패에 빠진 일이다. 이 문제에 대해서는 앞서 설명한 바 있다. 둘째는 사마충을 태자로 세워 후계자로 삼은 것이다. 이는 사마염의 가장 큰 실책이었다. 당 태종은 이렇게 말했다. "혜제(사마충)를 폐할 수 있었지만 폐하지 않아 결국 황위의 기틀을 무너뜨렸다." 사마염은 태자를 세우고 태자비를 간택하는 문제에서 크나큰 실수를 범했다. 이로 인해 가남풍의 정권 농단과 함께 서진의 운명을 결정한 팔왕의 난이 발발했으며 결국 서진 왕조의 생명력이 한계에 봉착했다. 당 태종의 분석은 서진 역사에 대한 종합적 결론이기도 하지만 당 왕조의 현실 정치에 세운 중요한 교훈이기도 하다.

나는 당 태종의 분석이 매우 타당하다고 생각한다. 팔왕의 난의 주요 원인은 진 무제의 후계자 선택에 문제가 있었기 때문이다. 태자를 잘못 세웠고 태자비 가남풍을 잘못 선택했다. 그럼에도 불구하고 그는 고집을 부리며 다른 사람의 의견을 듣지 않아 결국 그의 사후 가남풍이 조정을 어지럽히다 참혹한 동란을 야기하는 결과를 낳았다.

지금 다시 상황을 돌이켜 보면, 사마염은 사마충을 태자로 세우기 위해

• 『사기(史記)』부터 『명사(明史)』까지 24권의 정사서를 말한다.

의식적으로 혹은 무의식적으로 저급한 착오를 범했다. 예를 들어 사마염은 태자가 어느 정도 저능아인지를 명백히 알면서도 그를 인정할 수 있는 명분을 얻으려고 시험이라는 과정을 연출했다. 사실 그를 궁으로 불러 면전에서 물어보면 될 일이었다. 그러나 그는 뜻밖에도 시험지를 만들고, 사람을 시켜 그것을 사마충에게 전달했다. 사마충이 눈앞에 있지도 않았고 감독관을 보낸 것도 아니었다. 사마충에게 부정행위를 하도록 용인한 것과 무엇이 다르겠는가?

사마염은 사마충이 정상적으로 국사를 돌볼 수 없다는 것을 알았다. 그러나 "폐할 수 있었지만 폐하지 않았다." 자신의 희망을 사마충의 아들 사마휼에게 걸었다. 사마충이 나라를 잘 통치하지 못하더라도 사마휼이 황제가 되기만 하면 된다는 말이다. 더 기상천외한 발상이다. '세대를 뛰어넘는 발전'을 말하는 것인가?

사마염의 잘못을 따져보면 역시 황권 지상의 전제 정치 제도가 만든 것이다. 고대 중국은 황권을 효과적으로 견제하고 감독할 수 있는 시스템이 없었다. 개인이 아무렇게나 독단적으로 국가를 운영해도 감히 개입하지 못하고 잘못을 거듭하다가 결국 나라를 망치게 만들었다.

제
16
강

내
우
외
환

一

서진은 내우외환으로 가득 찬 왕조 중 하나이다.

이른바 '내우'라는 것은 내란이 그치지 않았음을 말한다. 팔왕의 난은 16년간 지속되면서 사회를 심각하게 파괴시켰다. 306년, 팔왕의 난이 일단락되면서 서진의 상황은 좋아졌을까? 유감스럽지만 상황은 좋아지지 않고 오히려 악화되었다.

당시 조정 내부에는 여전히 무능한 백치 황제 사마충이 실권도 없는 상태로 권신 한 사람에게 엄격히 통제되고 있었다. 바로 동해왕 사마월이다. 사마월은 팔왕 중에서 가장 마지막까지 살아남았다. 그는 성도왕 사마영, 하간왕 사마옹을 격파한 후 조정을 장악했고 혜제 사마충을 자신의 꼭두각시로 만들었다. 306년 11월의 어느 날 밤, 혜제는 과자를 먹고 얼마 지나지 않아 독극물에 중독되어 사망했다. 향년 48세였다.

혜제의 죽음은 의아스럽다. 그는 누구에게 원한을 샀으며 누가 독을 탔을까?

『진서』의 기록에는 두 가지 관점이 있다.

하나는 사마월을 의심하는 관점이다. 『진서·혜제기』의 기록은 다음과 같다. "과자에 든 독을 먹고 붕어했다. 혹자는 사마월이 쓴 짐독이라고 했다."

또 하나는 사마충의 동생 사마치(司馬熾)의 소행으로 보는 관점이다. 『진서·동해왕월전』의 기록을 보면 대신 주목(周穆) 등이 이렇게 말한 내용이 있다. "선제께서 돌연히 붕어하신 일에 대해 많은 사람들은 동궁(황태제)을 의심한다."

두 설을 비교해봤을 때 나는 사마월이 가장 의심스럽다. 사마월이 조정을 주관하고 있는데 만약 그의 지시나 암시가 없었다면 누가 감히 함부로 행동할 수 있었겠는가? 황제의 갑작스런 사망은 엄청난 사건이다. 만약 사마월과 무관하다면 그는 반드시 이 일의 전후 상황을 파악하여 범인을 잡고 자신의 권위를 과시했을 것이다. 그러나 사건이 발생한 후에 그는 목소리를 내지 않았고 조사도 하지 않았다. 의심스럽지 않은가? 사마월의 침묵은 그가 뭔가 감추고 있다는 것을 암시한다.

사마충의 동생 사마치의 소행이라고 보기에는 근거가 부족하다. 사마치는 이미 황태제로 옹립되어 사마충이 죽으면 자연히 후계자가 되는데 군이 형을 살해하면서까지 권력을 탈취했겠는가? 물론 그가 이 사건에 가담했을 가능성도 완전히 배제할 수는 없다. 다만 사마월과 비교했을 때 상대적으로 가능성이 적다는 것이다.

사마충은 16년간 재위하면서 한평생 무능하게 끌려다녔다. 가후에게 조종당했다가 권신들의 손바닥 위에서 놀았다. 이렇다 할 정치적 성과도 없었다.

사마충에게도 양황후가 있었는데, 이름은 양헌용(羊獻用)이며 가남풍이 죽은 후 권신들이 세운 황후이다. 사마충이 죽자 권신들이 그녀의 자리를 흔들어 폐위와 복위를 여러 번 반복했다. 서진이 멸망한 후 그녀는 전조(前趙)⁕의 황제 유요(劉曜)의 황후가 되었다. 어느 날 유요가 양황후에게 "나와 사마충을 비교하면 어떠하오?"라고 물은 적이 있다. 양황후는 이렇게 대답했다. "비교할 수 없습니다. 폐하는 개국의 명주이시고 그는 망국의 군주로 자신의 아내도 보호하지 못했습니다. 제왕의 존귀한 자리에 있으면서도 아내인 저는 대신들에게 네 번이나 폐서인을 당했습니다. 처음 폐하께 사로잡혔을 때는 정말 살고 싶은 마음이 없었지만 지금 또 생각지도 못하게 황후가 되었습니다. 저도 세도 가문 출신으로 그런 신의 없는 남자들을 많이 보았으나 폐하께 몸을 맡긴 후로 세상에 대장부가 있다는 것을 알게 되었습니다."

양황후의 말은 아부의 마음이 섞이긴 했지만 사실이기도 하다. 사마충은 본래 황제의 자질이 없는 인물인데 후계자로 발탁되어 군주가 되었다. 상황에 밀려 이 자리까지 왔다. 어떻게 국가를 잘 통치할 수 있겠는가?

사마충이 죽은 후 황위를 이은 것은 그의 동생 사마치였다. 그는 진 무제의 스물다섯 번째 아들로 25세에 즉위하여 회제(懷帝)가 되었다. 사마치는 지능이나 능력이나 모두 사마충보다 훨씬 뛰어났다. 『진서』의 기록에 따르면 회제는 즉위 초기에 정사에 관심이 많았고 연회를 할 때마다 대신들과 국가 대사를 논하며 경서와 역사 전적을 고증했는데 너무나 엄숙하고

⦁ 유연(劉淵)이 세운, 십육국의 하나.

진지하여 대신들이 높이 평가했다고 한다. 대신 부선(傳宣)은 이렇게 말한 적이 있다. "지금 무제의 시대를 다시 봅니다!"

또 다른 대신 순숭(荀崧)은 회한이 담긴 말투로 이렇게 말했다.

> 회제는 천부적으로 총명하시며 젊은 나이에 영준했다. 만약 태평 시대를 계승했다면 틀림없이 수성(守成)에 성공한 훌륭한 황제가 되셨을 것이다. 그러나 선제가 남긴 혼란의 시대를 이어받았고, 또 태부 사마월이 국정을 전횡했다. 그러므로 유왕(幽王), 여왕(厲王)과 같은 망국의 죄를 범하지는 않았으나 끌려가 죽는 화를 입었다.

순숭의 말은 사실에 부합한다. 진 회제는 모든 방면에서 형 사마충보다 뛰어났지만 서진 왕조는 장기간의 대동란을 겪으며 생명력이 다했고 이미 패망의 조짐이 보였다. 그가 형세를 되돌리는 것은 불가능했다.

<h2 style="text-align:center">二</h2>

서진의 위기는 내우만 있었던 것이 아니라 외환도 있었다. 북부 변경 지역에 문제가 발생했다. 바로 오호(五胡)의 내륙 이동이다.

이른바 오호는 흉노(匈奴), 갈(羯), 선비(鮮卑), 저(氐), 강(羌)의 다섯 소수 민족을 가리키는 말이다. 이 소수 민족들은 지금 중국의 동북, 서북, 오르도스* 이북의 광대한 지역에서 거주했는데 주로 유목을 위주로 생활했

---

* 중국 서북쪽에서 황하의 흐름이 크게 꺾이는 곳.

다. 동한 이후 그들은 점차 황하 유역으로 이동해왔다. 북방의 소수 민족들이 내륙으로 이동한 원인은 주로 다음과 같다.

첫째, 중원 농경 문화의 영향이다. 농경 문화권에서는 봄에 파종하고 가을에 수확하기 때문에 생활이 안정적이고 이동을 하지 않는다. 그러다 보니 주변의 민족들이 모여들게 되는데, 특히 북방의 소수 부족들이 다수 황하 유역으로 이동해왔다.

둘째, 소수 민족의 생존을 위한 선택이다. 많은 학자들은 동한 말기 이후 북방에 기온 하강과 자연재해가 심각했다고 말한다. 저명한 과학자 주커전(竺可楨) 선생은 「중국근오천년래기후변천적초보연구(中國近五千年來氣候變遷的初步研究)」(『고고학보(考古學報)』, 1972년 제1기)라는 논문을 썼는데 중국의 5,000년 역사에서 네 번의 온난기와 네 번의 한랭기가 출현했다고 주장했다. 특히 한랭기는 회가 거듭할수록 기간이 길어지고 강도도 세졌으며 기온도 더 낮아졌다. 그중 삼국 시대에서 육조 시대 사이에 두 번째 한랭기에 진입했는데 이 기간의 한랭 상황은 역사서에도 기록이 있다. 예를 들어 조조가 동작대(銅雀臺, 지금의 하북성 임장현臨漳縣에 유적이 있다)에 귤을 심었을 때 꽃만 피고 열매는 맺지 못했다고 한다. 225년에는 조비가 10만 대군을 이끌고 광릉(廣陵, 지금의 양주揚州 부근)에 도착하여 동오를 정벌하려고 준비했는데 그해 큰 한파가 닥치고 결빙기가 예년보다 빨라졌다. 강의 뱃길이 얼어붙어 전선이 강에 들어가지 못해 결국 군사 활동을 멈추었다. 이것이 알려진 회하의 결빙 사례 중 가장 앞선 기록이다. 『삼국지·오서·손권전』에는 "적오 4년(241) 1월 양양(襄陽)에 큰 눈이 내려 평지에도 세 척 쌓였고 새와 들짐승 태반이 죽었다."라는 기록이 있다. 『진서』에는 봄가을의 기후가 예년과 달라 심지어 눈이 내렸다는 기록도 다수 등장한다. 예를 들면 다음과 같다.

"무제 태시 7년(271) 5월에 눈이 내렸다."

"무제 함녕 2년(276) 8월에 갑작스런 추위로 얼음이 얼었다. 하간
(河間)에 폭풍설이 몰아치고 한파에 얼음이 얼었다. 다섯 군국(郡
國)에서 폭설에 곡물이 상했다."

"무제 태강 9년(288) 여름 4월에 농서(隴西)에 서리가 내려 보
리가 상했다."

"무제 태강 10년(289) 여름 4월에 여덟 군국에 서리가 내렸다."

어떤 학자들은 당시 기온이 지금보다 2도에서 4도 정도 낮았을 것이라
추산한다. 중원 지역이 이 정도였으니 북방의 기후는 더욱 열악했다. 『십육
국춘추(十六國春秋)』에는 다음과 같은 기록이 있다. "전연(前燕)● 모용위
(慕容暐) 14년(374) 8월에 하늘에서 폭풍설이 내렸다. 세 척 쌓였고 크게
추웠다. (……) 사졸들 중에 아사자와 동사자가 만여 명이었다." 당시 모용
씨가 활동했던 지역은 주로 기남(冀南, 지금의 하북성 남부), 예북(豫北, 지금
의 하남성 내 황하 이북 지역) 일대였는데 이런 자료들은 이 시기의 한파 상
황을 충분히 설명한다. 날씨가 춥고 대지가 얼어 목초와 목축이 불가능했
기 때문에 초원의 유목 민족들이 황하 유역으로 이동한 것이다.

한말에서 위진 시기까지 북방에서 남방으로 이동한 인구수는 수백만 명
에 달한다. 관중 지역은 인구가 백만이었는데 그중 절반은 소수 민족이었다.

● 선비족 모용황(慕容皝)이 세운, 십육국의 하나.

소수 민족들은 내륙으로 이동한 후 주로 지금의 감숙, 섬서, 산서에서 하북, 요령 남부까지 광범위한 지역에서 거주했다. 이렇게 많은 소수 민족들의 황하 유역 진입을 어떻게 봐야 할까? 소수 민족들은 중원으로 들어와서 원래의 생활 방식을 바꾸고 농경 생활에 적응하면서 중원의 토지 경제 체제를 빠르게 받아들였다. 한인들도 소수 민족과 접촉하면서 그들에게 배울 점이 있었다. 여러 민족이 뒤섞여 살면서 서로의 장점을 배우고 보완하고 자연스럽게 서로 다른 여러 가지 문화가 융합되는 것은 역사 발전의 필연적인 추세이다. 국가 통치의 입장에서도 다민족 거주의 상황을 적절히 고려하면서 민족 간의 교류에 필요한 정책을 추진하면 민족의 발전과 정권의 안정에 도움이 된다.

그러나 이는 희망 사항일 뿐이었다. 계속되는 내란 속에서 서진 통치자들은 민족의 이동 문제를 처리할 수 있는 자신감을 상실했다. 그들은 소수 민족의 내륙 이동이 통치에 위험 요소가 될까 봐 소수 민족의 이동을 부정적인 시각으로 보았으며 그들을 원래 거주지로 돌려보내려고 했다.

서진이 동오를 멸망시킨(280) 이후, 대신 곽흠(郭欽)은 진 무제에게 상소를 올려 소수 민족의 내륙 이동 문제를 해결해야 한다고 말했다.

> 융적(戎狄)은 강하고 거칠어 대대로 화근이었습니다. 지금은 우리에게 복종하고 있지만 만약 형세에 변화가 생기면 그들은 곧장 우리의 대다수 지역을 공격할 것입니다. 지금 동오를 멸망시킨 병력을 동원하고 용장과 책사를 파견하여 그들을 변강으로 돌려보내야 합니다. 이것이 후환을 끊는 길입니다.

곽흠의 상소는 살기가 넘친다. 소수 민족을 홍수나 맹수처럼 위험한 존재로 보고 있다. 곽흠의 건의는 조정의 뜻에 부합하지만 정말 실행하기는 어려운 문제였다. 왜냐하면 이 소수 민족들은 오랜 시간에 거쳐 내륙으로 왔고 인구도 많으며 각지에 분산되어 있었다. 또 한족과 뒤섞여 살고 있었기 때문에 그렇게 쉽게 돌려보낼 수 없었다.

서진 정부가 소수 민족을 차별하고 억압하자 소수 민족들은 격렬하게 저항했다. 그들은 끊임없이 봉기를 일으켰으며 규모도 점점 커졌다. 예를 들면 흉노족 학산(郝散), 학도원(郝度元)과 저족 제만년(齊萬年) 등이 소수 민족을 이끌고 봉기를 일으킨 인물들이다. 그런데 서진 황실 내부에서는 팔왕의 난 때문에 병력이 분산되어 소수 민족의 봉기를 진압하지 못했고 반정부 봉기는 끊임없이 확산되었다. 소수 민족 문제를 어떻게 해결할 수 있을까? 이는 서진 통치자들에게 골치 아픈 과제가 되었다.

원강 9년(299), 대신 강통(江統)은 「사융론(徙戎論)」이라는 제목의 글을 지어 그들을 원거주지로 돌려보내야 한다고 다시 한번 호소했다. 이 글에는 소수 민족에 대한 강한 편견이 담겨 있다. "우리 족속이 아니면 반드시 다른 마음을 갖습니다. 융적의 뜻과 태도는 우리 중화와 다릅니다."라는 내용도 있다. 관중 지역은 토지가 비옥하고 물자의 생산이 풍부하여 역대로 제왕이 수도로 정한 곳인데, 지금 관중의 100여만 호 중 절반을 융적이 차지하고 있다. 그들은 천생이 흉폭하고 사나우며 반란의 뜻을 품고 있어서 그들이 관중에 있으면 중원도 불안해진다. 그러므로 그들을 원래의 고향으로 돌려보내고 한인과 섞이지 않게 하여 피해를 방비해야 한다. 이것이 「사융론」의 요지이다.

강통의 주장은 곽흠과 같다. 그들은 사상이 완고한 서진 조정 한인 관료의 입장을 대변한다. 소수 민족을 멸시하고 맹목적인 자존감을 내세우는 태도는 사실 그들 내면의 허약함과 두려움을 표현한다. 역사는 증명한다. 소수 민족을 무시하고 배척했던 서진 통치자들의 태도는 문제 해결에 도움이 되지 못하고 도리어 민족 모순과 사회 모순을 격화시켜 더욱 심각한 결과를 야기했다는 것을.

이와 비교하여 역사적으로 민족 관계를 비교적 잘 처리한 나라는 당 왕조이다. 당의 통치자들은 비교적 개방적인 태도로 민족 문제에 접근했다. 당 태종은 이렇게 말했다. "자고로 모두 중화를 귀하게 여기고 이적(夷狄)을 천하게 여기지만 짐은 모두를 하나처럼 아낀다." 그는 소수 민족과 교류하는 것을 좋아했고 당 왕조에는 소수 민족 출신으로 관료가 된 사람도 적지 않았다. 왜 당 태종은 소수 민족을 자신과 다른 세력으로 보지 않았을까? 중요한 원인 중 하나는 당 왕조는 국력이 강하고 사회가 안정되었다는 점이다. 당나라 초기의 명신 위징(魏徵)의 말을 빌리자면 "중국이 평안하면 멀리 있는 사람들이 저절로 복종할 것"이라고 표현할 수 있다. 서진은 불안정한 사회였기 때문에 소수 민족 문제의 처리에 있어 매우 피동적이고 자신감이 결여되어 있었다. 그러나 당시 소수 민족의 내륙 이동과 발전은 이미 확연한 증가세였기 때문에 서진 정부가 막을 수 없는 국면이었다.

三

내륙으로 이동한 소수 민족 중 인구가 가장 많고 세력이 가장 강한 것은 흉노족이었다.

흉노는 고대 중국에서 북방 최대 소수 민족 중 하나였다. 진한 시기에 이미 내륙으로 이동을 하고 있었고 동한 시기에 병주(幷州, 지금의 태원太原 일대)로 이주한 흉노인들도 있었다. 흉노 인구가 계속 증가함에 따라 이들에 대한 관리도 큰 문제가 되었다. 216년 조조는 흉노를 5부(좌부, 우부, 남부, 북부, 중부)로 나누었는데, 세력을 약화시켜 분산 통치하려는 목적이었다. 5부 중 최대 규모는 좌부로 1만여 호이고 주로 자씨(茲氏, 지금의 산서성 분양汾陽)에 거주했으며 유표(劉豹)가 수장이었다. 유표에겐 아들이 하나 있었는데 바로 그 유명한 유연(劉淵, 자는 원해元海)이다.

유연은 범상치 않은 인물로 민족 융합의 상징성을 갖고 있다. 그는 흉노인으로 원래 성은 어부라(於扶羅)였는데 한나라가 흉노와 화친을 맺으며 황실의 여인을 흉노 수장에게 시집보냈을 때 한인들과 호형호제하며 성을 유씨로 바꾼 것이다.

유연은 젊은 시절 독서에 깊이 빠져 당시 상당(上黨, 지금의 산서성 장치시長治市)의 명사 최유(崔遊)를 스승으로 모시고『시경』,『주역』,『상서』등 유가 경전을 두루 익혔고『사기』,『한서』와 제자백가를 폭넓게 배웠다. 활쏘기에 뛰어났고 무예도 출중했다. 위나라 말년에 유연은 '질자(質子, 소수부족의 수장을 통제하기 위해 그 자제를 경성에 인질로 보내는 것)'의 신분으로 낙양에서 거주했다. 당시 사마소는 유연의 자질을 알아보고 주의 깊게 지켜보았다.

유표가 죽자 아들 유연이 그 뒤를 이어 좌부수(左部帥)가 되었다.

서진이 건국된 후 진 무제는 흉노오부수라는 명칭을 흉노오부위로 바꾸었다. 그래서 유연도 북부도위(北部都尉)로 직위가 바뀌었다.

유연은 한(漢)문화에 정통했고 한문화에 깊이 경도된 인물이었다. 능력으로 보자면 사실 크게 중용되고도 남을 정도였기 때문에 서진의 대신 왕혼(王渾)과 그의 아들 왕제(王濟)가 여러 번 무제에게 그를 추천하기도 했었다. 함녕 4년(278), 진 무제는 유연을 불러 접견했는데 유연은 무제 앞에서도 언행이 자연스럽고 차분했으며 매우 기품 있었다. 접견이 끝난 후 무제는 매우 기뻐하며 왕제에게 말했다.

> 유연의 모습을 보니, 유여(由余), 김일제(金日磾)도 그에게는 미치지 못하겠도다!

유여는 춘추 시대 사람으로 진 목공의 책사로 활동하며 진나라가 서융을 정벌하고 군림하는 데에 큰 공을 세웠다. 김일제는 흉노의 후예로 한 무제가 중병에 걸렸을 때 태자를 보위하여 명성이 높았다. 진 무제가 유연을 칭찬하자 왕제는 이렇게 말했다. "폐하의 안목이 뛰어나십니다. 만약 유연에게 동남군사의 중임을 맡긴다면 동오 정벌은 어렵지 않을 것입니다." 진 무제는 그 말을 듣고 고개를 끄덕였다. 그러나 반대편에 있던 대신 공순(孔恂), 양요(楊珧)가 반박했다. "유연의 재능은 지금 비할 자가 없습니다. 그러나 그는 동오를 평정하고 나서 다시 북으로 돌아오지 않을 수 있습니다. 우리 족속이 아니면 반드시 다른 마음을 갖습니다! 그를 본국으로 돌려보내십시오. 지나치게 신임하면 안 됩니다." 이 말에 진 무제는 아무 말도 하지 않았다.

후에 선비족 독발수기능(禿髮樹機能)이 서북 지역에서 반란을 일으켜 양주(涼州)를 점령했다. 진 무제는 위기를 느껴 대장군 이희(李憙)에게 계책을 묻자 이희가 대답했다. "만약 폐하께서 유연을 장군에 봉하시고 그에게 흉노 5부 병마를 이끌고 토벌하라고 명하시면 곧 양주를 탈환할 수 있습니다." 그러나 이희의 건의는 또 공순의 반대에 부딪혔다. 공순은 "저는 유연이 독발수기능을 이기지 못할 것이라고는 생각하지 않습니다. 그러나 그가 일단 양주에 도착하면 더 큰 문제가 생길 것입니다."라고 말했다. 대신들의 의견이 갈리자 모두 무제의 태도를 주시했다. 무제 역시 유연을 믿지 못했고 결국 유연을 임용하려던 의견은 취소되었다.

그뿐 아니다. 심지어 유연을 제거하여 후환을 없애야 한다는 건의도 있었다. 예를 들어 제왕 사마유는 유연의 재능이 출중한 것을 보고 무제 사마염에게 말했다. "만약 지금 유연을 제거하지 않으시면 병주(幷州)는 평안하지 않을 것입니다."

서진의 대신들은 왜 대부분 유연에 대해 적대적 태도를 취했을까? 가장 근본적인 이유는 민족적 편견이 작용했기 때문이다. 유연이 비록 깊이 한화(漢化)되었더라도 결국은 흉노이기 때문에 기회가 생기면 반드시 풍파를 일으킬 것이라고 본 것이다. 유연을 향한 그들의 의심은 유연의 발전을 막았을 뿐 아니라 민족 모순을 심화시키는 결과를 낳았다. 유연은 이후 자신에 대한 조정의 생각을 알게 된 후 점차 사마씨 정권에 적대감을 갖게 되었다.

팔왕의 난 이후 조정의 대권이 종실 왕들에게 넘어가 사마영이 조정을 통제할 때였다. 그는 유연의 역량을 이용해 5부 흉노를 안정시키려고 그를 업성으로 이동시켰다. 5부 흉노의 군사를 책임지게 한 것이다. 사마영이 유연을 임용한 것은 뜻밖에도 유연에게 정말 큰 도움이 되었다. 유연은 자신을 제약하던 낙양을 벗어날 수 있게 되었고, 또 흉노를 지휘할 수 있는 권력을 갖게 되었다.

유연은 임명을 받자마자 곧바로 낙양을 떠나 업성으로 갔다.

당시 팔왕의 난이 아직 한창이었고 서진에 항거하는 반란도 끊임없이 일어났다. 천하 대란의 시대가 되자 많은 사람들이 큰일을 벌이려고 호시탐탐 기회를 엿보고 있었다. 유연도 이때 기회가 왔다고 느꼈다.

유선(劉宣)은 유연의 종조부로 일찍이 흉노 좌현왕을 지냈던 인물이다. 그는 예전부터 서진에 불만을 품고 군사를 일으킬 기회를 기다리고 있었다. 팔왕의 난이 시작되자 그는 형세를 분석한 후 움직일 때가 됐다고 판단했다. 그는 당시 이석(離石, 지금의 산서성 이석離石)에 있었는데 304년 봄, 흉노 유력자들을 소집해 회의를 열어 거병을 논의했다. "과거 우리의 조상들은 한인과 형제를 맺고 동고동락을 맹세했다. 그러나 한이 멸망한 후 우리 흉노 선우는 허명만 있을 뿐 조금의 땅도 없다. 왕후에서 평민으로 강등되어 그들을 위해 노역할 것인가? 지금 사마씨가 골육상잔에 빠져 천하가 어지러우니 나라를 부흥하고 대업을 일으키기에는 지금이 적기이다. 유연은 그릇이 크고 능력이 출중하니 우리는 그를 선우로 추대하여 큰일을 일으키는 것이 마땅하다." 모두가 유선의 의견에 동의하여 만장일치로 유연을 대선우로 추대하고 흉노인 호연유(呼延攸)를 업성에 보내 이 소식을 알렸다. 유연은 자신의 생각과 부합하므로 흔쾌히 대선우의 칭호를 받아들였다.

당시 유연은 사마영의 수하에 있었다. 어떻게 업성을 떠나 흉노의 중심지 이석으로 갈 것인가? 그는 우선 사마영에게 거짓으로 집안에 장례가 생겨 이석으로 가야 한다고 보고했다. 사마영은 유연을 조심하고 있었기 때문에 승낙하지 않았다. 유연은 인내하며 때를 기다릴 수밖에 없었다. 그는 우선 호연유를 돌려보내고 유선이 군사를 모아 이곳에 당도하면 즉각 거사하기로 했다.

얼마 후 유연이 업성을 벗어날 수 있는 기회가 왔다.

그해 가을 병주자사 사마등(司馬騰)이 사마영의 집권에 반대하여 안북 장군 왕준(王浚)과 함께 10여만 군사를 거느리고 사마영을 공격했다. 사마영은 막아낼 역량이 부족하다고 여기고 유연과 대책을 상의했다. 유연이 사마영에게 제안했다. "지금 적의 수가 많고 우리 병력은 부족한 상황입니다. 저를 5부(이석을 말한다)로 보내주시면 흉노를 조직하여 지금의 위급함을 해결하겠습니다."

사마영은 유연의 말을 의심했다. "그대가 군대를 동원할 수 있다고 보증할 수 있겠는가? 지금 우리를 공격하는 군대는 선비(鮮卑)족, 오환(烏桓)족이라고 하는데 그들은 매우 사납고 용맹하여 우리는 상대가 되지 않을 것이다. 그대는 가지 않는 게 좋다. 나는 황제를 대동하고 낙양으로 잠시 돌아가 전열을 재정비하여 그들을 막겠다."

유연은 그 말을 듣고 이 일은 직설적으로 말하는 것보다 돌려 말하는 게 좋을 것 같다고 생각했다. 이에 이렇게 대답했다. "전하는 무황제의 아들로서 덕망이 높고 중하며 조정을 위해 큰 공로를 세우셨으니 어느 누가 전하를 위해 헌신하지 않으려 하겠습니까? 업성은 지키셔야 합니다. 일단 업성을 떠나면 의지할 곳을 잃어버립니다. 전하가 업성을 지키시면 제가 돌아가 흉노 5부를 동원하겠습니다. 2부의 군사로 사마등을 격퇴하고 3부의 군사로 왕준까지 섬멸하겠습니다." 유연은 업성을 벗어나기 위해 대담하고 과장된 말도 가리지 않았다. 사마영은 과연 유연의 말에 마음이 움직여 유연의 요청을 승낙했다.

유연은 지체하지 않고 업성을 떠나 이석으로 달려가 유선이 조직한 흉노군과 합류하여 반진(反晉)의 기치를 높이 들었다. 흉노뿐 아니라 한인과 기타 민족도 참여했으며 세력이 빠르게 커져 병력이 5만여 명에 달했다.

이때 사마등은 업성 근처까지 진입했는데 형세는 사마영에게 매우 불리했다. 사마영은 더 버틸 수 없어 업성을 버리고 낙양으로 달아났다. 유연은 그 소식을 듣고 격분하여 말했다. "어리석은 사마영! 내 말을 듣지 않고 스스로 무너졌으니 참으로 형편없는 인물이구나." 그러나 유연도 사마영에게 이석에서 지원 병력을 조직하여 돌아가겠다고 말하고 업성을 떠나온 터라 자신이 식언을 했던 일이 마음에 걸려 사마영을 지원하러 출병하려 했다.

　유선은 이를 알고 유연을 강력히 제지했다. "감정에 치우쳐 사마영을 도울 생각은 접어라. 잊었는가? 서진의 군신들은 우리를 노예처럼 생각하고 수모를 주었다. 지금 사마씨들이 서로 골육상잔의 투쟁을 벌이고 있으니 우리가 진을 멸할 수 있는 절호의 기회가 아닌가?" 유연은 그 말을 듣고 크게 깨달았다. 천신만고 끝에 업성을 떠나온 것은 군사를 일으켜 서진에 저항하기 위함이었다. 지금 사마씨 가문 내부의 일에 관여하여 무엇을 하겠는가? 지금 하늘이 절호의 기회를 내려주었으니 큰일을 벌여야 할 때이다. 결국 유연은 정권을 세우기로 결심했다.

　유연은 정치 투쟁의 경험이 풍부했기에 먼저 사상 노선을 세웠다. 부대에 한인의 수가 많았고 활동 지역 역시 대부분 한인 거주지였기 때문에 더 큰 지지를 받으려면 한(漢)의 기치를 내세우는 것이 유리했다. 그래서 304년 자신을 한왕이라 칭하고(흉노인들에게는 대선우라고 칭했다), 수도를 이석에서 좌국성(左國城)으로 옮겼다. 정권의 정당성을 보여주기 위해 유선(劉禪)을 효회황제로 추존했다. 유연은 한인들을 포섭하기 위해 이렇게 호소했다. "나는 한나라 황실의 생질이며 형제가 되기로 맹세했다. 형이 죽으면 아우가 뒤를 잇는 것이 마땅하지 않겠는가?" 이 말은 매우 호소력이 있었고 뛰어난 전략이었다. 백성들은 사마씨 통치에 염증을 느끼고 있었고 과거 한 왕조의 시대를 그리워했다. 유연이 한 왕조의 계승자로 자처하자 자연스럽게 광범위한 민중들의 지지가 몰리게 되었다.

한 정권의 역량을 강화하기 위해서는 능력 있는 인재를 흡수하는 일이 급선무이다. 유연은 이 방면에 여력을 아끼지 않았다. 그의 부하 유육(劉育)은 원래 사마영 수하의 부장이었는데 출신이 한미하고 성격이 강직하며 전투 능력이 뛰어났다. 유연이 업성을 떠나 돌아오지 않아 사마영이 전전긍긍하자 유연을 설득해 데려오겠다고 자청하여 좌국성으로 왔다. 그런데 사마영이 사마등의 공격으로 낙양으로 철수하자 돌아가지 못하고 유연 수하에 머물게 되었다. 유연은 유육을 높이 평가하여 그를 태부에 임명했다.

또 진원달(陳元達)이라는 출중한 능력을 가진 인물도 있었다. 유연이 좌현왕의 지위에 있을 때 그에게 함께하자고 제안한 적 있었는데 진원달이 응답하지 않았다. 유연이 제위에 등극한 후 어떤 이가 진원달에게 "과거 유공이 그대를 초빙했을 때 그대는 그를 경시하여 가지 않았소. 그런데 지금 그는 황제가 되어 용처럼 높이 올랐으니 두렵지 않소?"라고 물었다. 진원달이 웃으며 대답했다. "그렇지 않소. 유연이 천하를 석권할 포부가 있고 대업을 성취할 능력이 있다는 것은 진작 알고 있었소. 그러나 지난날 내가 가지 않은 것은 시기가 무르익지 않아서였소. 그는 나를 등용할 테니 사흘을 넘기지 않아 문서가 도착할 것이오." 과연 그날 저녁 유연이 진원달을 초빙하는 문서가 도달했다. 진원달은 임기 동안 강직하게 충성하며 여러 차례 간언을 올려 유연의 든든한 신하가 되었다. 유연은 인재들을 잘 등용했기 때문에 당시 명망 있는 인사들을 대거 자신의 진영으로 데려왔다.

유연은 한(漢)을 건국한 후 서진과의 교전을 시작했다. 첫 번째 격전은 사마등과의 싸움이었다. 사마등은 병주자사였기 때문에 병주에서 세력이 컸다. 유연이 병주 경내에서 기병을 한 터라 양측은 일전을 피할 수 없었다. 유연의 부대는 여러 민족으로 구성되었고 전투력이 막강했다. 병주의 많은 성과 진을 차례로 격파하며 우세를 점했으나, 305년 유연은 진양(晉陽, 지금의 산서성 태원太原)을 공격하던 중 크게 패했다. 이때 시중 유은(劉殷), 왕육(王育)이 유연에게 의견을 올렸다. "전하께서 기병한 지 1년이 되어가나 아직 주변에 머무를 뿐 위세는 미약합니다. 만약 여러 장수들을 사방으로 출격시켜 결전을 벌이신다면 하동을 평정하여 제위를 건립하고 장안을 함락하는 것도 어렵지 않을 것입니다. 그런 후 다시 관중의 군사를 거느리고 낙양을 점령하면 천하를 차지할 수 있습니다." 그들은 유연에게 각지로 세력을 뻗어 장안을 점령한 후 다시 낙양으로 동진하라고 건의했다. 유연은 이들의 의견을 듣고 매우 기뻐하며 그들의 어깨를 두드리며 말했다. "이는 나의 마음과 같소."

이에 유연은 먼저 남쪽으로 출병하여 포반(蒲阪), 평양(平陽)을 함락시키고 포자(蒲子, 지금의 산서성 습현隰縣)를 점령했다.

308년 7월, 유연은 포자로 천도하고 스스로 황제로 칭했다.

태사령 선우수지(宣于修之)가 유연에게 말했다. "제가 관찰한 바로는 3년 이내에 충분히 낙양을 함락할 수 있을 것입니다. 포자는 지형이 험하고 평탄하지 않아 오래 머무를 수 없는 곳입니다. 그런데 평양은 요임금의 옛 도읍으로 제왕의 기운이 높고 풍수도 좋습니다. 수도를 평양으로 옮겨야 합니다." 이에 유연은 선우수지의 건의를 받아들여 평양(平陽, 지금의 산서성 임분시臨汾市 서북쪽)으로 천도했다.

유연은 흉노의 수장으로서 서진의 통치에 저항하는 소수 민족들의 이익을 대변했고 이로 인해 사회 각 계층의 성원을 받았다. 그의 명성과 세력이 높아지면서, 서진을 멸망시키려는 그의 의지도 강렬해졌다. 그리고 서진 왕조의 최후도 한 걸음 더 가까이 다가왔다.

.

제17강

노비 황제

—

304년, 유연은 좌국성에서 기병하여 스스로 한왕(漢王)으로 칭하고, 4년 후인 308년 정식으로 황제가 되었다. 그리고 얼마 후 수도를 평양으로 옮기고 사마씨와 천하를 다투었다.

당시 서진에 항거하는 무장 세력들이 각지에서 활약했는데 예를 들면 왕미(王彌), 석륵(石勒) 등이 있었다. 그들은 군사적 역량이 서진보다 현저하게 약했기 때문에 몇 차례 패전을 거듭하다 유연에게 투항했다. 유연은 세력을 키운 후 서진을 멸망시키려는 결심을 굳히고 왕미와 자신의 양자 유요(劉曜) 등을 보내 낙양을 공격했다.

낙양은 서진의 수도이자 서진 통치의 최후의 보루였다. 사마씨도 낙양의 중요성을 인식하고 군사력을 집중했기 때문에 왕미의 낙양 공격은 실패로 끝났다. 그러나 보루는 내부에서 무너지기 가장 쉬운 곳이다. 서진 황실의 내홍(內訌)이 격화됨에 따라 그들의 약점도 점차 드러났다.

당시 서진 조정의 상황을 보면, 306년 혜제 사마충의 사후 그의 동생 사마치가 제위를 계승했다. 재능으로는 사마치가 사마충보다 훨씬 출중한 인물이었다. 최소한 저능하지는 않으니 말이다. 그러나 사마치도 사마월에게 철저히 통제당해 자유가 없었다. 사마월은 팔왕의 난 중 마지막까지 살아남아 최후의 승리자로 자처하며 조정을 농단했다.

그러나 회제 사마치가 즉위한 후 조정 내부는 또 내홍에 휩싸였다. 당시 혜제 때 세운 태자 사마담(司馬覃)이 있었는데 사마월이 그를 미워하여 무리하게 폐위했다. 그는 무제의 손자(부친은 사마하司馬遐로) 제위를 계승하는 데에 아무 문제가 없었다. 그래서 사마담의 외숙부인 이부랑 주목(周穆)은 사마월의 주장에 반대하다 피살되었고 나중에 사마담도 피살되었다.

사마월은 왜 사마담을 미워하여 기어코 그를 폐위하고 사마치를 옹립했을까? 당시 사마담은 12세였고 사마치는 25세였으니 나이로 보자면 사마담이 더 통제하기 쉬운 상대가 아니었을까? 사실 사마월이 걱정한 것은 나이 문제가 아니라 한 여성, 바로 양황후(羊皇后) 때문이었다.

양황후는 권문세가 태산 양씨 가문 출신으로 혜제의 황후 가남풍이 피살된 후 황후가 되었다. 그녀는 가남풍처럼 위험한 사람이 아니었다. 팔왕의 난 때 여러 번 권신들에 의해 폐위와 복위를 거듭하며 생명도 위험했으나 다행히 살아남았다. 혜제가 죽은 후 만약 사마담이 새로운 황제가 되었다면 그녀는 황태후가 되었을 것이다. 그런데 혜제의 동생 사마치가 즉위했기 때문에 그녀는 형수뻘이라 태후가 될 수 없었다. 양황후와 그녀의 가문에서는 양황후가 태후가 되길 바랐지만 사마월이 제동을 걸었다. 자신이 조정에서 독재를 할 때 양씨 가문이 나서서 막으면 어떻게 할 것인가? 이것이 그가 사마담의 승계를 반대하고 사마치를 세운 이유이다.

사마월이 이런 행동을 한 목적은 우선 철저하게 사마치를 통제하기 위함이고, 그다음으로는 외척 양씨 가문의 정치 간여를 막기 위함이었다.

사마월은 사마담을 지지하는 세력을 제거한 후 사마치에게 제위를 잇게 했다. 양황후는 태후가 되지 못했고, 과부 황후이기에 정치에 참여할 기회도 박탈당했다. 이제 사마월의 독재에 걸림돌이 없어졌다.

그러나 생각지도 못한 일이 발생했다. 사마치가 즉위한 후 허수아비 황제가 되는 것을 거부하고 국정을 친람하며 자주적인 황제가 되려는 의지를 드러낸 것이다. 그래서 사마월과의 관계는 점점 긴장 국면에 접어들었다.

사마월은 회제의 태도에 신경을 쓰면서 주력 부대를 이끌고 낙양을 떠나 허창으로 갔다. 그리고 다시 견성을 거쳐 형양으로 갔다. 사마월은 낙양에 있지 않고 왜 외지를 돌았을까? 그것은 자신의 세력과 영향력을 전국적으로 확대하려는 목적이었다. 그렇다고 낙양을 포기한 것은 아니었다. 그가 갔던 지역은 모두 낙양에서 그리 멀지 않았기 때문에 수시로 낙양의 동태를 주시하면서 어떤 동향이 있으면 즉각 행동할 수 있었다.

과연 영가 3년(309) 3월, 그가 낙양을 떠난 지 1년 후였다. 그는 조정의 대신들이 자신의 의도대로 움직이지 않고 회제도 독단적으로 결정을 내리며 자신을 배제한다는 것을 감지했다. 특히 관리 임용 문제에서 사마월이 요구했던 여러 인사들이 상서성에서 거절되었다. 자신이 적극적으로 옹호하며 사마담을 제거하지 않았다면 사마치는 황제가 되지 못했을 것이다. 그래서 사마월은 회제의 행동에 격분했다.

분노에 찬 사마월은 자신을 반대하는 세력을 척결하려고 군사를 이끌고 낙양으로 갔다.

영가 3년 3월, 사마월은 평동장군 왕병(王秉)에게 3,000명의 군사를 이끌고 직접 황궁에 들어가 회제의 눈앞에서 회제가 신임하는 대신 10여 명을 체포하게 했다. 회제는 붙잡혀 끌려가는 친신 무파(繆播)와 무윤(繆胤)의 손을 굳게 잡고 눈물을 흘리며 말했다. "간신적자들이 없던 세상은 없었으나 이제 딱 내 앞에 떨어지니 너무나 비통하구려!" 무파와 무윤은 원래 사마월의 주력 장수로 조정을 위해 수많은 전공을 세웠으나 지금은 사마월의 한 마디에 목숨을 잃는 처지가 되었다. 사마광의 『자치통감』에 주를 단 원나라 호삼성(胡三省)은 이 대목에서 다음과 같이 썼다.

> 사마월은 무파 형제 덕분에 하간왕 사마옹을 물리쳤는데 지금은 또 그들을 죽였으니 권력 투쟁은 참으로 무섭도다!

동시에 사마월은 또 궁중 숙위를 맡은 무관과 사병을 교체하고 자신의 측근을 장군으로 보내 조정을 통제했다.

여기에 자세하게 논의해볼 문제가 있다. 사마월은 조정을 농단하면서 자신에 반대하는 세력을 깨끗하게 제거했는데 왜 사마치를 내리고 자신이 직접 황제가 되지 않았을까?

원인은 크게 두 가지이다.

첫째, 사마치에 비해 자신은 직계가 아니기 때문이다. 사마월은 사마의의 아우 사마규(司馬馗)의 손자이자 고밀왕 사마태(司馬泰)의 아들로 진 무제, 혜제와 혈연관계가 다소 멀다. 만약 독단적으로 제위에 오르면 대중의 지지를 받지 못하고 새로운 분쟁의 소지가 된다. 예전 사마륜(사마의의 아홉째 아들)이 황제가 되었다가 천하에 소란이 일어 결국 실패한 사례가 있다. 그래서 당시 사람들의 관념 속에는 적자나 황실에서 가장 가까운 사람이 아닌데 황제가 된다면 이는 제위 찬탈로 간주되었다. 사마월은 아마도 이 점을 두려워했을 것이다.

둘째, 팔왕의 난이 막 끝났고 사마월도 참여자였기 때문에 "나무가 클수록 거센 바람을 맞는다."라는 이치를 실감했기 때문이다. 권력을 장악하면 대중의 질투와 원한을 산다. 차라리 황제를 통제하며 "천자를 끼고 제후를 호령"하는 것이 직접 황제가 되는 것보다 위험이 적다. 그러나 사마월이 권력을 전횡하며 자의적으로 조정 대신을 살해한 일들은 대중의 공분을 일으켰다. 특히 진 회제는 자신의 형 사마충처럼 어리석지 않다. 주관이 분명하고 자주적으로 행동하려는 인물이다. 이에 그는 자신을 도와 사마월을 제압할 수 있는 사람을 찾으려 했다. 누구를 찾았을까?

바로 구희(苟晞)였다. 사마치는 이 사람이면 믿을 만하다고 생각했다. 구희는 자가 도장(道將)으로 성품이 정직하고 싸움에 능하며 여러 차례 반란 세력을 격퇴하여 위엄과 성망이 높았다. 당시 사람들은 그를 전국 시대의 진나라 장수 백기(白起), 한나라의 한신(韓信)에 비유하기도 했으며 조정의 명으로 도독청연이주제군사에 임명되었다. 사마월의 측근들은 구희의 권력이 위협적으로 성장하고 있으니 그를 조치해야 한다고 건의했다. 사마월은 자신의 생각과 일치하는 의견이었기 때문에 곧 조정에 요구하여 구희를 청주자사에 임명했다. 구희를 낙양에서 떠나게 하려는 의도였다. 구희는 이 소식을 듣고 크게 분노하며 말했다. "사마월은 재상의 신분으로 제 마음대로 나라를 어지럽히니, 나는 수수방관하지 않겠다!" 진 회제는 사마월에 대한 구희의 태도를 확인하고 사람을 보내 그에게 사마월 토벌을 명했다. 구희는 당연히 수락하고 사마월을 제거할 수 있는 기회를 기다렸다.

二

　서진 조정 내부의 갈등이 심각해지고 있을 때, 유연의 정권 내부에도 일이 벌어졌다.

　308년 유연은 두 차례 군대를 보내 낙양을 공격했으나 계속 실패했다. 그는 자신의 손으로 서진을 멸망시키지 못할 것 같은 생각에 조급해졌다.

　310년 7월 유연이 갑자기 병사했다. 서진에 반대해 여러 세력이 일어났지만 그는 가장 먼저 두각을 나타낸 인물이었고 가장 강력한 세력 중 하나였다. 그는 문무를 겸비하고 기지와 과감성도 뛰어난, 서진 말기의 중요한 인물이었다.

　유연이 죽은 후 그의 아들 유화(劉和)가 뒤를 이었다. 유화는 어려서부터 한(漢)문화 교육을 받아 역사서를 많이 읽었다. 유연과 그의 아들들은 모두 상당한 수준의 문화적 소양을 갖추었다. 그러나 권력 투쟁 방면에서도 그들은 한인 정권에 뒤지지 않았다. 유화는 제위를 계승한 지 오래지 않아 동생 유총(劉聰)과 싸우기 시작했다. 유화의 측근들은 유총이 권력을 노린다는 제보를 올렸고 유화는 그 말을 믿었다. "유총은 전하가 즉위했다는 것을 듣고 10만 대군을 내세워 전하를 견제하면서 제위를 뺏으려 합니다." 유화는 격노하여 곧 군사를 보내 유총을 공격했다. 유총도 만만한 인물이 아니었다. 유화의 군대가 출동했다는 소식을 듣고 곧바로 반격하여 한바탕 격전 끝에 형을 죽이고 자신이 황제의 자리에 올랐다.

　유총은 스스로 황제가 되긴 했지만 처신을 잘했다. 그는 자기가 유연의 정실 소생이 아니라는 점을 의식했다. 유연의 정실부인은 선씨(單氏)로, 그의 아들은 유예(劉乂)였기 때문에 유총은 유예에게 황위를 넘겨주려고 했다. 그러나 유예는 자신은 능력도 없고 공로도 없이 제위에 오를 수 없다며 결사적으로 거절했다. 유총은 어쩔 수 없이 제위에 오르며 유예를 황태제로 삼았다. 또 "네가 성인이 되면 황위를 너에게 넘겨주겠다."라고 말했지만 사실 이 말은 빈말이었다. 이후에도 행동으로 옮기지 않았다.

유총은 즉위 후 곧 낙양을 향해 공격을 시작했다. 진 회제는 막아내기 어렵다고 느끼고 각지의 주둔군들에게 조서를 내려 구원을 명했다. 그리고 사신들에게 "신속히 지원군이 도착해야 한다. 지체하면 늦는다!"라고 전하도록 특별히 당부했다.

회제의 마음은 조급함에 타들어갔지만 각지의 반응은 그리 적극적이지 않았다. 그 원인은 우선 지방 장령들이 사마월의 권력 농단에 반감을 가졌기 때문이고, 또 자신들의 지역에서 일어난 민란 때문에 중앙을 돌볼 여력이 없기 때문이기도 했다. 그 결과 낙양을 구조하러 온 병력은 아무도 없었다. 두 곳에서 원군을 파견하긴 했지만 하나는 오는 도중에 유총의 군대에 패했고 또 하나는 패전 소식을 듣고 곧바로 퇴각하여 돌아갔다. 이때 낙양에 있던 사마월은 상황이 불리하다고 여겨 일단 외부로 피신했다가 형세를 보아 다시 돌아오기로 했다. 이에 그는 석륵(石勒) 토벌을 명분으로 4만 군사를 이끌고 낙양을 떠났다.

회제는 사마월이 떠나려 하자 다급해져 거의 애원하다시피 말했다. "지금 오랑캐가 경사 인근에 닥쳐 조정이 급박하고 민심도 동요하고 있소. 조정과 황실이 그대만 바라보고 있건만 그대는 어찌 경사를 떠나 조정을 고립시킨단 말이오!"

사마월은 회제의 권고를 듣지 않았다. "신은 지금 대군을 이끌고 적을 찾아 결전하려고 합니다. 적이 섬멸되면 지방의 작은 민란도 자연히 소멸되고 동쪽 각 주의 도로도 통할 것입니다. 이것이 국위를 선양하고 경사를 보위하는 가장 좋은 길입니다. 만약 이렇게 경사에 앉아 있다가 시기를 놓치면 적들은 더 강성해지고 우환은 더 심각해질 것입니다."

사마월이 기어코 출정을 고집하자 회제는 막을 수 없었다. 사마월은 군사를 이끌고 허창으로 갔다. 그는 사실 담이 작고 싸움을 두려워했다. 낙양을 벗어난 것도 전란을 회피하려는 목적이었다. 이때 낙양은 이미 군대다운 군대가 거의 없었는데 사마월까지 병력을 이끌고 나오자 방어력이 공백에 가까운 상태가 되었다. 그러나 사마월이 낙양을 떠나자 회제는 해방감을 느끼며 새로운 일을 계획했다.

앞서 얘기한 바와 같이 회제는 구희에게 사마월을 토벌하라는 명을 내린 바 있다. 지금 사마월이 낙양을 떠났으니 기회가 온 셈이다. 그래서 회제는 긴급히 구희에게 사마월을 공격하라고 명령했다. 그는 구희와 빈번하게 서신을 주고받으며 대책을 세웠는데 결국 일이 누설되어 사마월에게 보고되었다. 사마월은 이 일의 전후 맥락을 분명하게 파악하려고 회제가 파견한 전령을 차단하고 서신을 입수했다. 과연 구희에게 사마월을 공격하라는 밀령이었다. 사마월은 격노하여 곧바로 군사를 이끌고 구희를 향해 진격했다. 기가 막힌 일이다. 지금 흉노 유총의 총공세가 곧 시작되어 수도 낙양이 위태로운 상황인데 통치자는 역량을 집결해 방어할 생각은 하지 않고 또 내란을 일으켰다. 사마씨 황실 가문의 고질병이 다시 도졌다.

사마월의 진공에 맞서 구희도 물러서지 않았다. 영가 5년(311) 2월, 구희는 격문을 써 사마월의 죄상을 낱낱이 성토하고 결사 항전을 포고했다. 3월, 사마월이 항성(項城)에서 병사했다. 그는 팔왕 가운데 가장 마지막에 죽은 제후왕이었다.

三

　사마월이 병력을 이끌고 떠나자 낙양에는 노약한 잔병들만 남았다. 완전히 방어 능력을 상실하여 황궁과 각 관청들에 경계병도 배치할 수 없었다. 그뿐 아니라 양식이 바닥나 굶주림이 심각해졌고 황궁의 정전에도 굶주려 쓰러지는 사람이 등장했다. 낙양 성내에 아사자들이 길을 메웠고 살인과 약탈 사건도 끊임없이 발생했다. 관원들도 스스로를 지키기 위해 관청 주위에 참호를 파고 방어 시설을 구축했다. 온 성내가 엉망진창이었고 사람들은 위기감으로 불안에 떨었다. 낙양의 함락은 시간문제였다.

　이때 회제를 도와 사마월을 토벌한 구희는 높은 전공을 인정받아 대장군대도독, 도독청(靑), 서(徐), 연(兗), 예(豫), 형(荊), 양(揚)육주제군사에 임명되었다. 조정에서의 권위와 세력이 막강했으며 또 하나의 사마월이 되어 등장했다.

　5월이 되어 날씨는 더워지는데 낙양에는 모든 공급이 끊어져 거주가 어려웠다. 구희는 회제에게 낙양을 떠나 전원(全垣, 지금의 하남성 개봉開封 동북쪽)으로 천도할 것을 건의했다. 회제는 동의했으나 낙양의 가산을 버리기 어려운 공경백관들이 주저하며 연일 논쟁을 벌이다 결국 천도는 무산됐다. 유총의 군대의 낙양 포위가 더욱 강화되면서 성내의 식량 문제는 더욱 심각해져 심지어 인육을 먹는 일까지 일어났다.

　회제는 조정의 대신까지 돌볼 수 없어 혼자라도 도망치기로 결심했다. 10여 명의 호위만 대동하고 낙양을 탈출하려고 막 궁문을 나섰다가 길에서 강도떼를 만났다. 그들은 황제 일행인 줄은 모르고 이들이 갖고 있는 물품들을 보고 달려들어 약탈했다. 눈 깜짝할 사이에 회제는 빈털터리가 되었다. 회제는 더 가다가 길에서 어떤 일을 당할지 모르니 궁으로 돌아가는 게 낫겠다고 생각했다. 바로 이때 유총의 군대가 낙양으로 진입했다. 회제는 더 숨을 곳도 없어 결국 생포되었다.

회제는 서진 왕조를 부흥시키겠다는 포부가 있었지만 서진은 이미 적폐가 산적하여 회복할 수 없는 상태였다. 「홍루몽」에 나오는 말처럼 "재능은 뛰어나고 뜻은 높지만 말세에 태어나 운이 다했다."와 같은 운명이었다.

회제는 생포된 후 한나라의 수도인 평양으로 압송되었다. 과거 위엄이 넘치던 황제가 이제 계단 아래 무릎 꿇은 죄인이 된 것이다. 유총은 사마씨 가문을 깊이 증오했기 때문에 승리를 만끽하며 고압적인 태도로 회제 사마치를 대했다. 그는 곧장 회제를 죽이지 않고 조롱하며 굴욕과 수치를 주었다.

유총은 회제를 좌광록대부에 임명하고 평아공에 봉했으며 그와 함께 잡혀 온 대신들에게도 관직을 하사했다. 그중 대신 신면(辛勉)은 "진 왕조의 신하로 어찌 적국의 관직을 받겠는가?"라고 말하며 결연히 거절했다. 유총은 이를 보고 즉각 독약이 든 술을 가져와 그에게 복종을 강요했다. 그러나 의외로 신면은 전혀 두려워하지 않고 "대장부가 어찌 몇 년 더 목숨을 부지하겠다고 비굴하게 무릎을 꿇겠는가!"라고 크게 꾸짖으며 독주를 빼앗아 마시려 했다. 유총은 급히 제지하고 그의 굳센 의기를 칭찬했다. 죽이지 않은 것은 물론이고 그 후에도 세심하게 배려했지만 신면은 받아들이지 않았다.

반면 회제 사마치의 태도는 신면과 천양지차였다. 그는 한때 군주로서의 기개도 없었고 비굴하게 목숨을 구걸했다. 유총이 내려준 허명뿐인 관직도 기꺼이 받았으며 유총에게 말할 때 항상 '신'이라고 자신을 호칭했다.

어릴 때 사마치가 예장왕이던 시절 유총은 친구 왕제를 통해 그를 만나 함께 시를 지은 적이 있었다. 그때 사마치는 유총의 재능을 크게 칭찬하며 선물도 주었다. 유총은 거만한 말투로 사마치에게 말했다. "그대가 예장왕일 때 내가 왕제와 그대를 찾아갔는데 그대는 나에게 목궁과 은벼루를 주었다. 기억하는가?"

사마치는 유총과 허물없이 말할 수 있는 기회라는 듯 급히 대답했다. "신이 어찌 감히 잊겠습니까? 애석하게도 그때 신은 용안을 몰라뵈었습니다." 유총은 또 물었다. "그대의 사마씨 가문은 왜 그렇게 골육상잔을 좋아하는가? 끝도 없이 서로 싸우고 죽이지 않았는가?" 사마치는 어떻게 대답해야 할지 몰라 당황하다가 스스로 비굴한 태도를 취했다. "폐하의 한 왕조는 천명에 순응하여 건립되었습니다. 신의 집안은 폐하를 위해 서로를 쓸어버린 것이니 이는 하늘의 뜻이었습니다."

사마치는 또 말했다. "만약 신의 가족들이 서로 화목하게 지냈다면 폐하가 어떻게 그리 쉽게 천하를 얻으셨겠습니까?" 도를 넘는 사마치의 아부와 자기 비하는 역겨울 정도였다. 사마치는 계속 저자세를 취하며 아부의 극치를 구사했지만 유총은 그를 신임하지도 않았고 더욱 심하게 멸시했다.

영가 7년(313) 정월, 유총은 조정에서 성대한 연회를 열었다. 그는 사마치에게 노비들의 푸른 옷을 입고 주전자를 들고 다니며 흉노 대신들에게 술을 따르게 했다. 사마치는 공손하게 머리를 숙이고 술을 따랐다. 현장에 있던 서진의 대신 두 사람은 이 광경을 보고 수치심을 참지 못해 대성통곡했다. 그들은 서진의 패망도 슬펐지만 자신들의 황제가 이런 지경까지 왔다는 것을 받아들이기 어려웠다. 유총은 연회에서 누군가가 통곡하는 것을 보고 흥을 깼다며 모반의 죄명으로 그들을 죽였다.

망국의 황제에게 술자리 시중을 들게 하다

얼마 후 유총은 더는 이용 가치가 없다고 여겨 독이 든 술로 사마치를 독살했다. 서진의 세 번째 황제는 이렇게 비참하게 죽었다. 향년 30세였다.

서진이 이렇게 된 것은 누구의 책임인가? 대답은 명확하다. 재앙은 내부에서 비롯되었다. 사마씨 황실은 자신들의 부패와 내홍으로 국력을 약화시켰기 때문에 세력을 키운 주변 민족들의 공격을 감당하지 못하고 멸망한 것이다.

서진의 대신 순숭(荀崧)은 이후 회제를 이렇게 평가했다. "(회제가) 만약 태평 시대를 계승했다면 틀림없이 수성(守成)에 성공한 훌륭한 황제가 되셨을 것이다. 그러나 선제가 남긴 혼란의 시대를 이어받았고, 또 태부 사마월이 국정을 전횡했다. 그러므로 유왕(幽王), 여왕(厲王)과 같은 망국의 죄를 범하지는 않았으나 끌려가 죽는 화를 입었다."

나는 순숭의 말에 동의한다. 그가 맡았던 정권은 내홍으로 엉망진창이 되어 있었고 이미 국가 통치 능력을 상실했었다. 아무리 능력 있는 황제가 즉위하여 심혈을 기울여 통치했더라도 돌이킬 수 없는 상황이었다. 그를 기다린 것은 오직 멸망뿐이었다.

회제의 재위 기간의 연호는 영가였다. 그래서 그가 유총에게 잡혀간 이 사건을 '영가의 난'이라고 한다.

四

회제가 죽은 후 서진은 완전히 멸망했을까? 그렇지는 않다. 사마치가 잡혀간 후 서진 안정태수 가아(賈疋) 등은 곧바로 사마업(司馬鄴)을 황태자로 옹립했다. 사마업은 무제의 손자로 부친은 오왕 사마안(司馬晏)이다. 낙양이 점령당했기 때문에 가아는 사마업을 데리고 장안으로 갔다. 영가 7년 (313) 4월, 회제가 유총에게 독살됐다는 소식이 장안에 전해지자 사마업은 황제로 즉위했다. 그가 서진의 마지막 황제 민제(愍帝)이다.

사마업은 당시 네 살의 어린 황제였기 때문에 집정을 할 수 없어 조정의 대사는 위장군 색림(索琳)이 주관했다. 이때 서진 조정은 사실상 거의 막바지 단계까지 와 겨우 숨이 붙어 있는 형국이었다. 크게 두 가지 면에서 심각성을 감출 수 없었다.

첫째, 재정의 빈궁이다. 장안이 낙양보다 다소 낫기는 했지만 전쟁으로 파괴되고 백성들이 흩어져 인구가 적었다. 온 시가지가 황량했고 사방이 잡초 더미와 가시나무였다. 조정의 살림도 텅 비어 수레도 네 대밖에 없었다. 관리들은 관인도 없고 관복도 없었으며 홀판(笏板)*도 없어서 임시로 나무판 위에 관명을 적어 대신했다.

둘째, 권위의 상실이다. 조정의 권위가 추락하여 지방 관원과 군대를 지휘할 수 없었다. 조정은 장안으로 오면서 조령을 내려 장수들에게 군사를 나누어 평양과 낙양을 공격하라고 명했다. 그러나 그 명령을 집행하는 사람은 없었고 조령은 아무 의미 없는 종잇조각이 되었다. 각지의 관원들은 오직 저 자신의 안전만 생각했을 뿐 병력을 충원하고 국력을 발전시키는 일 등은 관심 밖이었다. 조정은 없는 것이나 마찬가지였다.

● 조회 때 대신들이 두 손으로 드는 좁고 긴 물건.

제18강

왕조의
말로

一

서진은 민제 때에 이르러 사실상 유명무실한 왕조가 되었다. 민제는 장안의 작은 조정 안에서 전전긍긍하고 있었고 사방에서 일어난 무장 세력들에 대해서는 속수무책이었다. 가장 강력한 세력은 둘이었는데 이들이 연합으로 서진에 최후의 일격을 가했다. 하나는 앞서 소개한 흉노족 유총이 이끄는 군사였고 또 하나는 갈족(羯族) 석륵의 군사였다.

석륵은 자가 세룡(世龍)으로 갈족 출신이며 상당 무향(武鄕, 지금 산서성 유사楡社의 북쪽)에서 출생했다. 그의 조부와 부친은 모두 부락의 수령을 지냈고 어린 시절 비교적 부유한 가정에서 성장했다. 10여 세 때 출중한 기개와 무예로 사람들의 주목을 받았다.

석륵은 14세 때 고향 사람들과 낙양 거리에 와서 장사를 했다. 어느 날 석륵은 성내 상동문에 서서 화려한 낙양의 도시 풍경을 바라보다가 감개무량하여 자신도 모르게 휘파람을 길게 불었다. 여기서 말하는 휘파람은 위진 시기 문인, 명사들 사이에 유행하던 감정 표현 방식으로 당시에는 '소(嘯)'라고 했다. 석륵이 길게 휘파람을 불자 이곳을 지나던 조정의 대신 왕연(王衍)이 듣고 돌아보며 말했다. "저 오랑캐 아이는 휘파람 소리가 특이하다. 틀림없이 앞으로 천하에 재난을 가져올 것이다." 그러고는 석륵을 잡아 오라고 명했다. 그러나 부하가 쫓아갔을 때는 이미 석륵이 사라진 뒤였다.

서진 시기에는 자연재해가 빈번하게 발생했다. 병주에 큰 기근이 들어 굶어 죽는 이가 많았는데 석륵의 집안도 예외가 아니었다. 주린 배를 채우기 위해 그는 친구들과 어울려 양곡(陽曲)에 가서 영구(寧驅)라는 사람에게 몸을 맡겼다. 영구는 베풀기를 좋아해서 예전에도 석륵을 도와준 사람이었다. 그런데 당시 지방 관아에서 유랑자들을 잡아 고향으로 보내거나 노예로 팔아버리는 일들이 있었다. 병주에도 이민족들이 많았는데, 특히 이민족 청년들이 관원과 악질 토호들에게 붙잡혀 기주, 청주, 연주 등으로 팔려 가는 일들이 빈번했다. 이들에게 붙잡히면 두 사람씩 묶어 목에 칼을 채워 끌고 갔다. 길에서 수모를 받다 죽은 사람도 많았다.

석륵도 이런 인신매매단에게 잡혀 사평(茌平)의 사환(師歡)이라는 지주의 집으로 끌려가 노예 생활을 했다. 이때 20세 무렵으로 자신의 포부와 가치관이 확립되던 시기였다. 이런 비참한 경험은 그의 인생관과 사고방식에 깊은 영향을 주었다. 그는 자신을 이렇게 만든 서진의 관리들과 서진 왕조를 깊이 증오하게 되었고 복수를 하려면 강력한 군사력을 가진 대오가 필요하다는 것을 깨달았다. 석륵은 서진 왕조에 적개심을 불태우며 빼어난 무예 실력과 냉혹한 성격을 길렀다.

석륵은 사환의 집에서 열심히 일하는 한편, 다른 노예들에게 종종 용병

술에 대해 논했는데 상당히 식견이 있는 내용이었다. 그의 주인이었던 사환은 그런 석륵을 보고 범상치 않은 인물이라고 생각했다. 그는 석륵이 언젠가 대성하면 자신도 후광을 얻을 것이라는 기대를 갖고 석륵을 사면했다. 석륵은 노예에서 평민이 되었고 자유롭게 생계를 도모할 수 있게 되었다.

인근에 말을 목축하는 급상(汲桑)이라는 사람이 있었다. 석륵은 그와 왕래하면서 그를 통해 10여 명의 사람들을 모아 '십팔기(十八騎)'라는 조직을 결성했다.

영흥 2년(305), 팔왕의 난이 아직 끝나지 않았을 때였다. 석륵은 때가 무르익었다고 판단하고 급상과 함께 수백 명을 이끌고 서진에 저항하는 봉기를 일으켰다. 그들이 처음 공격한 곳은 업성이었다. 업성을 지키던 사마등은 석륵의 공격을 하찮게 보고 경멸하듯 말했다. "나는 병주에서 7년을 보냈다. 유연의 군대에도 여러 번 포위당했지만 그들은 결국 나의 방어를 뚫지 못했다. 급상, 석륵 같은 도적 떼들은 말할 것도 없다!"

그러나 사마등은 석륵군의 전투력을 너무 과소평가했다. 석륵군이 맹렬한 기세로 성을 공격하자 그제야 석륵군의 막강한 전력을 알았다. 그는 여러 가지 대응책을 폈지만 효과가 없었다. 업성은 너무나 빨리 함락되었고 사마등은 낭패하여 달아나다가 도중에 피살되었다.

석륵은 첫 번째 전투에서 승전을 올리자 크게 고무되어 투지가 불타올랐다. 후에 서진과의 전투에서 급상이 사망한 후 군사는 석륵이 단독으로 지휘하게 되었다. 당시 서진 왕조에 대항하던 세력 중 유연의 세력이 가장 강력했기에 영가 원년(307) 석륵은 유연의 휘하로 들어갔다. 석륵이 투항하자 유연은 크게 기뻐하며 그를 도독산동정토제군사에 임명했다. 석륵은 용병에 뛰어나고 용맹했기 때문에 항상 선봉에서 적진으로 돌격했고 수많은 성과 진을 잇달아 함락하여 유연의 예하 부대 중 가장 강력한 부대가 되었다.

二

석륵의 군사 활동은 주로 지금의 하북, 산동 일대를 중심으로 펼쳐졌다. 유연, 유총과 동서 양면에서 서진의 수도 낙양을 협공하는 형세였다. 그가 지휘한 여러 전투 중 가장 중요한 전투는 다음과 같다.

첫째, 기주대첩과 군자영.

기주는 지금의 하북 지역에 해당한다. 영가 3년(309) 8~9월 무렵 석륵은 병력을 이끌고 하북을 공격하여 30여 개의 성, 진을 점령했다. 멀리서 석륵군이 보이기만 해도 서진군은 달아나기 바빴고 기주자사 왕빈(王斌)도 피살되었다. 석륵의 병력은 순식간에 10여만 명으로 늘어났고 하북은 석륵의 근거지가 되었다.

이민족으로서 석륵은 오랫동안 한족들과 함께 생활했고 한문화에도 정통했다. 그는 한족이 다수인 하북 지역에서 세력을 강화하려면 한족 사인들을 흡수해야 한다고 생각했다. 그들은 문화적 수준이 높고 뛰어난 전략 능력이 있었기 때문에 그들이 정권에 참여해야 영향력을 확대할 수 있었다. 한족 사인들도 서진 왕조에 대한 기대를 접고 석륵의 진영에서 능력을 펼치려고 준비하고 있었다. 이는 석륵이 학수고대하던 상황이었다. 그는 정말로 한족 지식인들의 도움이 필요했다.

석륵은 자신에게 투항해 온 한족 사인들 중 능력을 갖춘 인재들을 뽑

아 '군자영(君子營)'을 조직했다. 말하자면 요즘 싱크탱크라 부르는 두뇌 집
단이다. 그는 그중에서도 특히 장빈(張賓)을 신뢰하여 자신의 수석 참모
로 삼았다.

장빈은 자가 몽손(夢孫)으로 조군 중구(中丘) 사람이며 부친은 중산태
수를 지낸 바 있다. 장빈은 독서량이 많아 학식이 넓고 포부가 커 당시 천
하 대란의 국면에서 큰 역할을 하고자 했다. 그는 자주 한탄했다. "나의 식
견과 책략은 장량에 뒤지지 않는다. 다만 한 고조와 같은 명주를 만나지
못함이 아쉬울 뿐이다."

후에 그는 석륵의 파란만장한 경력을 전해 듣고 눈앞이 환해지는 느낌이
었다. "지금 천하를 다투는 호걸들 중에 내가 가장 탄복하는 이는 석륵이
다. 그는 비록 이민족이지만 장래에 반드시 큰 사업을 성취할 것이다." 그리
고 석륵을 찾아가 그의 핵심 책사가 되었다. 『진서·장빈재기』에는 장빈을
이렇게 평론했다. "빗나간 예측이 없고 버려진 책략이 없다. 석륵의 기반을
이룬 것은 모두 장빈의 공훈이다."

둘째, 왕연을 주살하다.

앞서 말한 바와 같이 석륵은 젊은 시절 낙양에서 다른 사람과 장사를
할 때 상동문에서 길게 휘파람을 분 일이 있었다. 당시 한 고관대작이 그
소리를 듣고 석륵을 잡아오라고 했었는데 그가 바로 왕연이다. 매우 기묘
한 일이다. 석륵은 왕연에게 붙잡히지 않았고 후에 왕연은 석륵에게 죽임
을 당했다.

이것은 어떻게 된 일일까?

영가 4년 가을, 유총이 군사를 이끌고 낙양을 공격했다. 낙양의 상황이
긴박해졌지만 실권자 사마월은 자신의 권력을 지키는 일이 급선무라 낙양

을 비워두고 석륵 토벌을 명분으로 4만 군사를 이끌고 낙양을 벗어났다. 사마월의 어리석은 행동은 낙양 방어에 치명적인 공백을 만들었을 뿐 아니라 정적들의 공격에 직면했다. 서진 장수 구희는 격문을 써 사마월의 죄상을 조목조목 성토하고 사마월과 격전을 벌였다.

영가 5년 3월, 사마월은 신경쇠약에 시달리다가 항성에서 병사했다. 사마월이 죽자 태위 왕연이 사마월의 뒤를 이어 군대를 지휘했다. 왕연은 병력을 이끌고 계속 동진하여 동해(東海, 지금의 산동성 담현郯縣 일대)를 향했다. 동해는 사마월의 봉지였기 때문에 왕연은 사마월의 관을 그곳으로 호송하여 장례를 올리려 한 것이다. 석륵은 이 소식을 듣자마자 대군을 이끌고 뒤를 추격하여 영평성(寧平城, 지금의 하남성 녹읍鹿邑)에서 왕연군을 포위했다. 한바탕 큰 전투 끝에 관군이 궤멸하고 왕연은 포로로 잡혔다.

석륵은 백성을 함부로 억압하고 착취하는 탐관오리를 증오했는데 특히 왕연은 더욱 혐오했다. 사실 석륵은 예전에 왕연이 자신을 잡으려 했던 일은 몰랐을 것이다. 그가 혐오한 것은 허위와 위선으로 가득 찬 왕연의 처세 방식이었다.

왕연은 자가 이보(夷甫)로 낭야 임기(臨沂) 사람이다. 권문세족인 낭야 왕씨 출신으로 재능과 용모 모두 당대 일류였다. 유년 시절 당시의 명사 산도(山濤)를 방문했을 때 산도가 그를 본 후 다른 사람에게 탄식한 일이 있었다. "어떤 아낙이 이런 아이를 낳았는가! 천하 창생을 그르칠 사람이 바로 이 사람이다."

왕연은 재능이 넘치고 용모가 준수했는데 자부심도 매우 강하여 자주 자신을 자공(子貢)에 비유했다. 그는 특히 현학에 대해 담론하는 것을 좋아했는데 그가 사람들과 청담을 하는 모습은 매우 기품이 있었다. 왕연은 항상 백옥으로 자루를 만든 주미를 들고 있었다. 주미는 부채와 비슷하게 생긴 도구로 사슴의 가는 털로 만들었는데 위진 사인들은 청담을 할 때나 안 할 때나 항상 손에 쥐고 있었다. 우아함과 풍류를 추구하는 현학 명사들의 상징이었다. 왕연은 원래 피부가 흰빛이라 그의 손과 백옥 자루가 비슷하게 보였다. 위진 시대에는 흰색이 미의 기준이었기 때문에 사람들은 그의 모습을 보면 너무 멋져 한참을 멍하니 쳐다보았다. 왕연은 다른 일에는 미숙했지만 청담에는 고수였다. 그는 다른 사람들과 토론하다가 말문이 막히면 곧 태연하게 자신의 의견을 바꾸어 당시 사람들에게 "입에 자황(雌黃, 지우개로 사용된 광물)이 있다"는 말을 들었다.

그러나 관직에 있으면서도 왕연은 실제 업무에 관심이 없었다. 큰일도 하지 않았고 작은 일도 하지 않았다. 모든 일을 남에게 떠넘겼다.

입으로는 "나라를 경영하는 것은 내 일이 아니다."라고 말하면서 언제나 조정의 고위직을 맡았고, 늘 두루 원만하게 처신하며 권력자들과 교제했다. 그야말로 교활한 인격의 전형이었다. 그는 석륵의 포로가 된 후 대세가 이미 기울었다는 것을 알자 빠르게 석륵에게 전향하여 결탁했다.

석륵은 왕연과 조정 대신들을 대면하여 서진 왕조의 지난 일들을 하나하나 물어보았는데, 왕연은 그 앞에서 화려한 언변으로 자신의 식견을 과시하며 살길을 모색했다. 희망이 보이자 더욱 유려한 말솜씨로 서진이 패망한 원인을 짚어가며 자신을 포장했다. 초일류 수준의 언변으로 서진의 멸망과 자신은 아무 관계가 없다고 석륵을 설득했다. 석륵이 인내심을 발휘하며 긴 시간 동안 이야기를 들어주자 왕연은 더욱 흥이 올라 자신은 "젊은 시절부터 실무에 관여하는 일이 적었다"며 후에 정치에 참여한 것은 어쩔 수 없는 일이었다고 항변했다. 그는 적극적으로 자신을 변론하면 석륵이 자신을 석방해주리라고 기대했다. 심지어 그는 석륵에게 노골적인 아부의 말까지 올렸다. "지금 천하가 크게 어지러우니 장군께서 직접 황제에 즉위하시길 바랍니다!"

석륵은 가식적인 왕연의 말에 혐오감을 느꼈다. 그의 후안무치한 태도에 크게 분노하여 소리쳤다.

> 너는 명성이 사해를 덮고 몸은 중임을 맡았다. 젊어서 조정에 올라 흰머리가 될 지경까지 이르렀으면서 어찌 세사에 관여함이 적었다고 말할 수 있는가. 천하를 망친 것은 바로 너의 죄이다.

그리고 수하에게 명하여 그를 끌어내라고 했다.

석륵은 옆에 있던 참모 손장(孫萇)에게 물었다. "나는 다년간 천하를 누볐지만 이렇게 파렴치한 인간은 본 적이 없다. 살려둘 필요가 있겠는가?" 손장은 대답했다. "저 사람은 삼공의 자리에 있던 자이니 살려두어도 우리를 위해 힘을 다하지 않을 것입니다. 어찌 귀하게 여기겠습니까?"

석륵은 손장의 말을 듣고 대답했다. "이런 인간에게는 칼을 쓸 필요도 없다."

이에 석륵은 사졸에게 명하여 한밤중에 왕연을 세워놓고 담장을 무너뜨려 압사시켰다. 왕연은 죽음에 임박해서 다른 이에게 담담하게 말했다.

> 아! 우리들이 옛사람보다 못하긴 하나 지난날 화려하고 공허한 풍조를 숭상하지 않고 힘써 천하를 바로잡았더라면 오늘날에 이르지는 않았을 것이다.

이 말이 이른바 '청담오국(淸談誤國)'론의 유래이다.

석륵은 왕연 등 서진 대신들을 주살한 뒤에도 미진하다고 느껴 사마월의 관을 쪼개고 시신을 꺼냈다. "천하를 어지럽힌 것은 바로 이 자이다. 나는 지금 천하 사람들을 대신하여 복수하는 것이니 유골을 태워 천지신명께 고하겠다!" 그리고 사마월의 시신을 불에 태우라고 명했다.

석륵의 공격으로 서진의 주력 부대는 큰 타격을 입었고 낙양은 위태로운 상황에 몰렸다. 결국 그해 5월, 낙양은 함락되었고 진 회제 사마치는 포로가 되었다.

三

석륵이 한창 중원을 휩쓸며 승전을 올리고 있을 때였다. 낙양이 함락되자 서진의 대신들은 장안에서 작은 조정을 건립했으나 병력은 적고 식량도 바닥나 민심이 요동치고 풍전등화의 위기에 몰렸다.

건흥 4년(316) 8월, 유총은 사촌 동생 유요(劉曜)를 보내 다시 장안을 공격했다. 사마씨 정권은 최후의 항쟁을 벌였다. 외지에서 지원군이 왔지만 유요군의 강력한 군사력과 투지를 보고 겁에 질려 접근하지 못하고 먼 발치에서 관망만 했다.

유요가 맹공을 퍼붓자 결국 장안의 외성이 함락되어 민제는 내성으로 퇴각했다. 이때 장안성 내부는 바깥과 완전히 단절되었기 때문에 식량이 바닥나 민제도 음식을 먹지 못했다. 날마다 누룩 부스러기로 끓인 죽을 조금씩 먹다가 굶주림을 못 참고 병사들이 탈영하거나 투항했다. 민제도 날마다 굶다 보니 서 있지 못할 정도로 어지럽고 힘들어 결국 울면서 신하들에게 말했다. "지금 밖으로는 지원군이 없고 안으로는 식량이 없으니 우리는 치욕스럽지만 빨리 투항하여 백성들의 고통을 끝내는 수밖에 없겠소!" 그는 사람을 보내 절차를 타진했고 유요는 민제 사마업의 항복을 받아들였다.

건흥 4년(316) 11월, 사마업은 장안성 동문을 나와 유요에게 항복했다. 51년 동안 이어져온 서진 왕조가 마침내 멸망한 것이다.

민제 사마업은 한의 수도 평양으로 이송되었다. 유총은 승리자의 입장에서 과거 회제 사마치처럼 사마업에게도 갖은 수모를 겪게 하며 자신의 증오심을 발산할 생각이었다. 그의 신병 처리 문제보다 자신의 증오심을 발산하는 것이 급선무였다.

유총은 먼저 사마업에게 광록대부, 회안후 등과 같은 허명뿐인 작위를 내리고 그를 괴롭히기 시작했다. 유총은 사냥을 할 때 사마업에게 군장에 창까지 들고 선두에서 길을 인도하게 했다. 길가에서 그가 과거의 황제라는 것을 알아보는 사람도 만났는데 그중에는 지난날 관리였던 사람들도 있었다. 그들은 사마업을 보고 괴로워하며 하염없이 눈물을 흘렸다.

유총은 또 궁궐에서 연회를 열 때도 과거 회제 사마치에게 그랬던 것처럼 사마업에게도 대신들에게 술을 따르게 했다. 유총이 이렇게 한 것은 서진의 대신들이 어떤 반응을 보이는지 파악하려는 의도도 있었다. 상서랑 신빈(辛賓)은 실제로 비분을 견디지 못하고 자리에서 일어나 사마업을 끌어안고 크게 울었다. 이를 본 유총은 격노하여 "끌어내 죽여라!"라고 소리쳤다. 신빈이 처형되자 사마업은 겁에 질려 숨도 쉬지 못할 지경이었다. 수모는 이 정도에 그치지 않았다. 사마업은 심지어 유총이 변소에 갈 때 변기 뚜껑을 들고 기다리는 일까지 해야 했다.

사마업은 수모를 참으며 구차하게라도 살아남으려 했지만 유총은 결국 317년 12월 그를 독살했다. 유총의 행동은 소수 민족들이 서진 왕조를 얼마나 증오했는지 보여준다. 오랫동안 서진 정권의 억압과 멸시를 받았던 소수 민족의 복수라고도 할 수 있다.

서진이 멸망한 후 유총의 한(漢)이 천하를 통치하다가 318년 유총이 죽자 권력 집단 내부에 내란이 일어났다. 319년 유요가 정권을 잡은 후 동란 중 불에 탄 평양을 떠나 장안으로 천도했다. 그는 국호를 '조(趙)'로 바꾸었는데 이를 '전조(前趙)'라 한다.

이때 유총 수하에 있던 석륵도 독자적으로 일어났다. 그는 서진을 멸망시킬 때 자신도 큰 공을 세웠다고 생각하며 유요에게는 복종하지 않았다. 유요는 석륵을 제압하기 위해 그의 좌장사 왕수(王修)를 죽였다. 석륵은 이 소식을 듣고 얼굴이 파래질 정도로 화를 내며 소리쳤다. "유씨들의 천하를 위해 나는 생사를 넘나들며 혈전을 벌였건만 그들은 이제 뜻을 얻었다고 나를 저버렸다. 차라리 나 스스로 왕이 될 것이니 어찌 그들의 봉작을 기다릴 것인가?" 그러고는 조나라를 떠나 319년 정식으로 왕위에 올랐다. 양국(襄國, 지금의 하북성 형태邢台 서남쪽)에 수도를 세우고 국호를 '조(趙)'라고 했다. 유요의 조나라가 먼저였고 석륵의 조나라가 나중이었기 때문에 석륵의 조나라를 '후조(後趙)'라 한다.

석륵은 노예에서 황제가 되었고 사마치, 사마업은 황제에서 노비가 되었다. 역사는 그들에게 이렇게 아이러니한 운명을 내려주었다.

이제 서진의 전국 통치는 막을 내렸지만 사마씨 가문은 역사의 무대에서 퇴장하지 않았다. 장안이 함락되고 민제 사마업이 피살된 후 건업(建業, 지금의 강소성 남경南京)을 지키던 서진의 종실 안동장군 사마예(司馬睿)가 황제가 되었다. 바로 진 원제(元帝)이다. 서진 정권은 이렇게 이어졌으니 '동진(東晉)'이라 한다.

四

서진 왕조의 흥망성쇠의 역사적 흐름을 보면 마치 높은 산을 올랐다가 다시 내려간 것 같은 생각이 든다. 산을 올랐던 사람은 사마의, 사마사, 사마소 세 부자이다. 사마의는 고평릉 정변을 일으켜 신속하게 조상 집단을 제압하고 조위의 대권을 장악했다. 사마사, 사마소는 부친의 대업을 계승하여 조위 세력의 거듭된 저항을 막아냈으며, 심지어 황제까지 자신들의 칼로 처단했다. 정권을 탈취하기 위해 사마씨 부자는 그야말로 가시덤불을 헤치듯 고난을 극복하며 16년간의 피비린내 나는 싸움을 거쳐 265년 결국 정상에 섰다. 이후 사마염이 선조들의 대업을 계승하고 당당하게 서진의 개국 황제가 되어 사마씨 가문은 절정에 올랐다. 사마염은 자신의 재위 기간 중 초반에는 매우 심혈을 기울여 통치에 전념했는데 이 점은 당 태종 이세민도 높이 평가했다.

무제는 대업의 기틀을 이어받고 천명을 받아 즉위하여 천하를 통치하며 널리 백성을 교화했다. 편안함으로 수고로움을 대신했으며 난세를 치세로 바꾸었다. 비단을 바치던 조공을 폐지했으며 보옥을 깎고 새기던 꾸밈을 없앴다. 사치를 억제하니 검약한 풍속으로 변화했으며 경박한 풍조가 그치고 순박함을 회복했다. (······) 관용을 베풀어 군중의 마음을 얻었고 드넓은 책략과 도량이 있었으니 실로 제왕의 자질을 갖추었다. (『진서·무제기』)

진 무제가 즉위한 후 무위의 정치를 실천하여 소박함을 제창하고 사치를
금지했던 일, 관용과 도량의 통치가 가져온 사회 안정 등을 지적하며 긍정
적으로 평가했다. 사마염은 280년 동오를 멸망시키고 천하 통일을 실현하
여 역사 발전에 크게 공헌했다. 당 태종의 표현을 빌리자면 "천인(天人)의
공로를 이루었으니 패왕(霸王)의 대업이 위대하도다."라고 할 수 있다. 그러
나 이런 역사의 대전환기에 사마염은 국가를 새로운 도약의 단계로 끌어올
리지 못하고 교만과 사치에 빠졌다. 사회에 부패와 향락의 풍조가 만연하
고 서진 왕조는 쇠락의 기미가 나타나기 시작했다.

당 태종 이세민도 사마염의 이런 행동에 날카로운 비판을 가했다. "넓은
곳에 거하면서도 협소하다고 생각하면 이 넓음은 오랫동안 유지될 수 있
다. 그러나 치세에 거한다고 위태로움을 잊는다면 이 치세는 언제까지나 유
지될 수 없다." 태만한 마음으로 사회적 불안 요소를 방치했기 때문에 서진
정권은 도처에서 발생한 위기를 극복하지 못한 것이다.

만약 서진의 동란과 쇠퇴의 구체적 원인을 찾는다면 역시 사마염이 태
자 선발에서 범한 실책부터 말해야 할 것이다. 역사적으로 보면 2대 황제
에게 문제가 있어 왕조가 단명한 일들이 참으로 많다. 사마염이 사마충을
후계자로 삼은 것은 분명히 잘못된 판단이었다. 사마충은 지능이 낮아 절
대로 황제가 될 자질이 없는 인물이었다. 그러나 사마염은 자신의 주장을
고집하며 대신들의 충고를 받아들이지 않아 결국 서진 왕조의 앞날에 재
앙의 불씨를 묻어두었다.

당 태종은 진 무제가 혜제를 "폐할 수 있었지만 폐하지 않아 결국 황위의

기틀을 무너뜨렸다"고 지적했다. 이 말은 정확하게 핵심을 찔렀다.

당 태종은 또 이렇게 말했다. "자식이 불초하면 집안이 망하고 신하가 불충하면 나라가 어지럽다. 나라가 어지러우면 평안할 수 없고 집안이 망하면 온전할 수 없다." 후계자 선발의 실책에 사회 풍기의 타락이 더해져 서진 왕조는 내리막을 걸었다. 마치 미끄러지듯 추락에 가속도가 붙었다. 사마염 이후의 세 황제는 모두 단명했고 겨우 26년 만에 서진 왕조를 완전히 역사의 뒤안길로 퇴장시켰다. 『좌전(左傳)』에 "그 흥기는 왕성했으나 패망도 갑작스러웠다."라는 말이 있다. 흥망성쇠의 주기율이 서진에 와서는 리듬이 빨라졌다.

강대한 제국이었던 한, 당 왕조와 비교했을 때 서진은 비교적 안정적이고 연속적인 통치 집단이 없었다는 점도 왕조가 단명한 중요 원인이다. 예를 들면 서한은 한 고조 유방에서 시작하여 중간에 혜제, 여후, 문제, 경제를 거쳐 한 무제까지 약 60~70년 동안 청정 무위의 회복 경제 정책을 시행하면서 국가의 원기를 회복하여 문경지치(文景之治)의 국면이 등장했고 한 무제 때의 큰 발전을 위해 견실한 기초를 제공했다. 당 왕조는 이연의 건국부터 당 현종까지, 비록 중간에 무측천이 국호를 바꾸는 사건도 있었지만 큰 혼란 없이 근본은 흔들리지 않고 이어졌다. 다수의 황제들이 대를 이어 최선을 다해 국가를 경영하며 발전시켜 마침내 개원성세(開元盛世)•의 번영기를 이루었다.

중국 고대사에서 한 정권이 건국 초기의 50~60년을 안정적으로 보내는 것은 대단히 중요하다. 이때가 국가의 역량을 모으고 발전의 기틀을 다

• 당 현종 시기의 태평성대를 가리키는 말.

지는 시기이기 때문이다. 서진은 초대 황제 이후에 곧바로 태자 선발에 문제가 발생했다. 지금의 시각으로 보자면 사마염이 범한 잘못은 참으로 어이없는 실책이었다.

고대 중국에서 2대 후계자 선정에 실수를 범하여 국가의 쇠망을 초래한 경우는 진나라도 있었고 수나라도 있었다. 이는 '천하를 집안의 일로 삼는' 전제 집권제의 문제이다. 그러나 만약 명군과 충신이 있었다면 이런 잘못을 피할 수 있지 않았을까?

서진 사회의 부패는 역사적으로도 유명하다. 부패는 어느 왕조나 있었던 문제이지만 서진처럼 왕조의 건립 초기에, 위에서 아래까지 광범위하게 퍼진 악성 부패는 보기 드물다.

『진서·혜제기』에서는 서진의 사회 풍조를 이렇게 말했다. "기강이 크게 무너져 뇌물이 공공연하게 행해졌고 세력 있는 집안에서는 귀한 신분을 내세워 타인을 능멸했다. 충신과 현인은 길이 막혔으나 헐뜯고 아첨하는 자는 뜻을 얻어 서로를 추천했으니 천하가 이를 '호시(互市)'라고 했다." 이른바 호시는 시장에서 이뤄지는 교환을 말한다. 권력과 돈, 권력과 사람, 권력과 미색, 권력과 모든 유용한 가치는 교환이 가능했다. 서진의 관료와 부호 들의 금전에 대한 숭배는 예전에 없었던 정도였다. 권력으로 돈을 모았고 돈으로 죽을 사람도 살렸다. 사람들은 부를 과시하며 타인의 부와 경쟁했다. 사회에 가득한 돈의 악취가 세상을 심각하게 부식시켰다. 무절제한 사치와 향락에 빠져 도덕은 한없이 추락했고 부정부패가 서진 왕조 도처에 역병처럼 퍼졌다.

태위 왕연이 죽음을 앞두고 "청담이 나라를 망쳤다."라고 한탄했는데 얼핏 들으면 맞는 것 같지만 사실은 표면적인 견해이다. 학자들이 추상적인 현학 이론을 논했다면 학문이 발전하지, 나라를 망치지 않는다. 그러나 관료들이 공허한 담론에 빠져 높은 산이 어떻네 하고 떠들며 실무를 돌보지 않았으니 문제였다. 나라를 망치지 않았다면 이상했을 것이다.

서진의 멸망 과정에서 우리는 다음의 두 가지 교훈을 얻을 수 있다.

첫째, 민생이 가장 중요하다.

서진 사회에서 끊임없이 동란이 발생하면서 가장 피해를 입은 것은 역시 백성들이었다. 백성들은 자신의 거처를 잃고 뿔뿔이 흩어져 사방으로 피난을 갔다. 많은 인구가 전란 속에서 혹은 피난 도중에 목숨을 잃었다. 서진의 전란으로 얼마나 많은 사람들이 비명횡사했는지는 사료의 부족으로 통계를 낼 수 없다.

전란이 계속되면서 정부는 민생을 돌볼 겨를이 없어 수리 시설 같은 농업 발전의 기초 설비도 정비하지 못했다. 그래서 자연재해가 닥쳤을 때 재난 방어 능력의 저하, 수리 시설의 낙후, 위생 예방 미비 등의 원인으로 재난의 위험성이 가중되어 백성들의 고통은 더욱 극심했다.

『진서·오행지』 기록에 따르면 진 회제 영가 3년(309), 큰 가뭄이 들어 물이 부족했는데 "황하, 낙수, 장강, 한수가 모두 말라 걸어서 건널 수 있었다."라고 한다. 영가 4년(310)에는 메뚜기 떼가 창궐하여 "유주(幽州), 병주(幷州), 사예(司隷), 기주(冀州)에서 진옹(秦雍)까지 초목과 소, 말의 갈기까지 모두 갉아 먹었다"는 기록이 있다. 북방 지역에 메뚜기 떼가 습격하여 초목뿐 아니라 가축들의 털까지 먹어치웠다니 얼마나 끔찍한 광경인가!

둘째, 생명이 가장 귀하다.

사마씨가 조위 정권을 찬탈하고 서진 정권을 건립하는 과정에서 많은 지식인들이 살육을 당했다. 그들은 정치에 참여하여 "나라를 다스리고 천하를 평안하게" 할 수 있다고 생각했지만 결국 권력 투쟁의 잔혹한 소용돌이에 휘말렸다.『진서』에는 "위진 교체기에 천하에 변고가 많아 명사들은 온전한 자가 적었다."라는 말이 있다. 지식인들의 끊임없는 피살, 반복되는 전란과 재해 속에서 사람들은 세상에서 가장 존귀한 것은 생명이며 평안한 마음의 소중함을 깨닫기 시작했다. 그들은 점차 '자아'를 인식하며 정치와 거리를 두기 시작했다. 자신을 위하는 생활을 추구하며 개성을 드높였고 자아를 존중했기 때문에 그들의 행동은 새로움의 표지가 되었다. 많은 내용이 내포된 '위진풍도'는 이렇게 형성되었다. 문학사에서는 이 시기를 '인간의 자각 시대', '문학의 자각 시대'라고 한다.

정리하자면, 단명한 서진 왕조의 정치사가 우리에게 주는 교훈 중 가장 중요한 것은 이런 점일 것이다. 민생을 중시하고 복수와 살인을 멀리하라!

서진이 멸망한 후, 남방에 있던 사마예가 동진 정권을 건립했다. 동진 정권은 103년 동안 유지됐다. 참으로 사마에서 시작해 사마로 끝나는 역사이다. 사마씨 가족의 역사는 계속되었고 훗날의 이야기도 매우 풍부하고 흥미롭다.

저자 후기

작년(2010) 8월, 나는 다시 한번 중국 중앙방송국(CCTV)《백가강단
(百家講壇)》제작 팀의 요청을 받아 강좌 시리즈『사마에서 사마까지』를 찍
었다. 촬영은 7개월의 고된 작업 끝에 무사히 마쳤고 그 후 중화서국에서
책의 출판을 맡았다. 중국 중앙방송국과 중화서국이라는 방송계와 출판계
의 두 대형 매체가 잘 협업하여 어려운 문제들도 원만하게 극복했으며 결
국 프로그램의 방송 시기에 맞춰 이 책의 출판도 성사되었다. 중국 중앙방
송국《백가강단》제작 팀과 중화서국에 깊은 감사를 표한다.

나는 줄곧《백가강단》은 대중들이 좋아하는 이야기 방식으로 시청자들
에게 소득을 주는 프로그램이라고 생각해왔다. 여기서 '소득'이라는 것은
역사 지식의 습득도 있지만 역사에 대한 깨달음, 더 나아가 관찰 능력과 분
석 능력을 키우는 면이 더 크다. 그래서 좋은 주제를 선택하는 것이 매우
중요하다. 모두에게 알려진 저명한 인물도 좋고, 사람들이 잘 알지 못하지
만 어느 정도 의미가 있는 인물이나 사건도 좋다. 2008년《백가강단》명칭

지(孟慶吉) 피디와 새로운 주제를 기획하면서 내가 사마씨에 대한 내용이 어떤지 제안하며 기획안을 보냈던 기억이 난다. 서진 시기는 사실 너무 혼란하고 부패가 극심했으며 문제의 핵심을 찾아 명확히 설명하려면 많은 준비가 필요한 시기였다. 그러다 작년 하반기 제작 팀의 반복된 회의를 거쳐 교육 채널 펑춘리(馮存禮) 부총감과《백가강단》녜총총(聶叢叢) 피디가 『사마에서 사마까지』의 제작을 과감하게 결정했다.

중국 역사에서 서진과 동진은 150여 년 정도의 시간을 차지한다. 서진은 겨우 51년으로 단명한 왕조였고 동진은 약 100년 동안 유지되었지만 남방 지역에 안주한 정권이었다. 사마씨 가족은 동진 말년에야 역사의 무대에서 완전히 퇴장했다. 전통 역사가들의 관점에서 진은 중원의 전통문화를 대표하는 시기이기 때문에, 진 황실이 이어지는 것은 중화 문화가 중단되지 않았음을 표명한다. 예를 들어 역사학의 대가 진인각(陳寅恪)은 동진 초기 원제 사마예(司馬睿)의 건국을 도왔던 왕도(王導)를 높이 평가하며 이렇게 말했다. "왕도가 강동 사족들을 포섭하여 내부를 통일하고 남북 양 세력을 결합해 외부의 침략에 저항했기에 민족이 독립했고 문화가 계승되었다. 민족의 공신이라고 말하지 않는다면 공정한 평가가 아닐 것이다."(『술동진왕도지공업(述東晉王導之功業)』)

그러나 양진 조정은 많은 재난을 겪었고 황제다운 황제도 많지 않았다. 대부분 무능한 천자였다. 권신들이 조정을 장악했거나 문벌 사족들이 황실과 공동으로 천하를 통치했다. 사마씨 집안의 흥망성쇠로부터 이 시기 정치 국면과 사회 구조와 천하를 자신의 집안일로 생각하는 고대 중국의 전제 제도에 대해 잘 알 수 있을 것이다. 이 책은 서진의 역사를 다루고 있지만 방송의 제약 때문에 심도 있게 분석하지 못한 부분도 있다. 관심 있는 독자들은 이 책의 내용을 기초로 서진의 흥미로운 역사를 더 깊이 연구하길 바란다.

나는 《백가강단》 멍칭지 피디와 수년간 함께 작업했다. 그는 일에 빈틈이 없고 엄격하여 프로그램의 수준을 중시했다. 나는 그의 직업 정신에 감명받았다. 중화서국 교양부 송즈쥔(宋志軍) 지사장과 천후(陳虎) 편집장은 이 책의 출판을 맡았다. 그들은 책임감이 강하고 업무 효율이 높았다. 천후 선생은 구체적인 편집 작업을 담당했는데 이름처럼 호랑이같이 적극적이고 일 처리가 빨랐다. 실효를 중시해서 정성스럽게 디자인하고 꼼꼼하게 교열했다. 건설적인 의견도 많이 주어 큰 도움이 되었다. 이 세 사람에게 진심으로 감사드린다.

또 내가 근무하는 남개대학에도 감사를 드린다. 학교 홍보 팀, 역사학원을 비롯하여 나의 동료들도 내가 즐겁게 이 작업을 할 수 있도록 많은 지지를 해주었다.

몇 년간, 학교와 방송국을 수없이 오갔다. 학교와 사회 사이에서 느낀 점은 현대 사회가 발전하고 진보하려면 우수한 전통문화가 필요하다는 것이다. 역사는 거울이다. 많은 사람들이 틈을 내어 역사책을 읽고 현재를 과거에 비춰보면서 지혜를 키우고 교양을 높이면 좋겠다.

이 책에서 빠뜨린 부분이 있다면 독자들의 지적을 바란다.

2011년 7월 18일

남개원(南開園)에서

쑨리췬

옮긴이의 말

이 책이 번역한 원서는 중국 남개대학 역사학과 쑨리췬 교수의 『종사마도사마(從司馬到司馬) – 서진적역정(西晉的歷程)』이다. 이 책은 2012년 3월 중국 중앙방송국(CCTV) 교육 채널《백가강단》에서 강연한 내용을 엮은 책이다.《백가강단》은 중국의 대표적인 대중 강연 교양 프로그램으로『논어』,『삼국지』, 당시, 진시황 등 다양한 주제를 다루며 중국의 고전 붐을 이끌었고 다수의 스타 강사와 베스트셀러를 배출했다. 이렇게 출판된 책들은 우리나라에서도 많이 번역 출판되었는데 이제 이 책도 그중 하나로 추가될 것이다.

《백가강단》강연의 특징은 무엇보다도 관련 분야의 최고 전문가가 대중의 눈높이에 맞게 해당 주제의 내용을 친절하게 설명한다는 점이다. 이 책의 저자인 쑨리췬 교수도 중국 진, 한, 위진남북조 시기 역사 전공자로 수십 년간 활발하게 교육·연구 활동을 펼친 학자이다.《백가강단》대중 강연도 여러 번 진행하면서 여불위, 이사, 범려, 한비자 등 다수의 주제를 강연한 바 있다. 그래서 역사학도가 아닌 일반 대중들에게 역사를 설명할 때 어떤 내용을 어떻게 전달해야 하는지 잘 안다. 역사라는 영화 필름의 한 장면을 잘라 보여주며 설명하는 느낌이랄까? 사건과 등장인물들의 관계, 심리 상태, 전체 국면에서의 의미 등 전후 맥락과 정황 해설이 상세하다.

개인적으로는 제4강에서 고평릉 정변 당시 환범이 조상 일파들과 대책 회의를 하는 대목이 인상적이었다. 환범이 제시한 대안은 현실적이었고 충분히 전세를 뒤집을 수 있는 상황이었지만 겁에 질린 조상은 냉철하게 판세를 읽지 못했고 결국 자멸했다. 한 인물의 개인적 기질과 성향이 역사의 흐름을 결정하는 상황이었다. 저자가 묘사한 사마의, 조상, 환범 세 사람의 입장과 심리 상태는 매우 현실적이었다. '첫째', '둘째', '셋째' 하며 말하는 이야기 방식도 저자의 육성처럼 생동적이었고, 중요한 순간이면 등장하는 "사마의는 왜 그랬을까?"와 같은 질문 형식의 말투도 흥미롭다. 아마 저자가 이야기에 몰입한 순간이 아니었을까? 단순히 사건의 경과를 전개하는 방식을 선택했다면 이런 화법을 쓰지 않았을 것이다. 저자는 학자로서의 연구 능력뿐 아니라 이야기를 전달하는 능력도 뛰어난 것 같다. 책을 번역하면서 이런 느낌을 주는 대목을 자주 만나 즐거웠다.

이 책에서 다루는 시대는 위진남북조가 시작되는 지점이다. 우리에게 친숙한 삼국지 스토리의 후일담이기도 하다. 유비, 조조, 제갈량의 이야기는 널리 알려져 있지만 그들이 떠나간 이후의 역사에 대해서는 잘 모르는 사람들이 많을 것이다. 위·촉·오 삼국을 무너뜨리고 세워진 서진 왕조는 짧은 전성기를 구가하고 다시 혼란의 시대로 진입했다. 왕조를 세운 것도 사마씨 가문이고 무너뜨린 것도 사마씨 가문이다. 그래서 이 책의 원제는 『사마에서 사마까지』이다.

초반 사마의 부분은 위인의 평전처럼 교훈적 요소가 많다. 사마의는 철저하게 자신을 낮추며 때를 기다렸고 결정적인 순간이 오자 거침없이 승부수를 던져 최후의 승리자가 되었다. 서진 왕조의 건립에 가장 큰 공로를 세운 사람이라면 단연코 사마의일 것이다. 그의 인생 전반에 표현된 신중함과 인내심, 냉철함은 시대를 막론하고 성공에 필요한 소양들이다.

이후 사마씨 가문의 전성기는 서진의 전성기이기도 했다. 동오를 멸망시키고 천하를 통일하며 절정에 올랐지만 곧바로 내리막길을 걸었다. 황실은 살벌한 권력 투쟁으로 혼란했고 대신들은 사치와 부패로 사회 풍조를 타락시켰다. 관료와 지식인은 공허한 세련미에 빠져 현실에 발을 붙이지 않았다. 공동체가 파국을 맞게 될 때 나타나는 부정적인 요소들이 골고루 등장했다. 창업보다 수성이 어렵다는 말이 있지 않던가. 맹자는 "우환 속에서 살고, 안락 속에서 죽는다(生於憂患而死於安樂)"고 했다. 시련과 고난을 필연적인 과정으로 받아들여 극복하는 것처럼, 성공해도 자만하지 않고 신념과 의지를 지켜야 한다. 정신과 마음이 무너지면 안락 속에서도 죽는다. 서진 반백 년 역사의 흥망성쇠를 보며 우리가 얻을 수 있는 교훈이다.

이 책의 초반부에 제갈량이 여러 차례 북벌을 감행하고 사마의가 이를 막아내는 내용이 있다. 이를 '육출기산(六出祁山)'이라고 하는데 촉이 위를 공격하려고 기산을 여섯 번 지나왔다는 말이다. 쑨리췬 교수도 이 책에서 이 용어를 사용했다. 그런데 이 말은 소설 「삼국지연의」에서 나왔기 때문에 무작정 역사적 사실로 받아들이기는 어렵다. 관련 자료를 찾아보니 실제로 제갈량의 북벌은 다섯 번이었고 기산을 지나온 것은 그중 두 번이라는 것이 일반적인 학계의 견해였다. 저자는 왜 이 부분에 대해 특별한 언급이 없었을까? 혹시 본인만의 특별한 관점이 있었던 것은 아닐까? 번역을 하면서 저자에게 문의하려고 검색하다 쑨리췬 교수가 작년(2020년) 2월 작고했다는 것을 알았다. 매일 조금씩 글을 번역하며 그의 강연을 상상했던 터라 마치 잘 아는 사람처럼 친숙했는데 놀랍고 허망한 일이었다. 이 지면을 빌려 그의 명복을 빈다. 이제 저자가 세상에 없으니 이 책에 적힌 '육출기산'에 대해서는 더 이야기하기 어렵다. 원서의 출판사인 중화서국에 연락해 부총편집(副總編輯) 인타오(尹濤) 선생에게 사연을 얘기했더니 대중 강연이었기 때문에 쑨리췬 선생이 널리 알려진 내용으로 이야기하면서 '육출기산'을 언급한 것이 아닐까 하는 조심스러운 추측의 말을 전해 왔다. 이제 정확한 사연은 알 수 없고 본문에서 해당 부분에 역자 주로 이 같은 내용을 표기했다.

코로나 시국의 영향으로 외부 활동과 모임이 현저하게 줄어들고 학교와 집에 있는 시간이 많아졌다. 지난 몇 달간 이 책을 읽고 번역하느라 즐거웠는데 이제 곧 내 손을 떠난다고 생각하니 아쉽다. 번역 과정에서의 오류나 부족함이 있다면 엄한 질책을 바란다. 저자의 훌륭한 강의가 잘 전달되길 바랄 뿐이다. 인문학의 가치가 불투명한 시대에 중국 역사 강연 저술의 출판을 흔쾌히 허락해준 그러나 도영 대표에게 감사의 말을 전한다.

2021년 8월

이규일

서진 흥망사 강의

1판 1쇄 발행 2021년 10월 6일
지은이 쑨리췬
옮긴이 이규일
발행인 도영
내지 디자인 손은실
표지 디자인 씨오디
편집 및 교정 교열 하서린, 김미숙
발행처 그러나 등록 2016-000257
주소 서울시 마포구 동교로 142, 5층(서교동)
전화 02) 909-5517
Fax 0505) 300-9348
이메일 anemone70@hanmail.net
ISBN 978-89-98120-76-4 03910
ⓒ孙立群